テキストブック
現代の法曹倫理

小島武司・柏木俊彦・小山稔 編

法律文化社

は し が き

　新世紀の開かれた社会において，新しい法曹に期待される役割はますます多様化し，かつ，相当に重いものとなっている。そのような法曹の実践を支える倫理の重要性はいうまでもないものであり，法科大学院教育においても法曹倫理は必須科目として位置づけられている。

　本書は，法の支配の拡充に貢献すべき法曹の役割を基本に据え，倫理の根幹にあるものを見つめつつ，倫理と法律が交錯しながら変化する歴史的展開を視野に入れ，法曹が日常の実践の場で直面する具体的・個別的な問題について深く考察すると同時に，最先端の現代的な課題もとりあげて意欲的に論究している。法曹倫理というと，とかく「～してはならない」という禁止の体系のように受け取られがちであるが，本書は単なる「べからず集」の解説ではなく，読んだ後で何か前向きな気持ちをもてるような励まし（エンカレッジメント）を与え，法曹としてのモチベイションを高めるものとすることを重点目標のひとつとした。また，各章の論稿では，同じ課題であっても，これまで以上に多様な視点から光をあてたり，新しい具体的な問題点を指摘するなどの試みも行われている。

　本書は当初，読者対象としてロースクールの学生を想定し，基礎的で簡潔な教科書をめざして企画していたが，執筆者各位の意欲的な取り組みにより，当初のねらいを超える個性あふれる論稿が提出されることになった。その結果，本書は，標準的な教科書というよりは，特色ある論文集のようなものとなったが，編者としては，学生諸君の高い志や勉学意欲に応えることができるだけでなく，広く法曹の世界にも何がしかの議論を巻き起こすきっかけを提供できるものとなったのではないかと，喜びを感じている。

　本書の企画は２年前に遡るものであり，法律文化社の秋山泰氏の発案を受けて，当時東京大学法科大学院の実務家教員（弁護士）として法曹倫理講座を担当しておられた那須弘平先生に共編者をお願いして立ち上がった。その後，那須先生は周知のとおり最高裁判事に就任されたことから共編者から身を引かれ

られることになったものの，幸いにも共同の研究（那須弘平「『法曹倫理』雑感」民事紛争処理研究基金報21号，2006年）にあたっておられた柏木俊彦（大宮法科大学院大学教授）および小山稔（立教大学法科大学院教授）の両弁護士にて共編者を引き継いでいただくことができ，本書を完成することができた。

　那須先生には，このような経緯でご多忙の中をこの企画に当初からご支援いただき，また，第7章を執筆して下さったことを，心から感謝申し上げたい。共編者をお引き受けいただいた柏木，小山の両氏，そして各章の執筆者の方々におかれては，本書の完成に向けてご努力をいただいたことに，あらためてお礼を申し上げたい。なお，大澤恒夫弁護士（桐蔭横浜大学法科大学院教授）には企画，調整等について格別の協力をいただいた。

　そして，いわば本書の生みの親であり，本書の誕生を辛抱強く見守って下さった法律文化社の秋山泰氏に心から深謝申し上げたい。

　2007年初夏

編著者を代表して
小島　武司

目　次

はしがき

第1章　正義へのアクセスと法曹の役割──法曹倫理の基本的意義
【小島武司＝大澤恒夫】1

I　「たったひとりで最高裁大法廷」──旭川市国保条例事件の問いかけるもの……1

II　善き法実践と法曹倫理……3
　　1　「善きサマリア人」の倫理──多層にわたる倫理の基底　2　法曹倫理の前提となる「良い仕事」　3　他の職業倫理からの示唆　4　法曹の徳目と善き指導──メタリング　5　善きローヤリングとの協働　6　内省的実践家としての専門家

III　「励ましの倫理」と「社会からの眼差しとしての倫理」……15
　　1　「励ましの倫理」と「必要とされるときの弁護士」　2　社会からの眼差しとしての倫理

IV　正義へのアクセスと法曹の役割……17
　　1　正義の総合システムにおける法曹の位置づけと役割　2　法曹の役割と挑戦──ベイツ事件の示唆するもの　3　弁護士役割モデル論が語りかけるもの　4　普遍性と相対性

V　あすの法曹への期待……25

第2章　法使用における職業倫理と市民倫理……【佐藤彰一】28

I　法使用と専門家責任……28
　　1　専門家責任　2　職業倫理の構造　3　ケアとは何か　4　役割論と倫理責任　5　法曹倫理が倫理であることの意味

II　レークプレザント事件……37
　　1　事件の発端　2　世間の反応　3　弁護士の苦悩

III　役割の多様性……41

iii

　　　　　1 役割とは　　*2* 党派性と中立性のハザマをなすもの　　*3* 職業倫理の基底をなすもの

第3章　依頼者と弁護士 ………………………………【樋口範雄】48

I　本章の課題………………………………………………………………………48
　　　　　1 弁護士職務基本規程　　*2* 両者の関係の性格　　*3* 弁護士役割論　　*4* 独立性

II　弁護士と依頼者の関係の性格…………………………………………………50
　　　　　1 委任契約としての関係　　*2* アメリカの事例　　*3* 契約説（委任契約説）の不都合と問題点　　*4* 契約説のメリット

III　弁護士の党派性と公益性………………………………………………………58
　　　　　1「モンスター」と，友人としての弁護士　　*2* アメリカの事例──民事事件　　*3* アメリカの事例──刑事事件　　*4* 党派性と公益性の関係──悩みから逃げないこと

IV　弁護士の独立性…………………………………………………………………65
　　　　　1 独立性の意義　　*2* 依頼者と弁護士の権限分配　　*3* インフォームド・コンセントと情報提供義務

第4章　守　秘　義　務 ………………………………【更田義彦】71

I　当事者の信頼と社会正義のはざまで…………………………………………71
II　秘密を保持する権利と義務……………………………………………………73
　　　　　1 守秘義務の根拠　　*2* 開示を拒否する権利とその根拠　　*3* 職業の秘密と真実の発見　　*4* 秘密の取扱いと本人の承諾　　*5* 義務違反に対する制裁

III　刑事手続と守秘義務……………………………………………………………82
　　　　　1 開示証拠（捜査情報）の取扱い　　*2* 捜査報道と法曹の義務

IV　公共的な利益──正義の実現，違法行為の是正……………………………86
　　　　　1 違法行為の助長の禁止，意思決定者に対する通報　　*2* 被害発生の防止，犯罪の防止のための情報開示　　*3* ゲートキーパー「金融取引の門番」

V　守秘義務の限界を決めるもの…………………………………………………90

目　次

第5章　利益相反　　【小山　稔】93

Ⅰ　「利益相反」をなぜ学ぶか　　93
Ⅱ　利益相反とは　　94
Ⅲ　利益相反行為の類型　　95
　　1　双方代理型　　**2**　利害内包型（複数代理型）　　**3**　依頼者保護型　　**4**　公務等関与型
Ⅳ　双方代理型の論点　　97
　　1　「相手方の協議を受けて賛助し，またはその依頼を承諾した事件」　　**2**　「相手方の協議を受けた事件で，その協議の程度および方法が信頼関係に基づくと認められるもの」　　**3**　「封じ込め」もしくは「つば付け」　　**4**　即決和解，公正証書　　**5**　調整型（調整役）
Ⅴ　利害内包型の論点　　104
　　1　利益相反と当事者の同意　　**2**　遺産分割　　**3**　遺言執行者　　**4**　依頼者は誰か　　**5**　利害内包型の諸相
Ⅵ　依頼者保護型の論点　　116
　　1　相手方依頼型（法25条3号，規程27条3号）　　**2**　依頼者相手型（規程28条2号）　　**3**　自己利害型（規程28条4号）　　**4**　親族相手型（規程28条1号）
Ⅶ　公務等関与型の論点　　119

第6章　共同化およびMDPと倫理　　【柏木俊彦】121

Ⅰ　共同法律事務所における利益相反と守秘義務の拡張　　121
　　1　はじめに　　**2**　共同事務所における弁護士倫理遵守のための措置　　**3**　共同事務所における利益相反の拡張　　**4**　共同事務所における守秘義務の拡張
Ⅱ　MDP（異業種共同事業）　　145
Ⅲ　共同法律事務所およびMDPの方向性　　148

第7章　民事訴訟と倫理　　【那須弘平】150

Ⅰ　「訴訟引延し」論争　　150

- II 弁護士の「司法機関的性格」と「代理人的性格」·················· 154
- III 尋問準備と真実尊重義務·················· 157
- IV 誠実義務と弁護士の「良心」·················· 160

第8章　法律相談・交渉・民事保全・民事執行と倫理
·················· 【永石一郎】 164

- I はじめに·················· 164
- II 弁護士倫理の思考の枠組み·················· 165
  - **1** 職業倫理としての職務基本規程の体系　**2** 義務の衝突　**3** 職務基本規程の義務と法律上の義務との関係
- III 法律相談に関して·················· 167
  - **1** 事例1　**2** 事例2
- IV 交　　渉·················· 169
- V 民事保全に関して·················· 172
  - **1** 事例1――民事保全命令手続とプライバシーの侵害　**2** 事例2――法令等調査義務・守秘義務と保全執行
- VI 民事執行に関して·················· 175
  - **1** 事例1――自力救済について　**2** 事例2――強制執行を免れるために詐害行為取消しの対象となる行為をするようアドバイスすることは，弁護士職務基本規程14条「違法行為の助長」にあたり，懲戒処分の対象となるか

第9章　企業法務と倫理
·················· 【梅澤治為】 179

- I 事業利益をとるか，法の正しい適用をとるか·················· 179
- II アメリカの裁判所はどう判断したか·················· 180
- III エンロン事件以降――サーベンス・オクスレー法の成立·················· 182
  - **1** 事件の概要　**2** サーベンス・オクスレー法307条「弁護士のプロフェッショナルとしての責任」　**3** SEC規則205条　**4** アメリカ法曹協会（ABA）の弁護士職務に関するモデル規程
- IV わが国の場合·················· 186
  - **1** 組織内弁護士の規律　**2** 社外弁護士の場合についての一考察　**3** 社

目次

　　　　内弁護士の場合
　　Ⅴ　顧問弁護士に関する法曹倫理上の問題……………………………190
　　　　1　顧問弁護士は，監査役に就任してよいか　2　監査役弁護士がその会社の訴訟代理人となることができるか　3　株主代表訴訟が提起された場合，顧問弁護士は被告取締役の訴訟代理を引き受けてよいか

第10章　弁護士の公益活動──日本司法支援センター・法律扶助，
　　　　弁護士過疎……………………………………【亀井時子】193
　　Ⅰ　司法改革と弁護士の変革……………………………………………193
　　Ⅱ　法律扶助制度と弁護士のかかわり…………………………………195
　　　　1　法律扶助協会の推移　2　民事法律扶助法の制定
　　Ⅲ　総合法律支援法の制定………………………………………………197
　　　　1　総合法律支援法の意義　2　法テラスの設立　3　法テラスの新しい情報提供　4　法律扶助業務と弁護士の人権救済活動　5　国選弁護と弁護士　6　犯罪被害者支援と弁護士
　　Ⅳ　司法過疎対策…………………………………………………………202
　　　　1　司法過疎の現状　2　ひまわり基金法律事務所の設置　3　法テラスの司法過疎対策
　　Ⅴ　若き法曹への期待……………………………………………………205

第11章　弁護士広告と倫理………………………【馬場健一】208
　　Ⅰ　依頼者の獲得と弁護士倫理…………………………………………208
　　Ⅱ　弁護士広告規制の歴史………………………………………………209
　　　　1　戦　前　2　戦　後　3　欧米諸国と原則自由化の流れ
　　Ⅲ　広告規制の是非論……………………………………………………212
　　　　1　両論の概略　2　ベイツ判決
　　Ⅳ　日本の広告規制の現在………………………………………………215
　　　　1　日本における原則自由化　2　現行業務広告規定の概要　3　弁護士の品位？　4　専門分野・得意分野・取扱分野
　　Ⅴ　広告・広報の実状と課題──広告問題を越えて…………………218
　　　　1　事実上の広告について　2　ネガティブ情報の必要性　3　ネット

vii

情報の革新性・可能性

Ⅵ 結　語 …………………………………………………………………… 222

第12章　弁護士報酬と倫理 ……………………………【大澤恒夫】225

Ⅰ 問題の提起 ……………………………………………………………… 225
Ⅱ 弁護士報酬とその情報提供 …………………………………………… 226
　1　最近の法律事務所の報酬広告を見てみると　*2*　日弁連のアンケートに基づく「目安」の公表　*3*　弁護士報酬と正義へのアクセス　*4*　旧来の「標準等報酬規程」と問題点　*5*　自由価格制と前提条件
Ⅲ 弁護士報酬に関する新しい倫理規定 ………………………………… 232
　1　自由価格制のもとにおける倫理と競争　*2*　報酬に関する懲戒事例
Ⅳ 弁護士の役割と報酬についての考え方 ……………………………… 236
　1　職務の独立性，依頼者への誠実義務と弁護士報酬　*2*　弁護士の役割モデル論と報酬の捉え方
Ⅴ 報酬と弁護士の仕事・生活基盤 ……………………………………… 241
Ⅵ コンティンジェント・フィーと固定低額制 ………………………… 245
　1　コンティンジェント・フィー　*2*　固定低額制
Ⅶ 弁護士報酬と利用者のマッチングをめぐる新たな胎動 …………… 248
Ⅷ 弁護士のアキレス腱——お金 ………………………………………… 250

第13章　刑事弁護人の役割と倫理 ……………………【倉科直文】253

Ⅰ 刑事弁護における倫理——民事弁護の場合とは異なる特有の倫理問題があるか … 253
Ⅱ 刑事弁護における誠実義務について ………………………………… 256
　1　刑事事件における弁護人の職責の特質と誠実義務の関係　*2*　「最善の弁護活動」　*3*　誠実協議義務と守秘義務　*4*　身柄解放努力義務　*5*　具体的な設問を通じた考察
Ⅲ 真実義務について ……………………………………………………… 266
　1　「積極的真実義務」　*2*　「消極的真実義務」　*3*　「真実義務」に関する設問　*4*　弁護活動と「罪証隠滅」活動

目　次

第14章　検察官の役割と倫理……………………………【德江義典】276

 I　検察官の職務……………………………………………………… 276
   1　検察庁と検察官　　2　公訴権と起訴便宜主義　　3　検察官と司法警察職員との関係　　4　検察官の独自捜査　　5　検察官調書の証拠能力

 II　検察官同一体の原則…………………………………………… 280

 III　検察官の倫理…………………………………………………… 281
   1　職務の公正中立　　2　廉潔性　　3　具体的な倫理の内容

 IV　将来的課題……………………………………………………… 284

第15章　裁判官の役割と倫理……………………………【山室　惠】287

 I　裁判官の役割…………………………………………………… 287
   1　裁判官という職　　2　裁判官制度

 II　裁判官の倫理…………………………………………………… 294
   1　裁判官の倫理規範　　2　裁判官の独立　　3　裁判官の罷免，懲戒処分

ix

◆ 執筆者紹介 （＊印は編者，以下執筆順）◆

＊小島　武司	桐蔭横浜大学学長	
＊柏木　俊彦	大宮法科大学院大学教授・弁護士	
＊小山　稔	弁護士	
大澤　恒夫	桐蔭横浜大学法科大学院教授・弁護士	
佐藤　彰一	法政大学法科大学院教授・弁護士	
樋口　範雄	東京大学法科大学院教授	
更田　義彦	上智大学法科大学院教授・弁護士	
那須　弘平	最高裁判所判事（執筆時　弁護士）	
永石　一郎	弁護士	
梅澤　治為	弁護士	
亀井　時子	弁護士・法テラス東京地方事務所副所長	
馬場　健一	神戸大学大学院法学研究科教授	
倉科　直文	明治大学法科大学院特任教授・弁護士	
徳江　義典	弁護士	
山室　惠	東京大学法科大学院教授・弁護士	

第1章

正義へのアクセスと法曹の役割
――法曹倫理の基本的意義

I 「たったひとりで最高裁大法廷」
――旭川市国保条例事件の問いかけるもの

　2006年3月1日，最高裁判所大法廷にひとりの高齢者が出廷した。S氏，70歳である。S氏は弁護士ではない。一般市民である。中学卒業後，新聞配達や廃品回収の仕事で生計を立ててきたという。この事件でS氏は，居住する北海道旭川市における国民健康保険の料率が条例で明示されておらず，毎年，市当局が具体的料率を決めて告示という形で表示しているが，これでは議会によるチェックが行われず，租税法律主義を定めた憲法84条に反すると主張し，保険料賦課処分の取消しを求めた。このような方式をとっている自治体は全国に多数あり，この事件は日本全国に大きな影響を及ぼすものであった。S氏は1990年頃にこのような制度に疑問をもち，地元の弁護士事務所を訪ね歩いたが，ことごとく断られたという。そこで，図書館に通い詰めるなど独学で法律を勉強し，市議会議事録に当たって事実調査を行うなどして，自分で訴状や準備書面も作成したし，自分で裁判所にも出廷して，訴訟を遂行した。1995年に提訴，1998年4月に旭川地裁から違憲判決を得た。しかし札幌高裁で逆転敗訴し，そして最高裁に上告していた。S氏は，報道の取材に答えて，「現在の社会保障制度がおかしいと思っている人はたくさんいるはず。制度を変えるために，裁判がもっと利用されるように願っている。」とコメントしたということである。また，日本はドイツ（弁護士強制主義）と違って本人訴訟が認められているが，本人訴訟が制度として認められているうちに活用しないと，この制度そのものの存続も危ういものになってしまうという危機感もあるという。

最高裁大法廷は，S氏の上告を棄却した。判決は，国保の保険料について憲法84条の趣旨が及ぶと解すべきであるが，旭川市の条例が保険料率算定の基礎となる賦課総額の算定基準を定めた上で，市長に対し，保険料率を同基準に基づいて決定して公示することを委任したことは，憲法84条の趣旨に反しない等の判断を示した。

　S氏は上告棄却の判決を受けて記者会見し，「惨敗だが，国保徴収の問題への関心を高めることができ，悔いはない。立法，行政をチェックできるのは司法しかなく，もっと多くの人が行政訴訟を起こせば，日本は絶対に変わる」と強調したという。

　この事件はわれわれ法律家，あるいは法律家になろうとする者に，大きく根源的な問いかけをしている。特に弁護士職への問いは，重い。弁護士職の役割や責任は何なのだろうか。権力と闘い，弱者を救済し，法や制度の問題を明らかにし，改革を担うのが法律家だったのではないか。弁護士職は法律業務を独占するものとして位置づけられているが，法や制度の根幹を問う本件のような重大な訴訟をサポートせずして，法律業務の独占を主張し続けることができるのであろうか。さらに高校にも行っていない高齢者が独学で勉強して本人訴訟を遂行し，第1審で違憲判決を獲得しただけでなく，最高裁まで行き，しかも（勝敗は別として）大法廷判決を得るという快挙を成し遂げたことは，弁護士が自らのみを法律のプロフェッショナルと主張し続ける実質的な根拠（つまり素人にはわからない難しい法律の専門的知識と技能を有する専門家は弁護士のみであり，他の者に事件を扱わせることは許さないとする主張）までをも脅かすのではないか。日本でも弁護士強制主義を採用すべきとの見解もあるが，どのように考えるべきか。

　わたくしたちはこの問いかけに，どのように答えることができるだろうか。これからの法曹として，この問いが突きつける困難な課題にどのように取り組んでいくべきだろうか。このような問題に即答し，右から左に片をつけ，何か1つの方策でもって一件落着とすることは許されないであろう。一般社会を含め広い範囲から学びを深め，実践しながら，誠実に考え続けてゆく以外にない。この，たゆまぬ実践と考究の姿勢を支えるのが，法曹倫理のはずである。

II　善き法実践と法曹倫理

1　「善きサマリア人」の倫理——多層にわたる倫理の基底

　1964年，ニューヨークの路上で夜間，女性が暴漢に襲われ，暴行を受けた上殺害された。その現場を見下ろすことのできるアパートでは実に38人の居住者が被害者の悲鳴を聞いたり，暴行の現場を目撃したりしていたが，誰ひとりとして警察を呼ばなかったという。この事件は，社会に大きな衝撃を与えた。市民は「善きサマリア人」（the Good Samaritan）として行動すべき倫理を負っているはずなのにどうなっているのか，法による強制が必要ではないか，といったことが法学界でも議論された（小島＝アティアス＝山口 1989：213頁以下〔山口〕）。ここでは，この事件をめぐる一般市民としての倫理ないし法的義務そのものをめぐる議論に深入りはしない。しかし，倫理の問題においてはまず，一般市民としての倫理がその基底にあることを，この事件は示している。われわれはまず，このことを十分に踏まえる必要があるであろう。

　そして，その市民としての倫理の上に，仕事をする社会人としての倫理（仕事倫理）があり，さらにその上に専門職業を担う者としての専門家の倫理（専門職倫理）が構築されるであろう。われわれは，このような多層の構造の上に立って，専門家としての生活を送ることになる。

2　法曹倫理の前提となる「良い仕事」

（1）　仕事倫理

　法曹の仕事も，他の仕事と同様に，「仕事」の1つである。そして人は古来から仕事をし，その中で良い仕事とは何かをめぐって思索をしてきた（杉村 1997：1頁以下）。法曹も仕事をする以上，法曹にとって良い仕事とはどのようなことなのかを考えることが出発点として必要であろう。そして，その前提としてまず，そもそも「良い仕事」とはどのようなことかを考えてみたい。杉村は古代ギリシャから中世ヨーロッパ，そして現代アメリカに至る「良い仕事」（仕事倫理）をめぐる諸思想を検討し，それらの諸思想が関心を抱き強調しようとしていた点を，以下のように整理している（杉村 1997：207頁以下）。

①「良い仕事は，仕事を意味あるものと見なすことを前提にする。」②「良い仕事は，仕事に対する真剣で責任感ある態度を求める。」③「良い仕事は，生活の必要を充たす。他者に負担をかけないし，働けない者を助けることができる。また他者に従属しない独立し自立した生活を可能にする。」④「良い仕事は，共同生活に貢献する。他者への貢献や共同社会への貢献など，全体を豊かにする仕事である。」⑤「良い仕事は，善い生き方と重なる。」⑥「良い仕事は，平衡のとれた生活とともにある。仕事と余暇，仕事と家庭，個人と社会など，仕事と他の領域とのあいだの平衡に配慮を欠いた仕事は，良い仕事ではありえない。」⑦「良い仕事は，魅力的である。」⑧「良い仕事は，個人を成長させる。良い仕事は，各自に与えられた能力を生かすとともに，他者との交流をとおして，個人の成長をうながす。」⑨「良い仕事は，個人を超える価値につながる。……共同的な価値さらには普遍的な価値と結びつく。」⑩「良い仕事は，求めてはじめて得られるものである。……特定の職業がそのまま良い仕事なのではない。良い仕事は，何がそれであるかみずから考えかつ求めてはじめて得られる。」

　この整理を一読すると，法曹の倫理も一般の仕事や他の職業倫理からの独自性だけを強調するのではなく，まずはその底に共通している「良い仕事」という観点からの自覚が必要なことが理解できよう。そして，一番はじめの問い，つまり仕事の意味をどう考えるかは法曹の役割をどう考えるかに直結する核の問題であり，本章でも後に議論したい。ここで整理されたような「良い仕事」として法曹の仕事に取り組めることが，法曹倫理のめざすところであり，また法曹を職業として選択し法を学ぶ意味を再確認し，適切なローヤリング教育とあいまって善き法実践を支えるものとなろう（ウィリアム・デーモン 2006，キム・エコノミディス 2006）。

　（2）　インテグリティ，可謬性，内省

　杉村はさらに次のように続けて指摘する（杉村 1997：210 頁以下）。「良い仕事は現在の仕事とどこか別のところにあるのではなく，現在の仕事そのものの中にある……」。「良い仕事」は「望ましい仕事のあり方とともに仕事と生活への望ましい姿勢を含んでいる」。それは，「個人の生の領域全体を思慮しつつ自己の責任を果たしていく」という一貫した誠実な姿勢（インテグリティ〔integrity〕）

である。「人生と生活の種々の局面に対して全体としての平衡を保って誠実に応答していく仕事生活」が「良い仕事」である。

　もっとも，人間には当然，誤りや失敗，無分別といったことが生じる。しかし，それらが生じたからといって良い仕事の意味が失われるのではない。「誤りや失敗や無分別は，自己の判断や行動の反省をとおして修正されたり，つぎの機会への経験として生かされる」べきであり，「インテグリティとは時間の経過をとおして実現されていく全体性であり誠実性である。」そこでは「みずからの行動とその結果を省みる行為」が不可欠であり，「このような反省の営みによって，人間は仕事生活において……全体的な自己形成，自己成長，つまりインテグリティを確立していくことができる」。

　法曹も良い仕事をするためには，インテグリティが要求されるであろう。しかし，法曹も人であり，人は必ず誤る可能性がある（可謬性）。法曹もそれを克服するために常に内省する姿勢で物事に取り組み，人生のプロセスという時間の経過の中でインテグリティの実現をめざしてゆくべきであろう。

（3）　平衡ある仕事とワークライフバランス

　良い仕事の1つの要素として前記のように仕事と余暇，家庭，社会などとの間に平衡がとれていることが挙げられている。この点で，仕事もプライベートも充実させる生き方を求めるワークライフバランスという考え方と共通するものがある。後述のように現代のアメリカにおける弁護士の世界で，金銭的成功を過度に追求する中で，平衡の欠けた生活に陥っているエリートたちの状況が指摘されている。日本においても一部で似たような状況が生まれつつあるようであり，平衡のある仕事と生活の追求は，一段と重要性を増すことになろう。

（4）　仕事倫理の歴史性，集積性，豊富化

　「良い仕事」という考え方は，「まったく新しい仕事倫理」を主張するものではない。それは，「歴史をとおしておこなわれてきた良い仕事の思索と行為の集積とともにある」のであり，「新しく見出された古くからある仕事倫理にほかならない」。さらに重要な指摘が続く（杉村1997：226頁以下）。「仕事倫理……はまえの時代から次の時代へまったく新しく変わるのではない。まえの時代における要素が残りながら新しい要素・新しい方向が付け加わることで，豊富化されていくのである。」（傍点，原文）「仕事倫理……の多層化・豊富化は，

われわれの仕事生活そのものを豊かにするために必要なことである。」

後にみるように，法曹倫理，その中でも特に弁護士倫理を語る際には，弁護士役割モデル論がとりあげられる。そのようなモデル論も歴史の中で培われた思索と行為の集積のひとつであり，それらの批判的考察はもちろん必要であるが，それらはいずれも現在の，そしてこれからの善き法実践に栄養を与える側面を有することを見失ってはならないであろう。

3　他の職業倫理からの示唆

法曹倫理を考える際，他の職業倫理をめぐる課題や議論に目を配っておくことも有益であろう。法律関連以外の分野をざっとみると，「医師の職業倫理指針」（日本医師会，2004），「倫理規則」（日本公認会計士協会，2006），日本原子力学会倫理規程（日本原子力学会，2005），建築士会会員倫理規定（日本建築士会連合会，2005），「企業行動憲章」（日本経団連，2004）など様々なものがある。われわれは他分野の倫理やそれに関する議論に触れることによって，法曹倫理を客観的に見つめ直し，あすの倫理を考究する眼を養うことができよう。

（1）　医師と倫理

ここでは，医師の倫理とそれに関する議論をみてみよう。

(a)　「医師の職業倫理指針」　「医師の職業倫理指針」（日本医師会，2004）（日本医師会ホームページ）をみると，まず第1章「医師の責務」の第1として，医学知識・技術の習得と生涯教育，研究心，研究への関与，品性の陶冶と保持の3点が「医師の基本的責務」とされている。これに次いで第2「患者に対する責務」として，まずインフォームドコンセントに焦点があてられ，病名・病状についての本人への説明，病名・病状についての家族への説明，患者の同意，患者の同意と輸血拒否といった事項が挙げられている。次いで診療録の記載と保存，守秘義務，患者および遺族に対する診療情報，診療記録（カルテ）の開示，応招義務，緊急事態における自発的診療（援助），無診察治療の禁止，処方せん交付義務，対診，またはセカンド・オピニオン，広告と宣伝，科学的根拠のない医療，商品の販売やサービスの提供，患者の責務に対する働きかけ，医療行為に対する報酬や謝礼，かかりつけ医の責務，ターミナルケア（terminal care；末期患者のケア），末期患者における延命治療の差し控えと中止，および，

安楽死の問題がとりあげられている。そして第3「医師相互間の責務」として，医師相互間の尊敬と協力，主治医の尊重，患者の斡旋や勧誘，他医に対する助言と批判，医師間の意見の不一致と争い，医師間での診療情報の提供と共有，第4「医師以外の関係者との関係」として他の医療関係職との連携，医療関連業者との関係，診療情報の共有，第5「社会に対する責務」として異状死体の届出，医療事故の報告について，社会に対する情報の発信，メディアへの対応，公衆衛生活動への協力，保険医療への協力，国際活動への参加がとりあげられている。これらに続いて，第2章「生殖医療」，第3章「人を対象とする研究と先端医療」がとりあげられ，医療ビジネスや先端医療の倫理に関する記述がなされている。

　このような「倫理指針」は，良い仕事としての医師の職業倫理の中心的部分を述べたものであろう。内容的には医師の具体的業務そのものにも踏み込んで記述されている。このうち，インフォームド・コンセントやセカンド・オピニオンなどは弁護士の仕事においても共通する重要な課題であり，医療分野における実践と研究には大いに学ぶべき点があろう。この関連で専門職においては「プロフェッションとクライアントとの理想的な関係は何か」ということが問われるが，日本医師会の倫理は「医師と患者とが『対等であるという認識』を土台として互いの価値観に耳を傾けあい，また，それらを相互に尊重し合う義務」に基づく「インタラクティヴ・モデル」によっているとされる。この辺の認識や実践は，法曹の世界ではまだまだ進んでいないのではなかろうか。また，本章のはじめに紹介した国保条例違憲事件では弁護士が受任をしなかったが，この点をどのように考えるべきであろうか。個々の弁護士には受任義務がないと考えられているが，なぜそのようにいえるのかを考える必要があり，その際，対極にある医師の応召義務について考えてみることは有益であろう。また，個々の弁護士には受任義務がないとしても，弁護士階層全体としては国民に対して受任すべき責任を負っていると考えるべきではないのかといったことも考えるべきであろう。

　(b)　専門化とプライマリ・ケア　　医師という職業の特徴の1つとしてその専門職性があるが，医療技術の高度化に伴い医療分野の細分化，専門医指向が加速されている（田中＝柘植編 2004：62頁以下）。つまり「一般医」や「家庭医」

ではなく,「専門医」の過剰であり, 様々な弊害を生じさせつつあるとされる。「その結果,『人間を診ずに病気を診る』と評される」状況になる。「それだからこそ, 患者を『全人的に』診ることができるような『医師の養成』こそが急務とされる」。「医師の『専門職性』は, 医師における患者に対するコミュニケーション能力にまでも幅広く求められている」。

　法曹の仕事でも, 社会生活の複雑高度化の進展に応じて, 高度の専門性による業務の細分化がもたらされ始めている。それは企業法務などのビジネスに関連する分野だけでなく, 高齢者問題, DV, 医療など一般生活の分野でさえも生じつつある現象であろう。高度に細分化された最先端の法情報はつかんでいても, 人間に対する考察ができないといったことでは, 善き法実践はおぼつかない。法実践におけるプライマリ・ケアの課題への取り組みが求められるところである。

　(c) 専門職集団内の「内的な承認」と「外的承認」　医師の倫理に関する考察でもう1つ紹介しておきたいのは,「『専門職』はなぜ倫理綱領を作るのか」という興味深い問題提起と議論である (田中＝柘植編 2004：71頁以下)。専門職としての医師が狭義のビジネス活動よりも高い水準の道徳的責務を自らに課しているのは, なぜであろうか。「専門職集団全体の行動は, まさに, そこに属する個々のメンバーの具体的な行動によってのみ『表現』され得るようなもの」であり,「個々のメンバーのすべてが, その専門職集団全体の責任を負う立場に立たされている」のであって, 個々の医師の不信行為は「医師という専門職集団全体に対する信頼の失墜に繋がりかねない」。「特殊な知識や技術を扱うがゆえに『排他的・独占的』な性格を備えてしまう『専門職』にとっては, 何にもましてその『専門性』を互いに『監督』しあうことが義務づけられることになる」のである。

　さらに, 専門職集団においては, 集団の自治に対する社会からの外的承認の取得が課題となる (田中＝柘植編 2004：80頁以下)。「専門職集団は, ……高い水準の『道徳的な責務』と引き換えに, 逆に社会からの『外的な承認』を取り付け, メンバーの既得権益を擁護するための『自己裁量権』を獲得しようと企てている」とされる。専門職集団の倫理綱領の樹立とその貫徹には, このような社会の承認を獲得し維持し続ける必要性が控えているのである。そしてこのよ

うな社会的承認を得るためには、倫理綱領は公共の利益やサービス利用者の利益の保護を図ること、自己利益中心的なものでないこと、具体的で誠実なものであること、強制力をもち、かつ実際にその効力が発揮されるものあることなどが必要とされる。社会からの眼差しがあるからこそ、専門職の倫理はこのような公共性や誠実性が必須のものとされ、強制力をもつものとされるという側面があることを、われわれは理解しなくてはならない。法曹の倫理についても、このような冷静な視点からの分析が求められ、真に法曹のよるべき倫理とは何かが常に問われ続けなくてはならないであろう。

(2) フィデューシャリー・デューティと倫理

現代の複雑高度化した社会では、人々は社会生活を営む上で、高度に専門分化したサービスに頼らざるを得なくなっている。そこで、受託者が受益者の利益を図る義務を負うことを中核に据えた信託の法理を拡大し、専門家への依存が避けられない分野に及ぼされるようになってきた（樋口1999）。そこには、利用者が専門家に依存せざるを得ないことを基礎とした信認関係が措定される。信認関係は信託だけではなく、代理人、会社の役員、管財人、後見人、医師など様々な分野で認められ、アメリカでは弁護士や医師の責任も契約上の問題ではなく、信認関係上の問題と考えられているという（本書第3章参照）。このようにみると、法曹倫理、特に弁護士倫理の中には、必ずしも弁護士にのみ特有ではなく他の専門家と同じ基盤に立っている部分があることがわかる。今後、他の職業倫理との共通性や特異性についての考察を深め、法曹としての倫理の内容と質を高めてゆく必要があろう。

(3) 仲裁人、調停人の倫理の検討に向けて

法曹倫理そのものではないが法曹に密接に関連する新しい倫理の課題として、仲裁人や調停人の倫理の問題もここで指摘しておくのが有益であろう。仲裁人や調停人は法曹だけでなく、職業法律家ではない民間の優れた人々も現にその任を担っているし、今後も民間からの参入が期待されている。その意味で仲裁人や調停人の倫理は法曹だけの倫理ではない。その特質は中立的第三者としての公平性、公正性に深くかかわるものであり、裁判官の倫理との共通の基盤を踏まえつつ、今後具体的な深化をめざしてゆく必要がある（米国仲裁協会、米国法曹協会及び紛争処理協会により2005年に採択されたMODEL STANDARDS OF

CONDUCT FOR MEDIATORS は，この点で参考になる。また，日本仲裁人協会でも仲裁人の倫理規程が検討されており，近く公表される）。

4 法曹の徳目と善き指導──メンタリング
（1） 7つの徳目
　1923年に出版されイギリスをはじめ各国の法曹界に大きな感銘を与えてきた古典であるE．A．パーリー判事の"Seven Lamps of Advocacy"（〔櫻田訳〕1968：3頁以下）は，弁護士たるものが目標とすべき基本的な生活原理・活動原理を，7つの徳目としてわかりやすく提示している。その7つとは，「誠実の燈」，「勇気の燈」，「勤勉の燈」，「機知の燈」，「雄弁の燈」，「判断の燈」，および，「友情の燈」である。「燈」というのは，旧約聖書の中に「ともしびの皿に火をともして，その前方を照らす」という一節があることに因んだものだということである（櫻田解説）。このような徳目（倫理）を照らし出し，善き法実践に取り組む人材を育成するためには，どのようにすべきであろうか。

（2） リーガルクリニックとロースクール生の志
　ここで示唆に富むのが，アメリカの1960年代の状況である（小島1969：189頁以下）。当時ロースクールは，実務的臨床的な知識・経験を十分与えることができない，あるいは，既存の法を修得させることばかりで，現状を打破する努力において欠けるところがあるといった批判にさらされていた。このような教育の欠陥に悩むロースクールにとって，「学生に生の事件に接する機会を与えるクリニックとしてのリーガル・エイドは現状打開のための突破口」となった。ロースクールの学生達は指導教授や弁護士の指導監督の下でロースクールの組織するリーガル・エイド活動に非常に積極的に取り組み，その中心的勢力として貢献していた。参加者の選抜は学業成績だけによるのではなく，その意欲，関心の度合いを大きく考慮する方針がとられていた。そして，当時の卒業生の進路をみると，一流のローファームが高額の初任給を用意しても優秀なロースクールの卒業生は一流ローファームを敬遠し，「高い収入を棄てて，アメリカの優秀な学生達は大学に残り，裁判官のクラークとなり，または貧困者のためのプログラムで働くことを希望している」という状況にあったという。このような中で，リーガル・エイドの実践を通じて，高い志と徳目の体現をめ

ざした教育がなされていたであろうことは、想像に難くない。

(3) 現代アメリカの状況

眼を現代に移してみよう。シルツ（セイント・トーマス大学ロースクール教授）は、メンタリングによる教育を提唱し、実践している（Schiltz1998：p.705～）。シルツはその論文の副題（「エリートローファーム、エリートロースクール、そして新人弁護士のモラル形式」）に自ら書いているエリート・ロースクール（ハーバード）を卒業し、エリート・ローファームで実務に従事した経歴を有する。しかし、現代のアメリカのエリート・ロースクールでは実務経験がある教授はごく少数で、実務経験に価値があるという見方は時代錯誤とされているといい、実務の経験を基にした教育に期待がもてないという。研究者は弁護士の日常の実務を軽蔑し、もっぱら難事件をめぐる研究や高次元の学術的関心に重点を置いており、実際に重要な日常の倫理的な振る舞いのあり方の指導にはまったく興味を示していない。また、エリート・ローファームに勤務する新人弁護士は大規模な環境の中で疎外感や孤独感にさいなまれ、働いた時間に対して報酬を請求するという圧力に絶えずさらされて、生活自体が惨めなものになるといった状況にある。そのような状況は新人だけでなく、成功を収めたと目されるような弁護士にさえ及んでおり、彼らが弁護士実務の仕事を何とかしてやめたいと告白するのを聞いて、シルツは大変驚いたという。あまりにも多くの弁護士にとって金銭的成功が「唯一の目標」となってきたことが最大の問題であり、その他の目標（家族や友人と一緒に過ごすこと、世界のことを学びその知識を活用すること、公共の利益に奉仕すること、若い人の善き指導をすることなど）が、物質的富の追求の過程で脇に押しやられていると指摘する。このような平衡が失われた状況は、前に見たインテグリティのある「良い仕事」の実践とは程遠いところで実務がなされていることを物語っているであろう。

(4) メンタリング

そこでシルツは、日常の実務の中で非倫理的行動に誘導されてしまうような圧力にさらされる新人弁護士に対して、先輩弁護士の善き指導（mentoring）を通じてそのような圧力に抗することができるモラル形成を行い、人としての力を強めると同時に、その人自身の価値観（正直、礼儀、同情、正義、慈悲など）を保持させ、また対外的には地域の中で生きることにより自分の外にも基盤を形

成できるように助力すべきであるという考えを打ち出した。そして，教授による日常的な接触の中での指導のほか，地域の弁護士協会とも連携して，ロースクール生が実務弁護士の日常生活に密着する中で，その弁護士の日常の振る舞いに触れて倫理的な行動の体得を促す実践的教育を行っている。倫理的な行動についてシルツは，実務家が倫理と非倫理を区別する基準は，多くの一般人が善い行いと悪い行いとを区別する基準と変わるものではなく，黄金律は，人からして欲しいことを人にもせよ，正直であれ，フェアであれ，礼儀正しくあれ，情け深くあれ，約束を守れ，といったことであり，リンカーンがかつて言ったように「法律家の美徳は，他の職業の一般的な礼儀作法とさして変わるところはない」と考えている。そして，弁護士のモラル体系は，打ち合わせや電話，書面の作成，交渉，弁論，請求書の作成，秘書への依頼，家族との接触など，日常の多くの事柄についての決定から成り立っており，人への話し方，声の出し方，文書を書くときの形容詞の選択，真実であると表明するときの注意深さなどから出来上がっている。そして，モラル体系はこのように日常において次々と行われる決定から構成され，それらの決定のひとつひとつはありきたりのものでも，それらがまとまってその弁護士のモラル体系を形成する。生の現場の感覚が鋭く反映された考え方といえよう。

　シルツが実務家だったときに指導を受けた先輩弁護士は，シルツが作成した攻撃的調子の書面をみてそのトーンを抑えてくれた，彼をないがしろに扱った弁護士にたまたま会ってもその弁護士を温かく迎えた，人がミスをしても咎め立てせず，逆に業績を上げると十分に賞賛した，若手のミスは自分で責めを負ってくれた，という。そして，これらは決して英雄的な道徳行為ではなく，「静かで日常的な美徳」であり，そのような行為を通じて彼はシルツの人格形成と倫理的な行動の習慣の形成に助力してくれたという。これがメンタリングである。

　メンタリングは近時日本においても，種々の分野における人材育成の手法として注目されている。シルツの論文からも理解できるように，本当の意味で人の血となり肉となって日常に顔を出す倫理的な姿勢というものは，善いお手本の振る舞いに心が触れて，それを真似する実践の中から体得されるものであろう。今日の困難な状況の中では特に「良い仕事」の構築に意識的に取り組み，

先輩（特に実務経験に立脚した教授や実務家）から後輩に対して，自覚的に善き指導を行うことが求められよう。

　前に紹介した1960年代アメリカの若い力と情熱に支えられたリーガル・エイド・クリニックの姿を想像してみよう。日本のロースクールでもリーガル・クリニックやエクスターンシップのカリキュラムがとりあげられているが，これらの実践を通じて若い人々に感動を与えその情熱を呼び覚ますことができれば，法曹倫理教育の観点からも大きな成果を期待することができるであろう。

5　善きローヤリングとの協働

　善き法実践は，職業倫理（および法に関する知見）だけで実現されるものではない。それは善き技能（ローヤリング）と一体になってはじめて実践を可能にする。アメリカ法曹協会（いわゆるマクレイト・レポート）は，「適切な代理活動にとって不可欠な，基本的なローヤリング技能」として，①問題解決，②法的分析，③法情報調査，④事実調査，⑤コミュニケーション，⑥カウンセリング，⑦交渉，⑧紛争解決プロセスに関する助言，⑨仕事の組織と経営，および⑩倫理上のディレンマの認識と解決という，10の技能の必要を表明している（アメリカ法曹協会〔宮澤＝大坂訳〕2003：129頁以下）。このようにマクレイト・レポートは技能の1つに「倫理上のディレンマの認識と解決」をとりあげている。これはたとえば利益相反などの倫理問題は事案によってはかなり複雑で技術的な側面もあり，思わぬリスクから身を守る技能が必要とされるという認識にも立っているのであろう。

　またマクレイト・レポートは，これらの技能に4つの価値観，すなわち，(a)依頼者に対するサービスに献身するプロフェッションとして弁護士がコミットすべきであるという価値観，(b)正義，公平，そして道徳性を促進するために努力するという価値観，(c)プロフェッション（自己統治するプロフェッション）を向上させるために努力するという価値観，および，(d)学識に基づくプロフェッションの一員としてコミットすべきとの価値観と結びつけて考察している。

　理念は有効な技法を伴ってはじめて，現実的な実践に結びつく。しかし，理念のない技法は，上滑りの物まねになり「良い仕事」から遠ざかってしまうであろう。技能とともに価値観の問題を一体のものとして表明しているマクレイ

ト・レポートは、その意味で優れた検討であり、大いに参考にすべきであろう。

6 内省的実践家としての専門家

「良い仕事」を考える場合に、常に内省の姿勢で事件の経過の中でインテグリティを求めることの重要性が指摘されていた。この内省という点に焦点を当ててみると、たとえばカウンセリングの分野で次のような指摘がなされている。すなわち、カウンセラーが実践において「立ち向かう状況はきわめて複雑で流動的であり、蓄積された理論や技術を単純に適用することで乗り切れるものではな」く、「そのような複雑な状況の中で問題を再構成する絶え間ない活動過程における内省(reflection-in-action)を通して、専門家として成長してゆく」ことが必要であり、カウンセラーの育成で用いられる体験学習においてもこの内省の姿勢が重要とされる(佐治＝岡田＝保坂1996：139頁以下)。このような内省の姿勢で実践と研究を行うべき専門家を「内省的実践家(reflective practitioner)」という。法曹もこの内省的実践を遂行する専門家であるべきである。この「内省的実践家」という考え方はドナルド・ショーン(ショーン2001)により提唱されたものであるが、その根底にはソクラテスの「無知の知」を想起させるものがある。それは近代の技術的合理性の枠に閉じこもっていては対処できない現代の複雑高度な問題に対峙する専門家の実践原理であり、専門家の領域の知の構造に変革を迫り、その行動と倫理に大きな思想的インパクトを与えているという(同書6頁以下、228頁以下)。

法曹、とりわけ弁護士は、深刻な紛争に直面した生身の人間と出会い、相談や交渉を行い、その進展によってはさらに当事者とともに、よりフォーマルな解決プロセスに踏み込んでゆく。その過程においては、様々な現実に直面し、また状況の変化と格闘しつつ、方針の決定や修正を行いながら、よりよい解決を模索してゆくことになる。現在の法実践に用いられている法に関する知の体系は近代に出来上がり、弁護士はその近代の知の枠組みの中で、一定の合理性のある知識と技術に熟達した専門家とみられているのである。ところが現代社会はますます複雑・高度になって混迷を深めており、国際化・情報化・競争化などがその傾向に拍車をかけている。そうした中で発生する問題も複合的で非常に難しいものとなってきており、近代の知の枠組みの一部である旧来の専門

家の技術的熟達だけでは適切な解決が得られないものとなってきている。

「内省的実践家」は，実践において旧来の思考枠組みにとらわれず試行錯誤を繰り返しながら反省し，より良い解決を当事者とともに探求する「行為の中の省察」を行うのである。これは新しい実践的思考のスタイルを示すものといわれ，現代における様々な専門分野に多大の影響を及ぼしているといわれる。

アメリカのロースクールにおける教育も実践的思考のスタイルを中心とするものであったが，旧来の知の枠組みである技術的合理性を前提としていた。しかし，現代においては旧来の枠組みを越えた課題解決のための実践的思考が重視され，研究と訓練が行われつつある。たとえば，リーガル・カウンセリングの研究と実践なども，このような内省的実践としての１つの挑戦として位置づけることができるであろう。われわれは広範な社会的課題について，法律分野だけでなく，常に他の社会的な諸分野にも関心をもち，自分の弁護士業務のあり方について，広い視野から内省し改善を図ってゆかなければならないであろう。「内省的実践家としての専門家」という観点は，法曹の仕事への取り組みにおける倫理的な姿勢という点からも，重要な意義を有するものであろう。

Ⅲ 「励ましの倫理」と「社会からの眼差しとしての倫理」

1 「励ましの倫理」と「必要とされるときの弁護士」

「良い仕事」，つまり「人生と生活の種々の局面に対して全体としての平衡を保って誠実に応答していく仕事生活」をめざす姿勢を励まし支える仕事倫理は，いわば人を励ます倫理である。法曹倫理というと禁止のルールの集合体であるようなイメージが一般にはあるかもしれないが，法曹という職業において「良い仕事」とはどのようなことなのかを考え，これから法曹をめざす人々や現に法曹である人々を励まし支える促進的な規範が，法曹倫理の大きな中心をなしていると考えるべきであろう。いわば「励ましの倫理」としての法曹倫理を構想すべきではなかろうか。法曹のあるべき役割を考察し，何のために法曹になるのか（何のために法曹であり続けるのか），法曹になってどのように仕事をするのか（法曹としてどのように仕事を続けるのか）という仕事の意味を問い続け，自分なりのビジョンをもち，非倫理的行動への圧力に負けず，「静かで日常的な

美徳」をもって平衡のある仕事生活を送ること。このような仕事生活をサポートする倫理である。

　この仕事の意味への問いについて自分なりの答えをみつけるためには，法曹は何のために，どのように社会から必要とされるのか（法曹の役割）を知ることが有益であろう。チーサムは1963年の講演で「必要とされるときの弁護士」（A Lawyer When Needed）として，社会で嫌われている人に求められる公正な裁判に助力する弁護士，貧困者に対する法律扶助に助力する弁護士，中産階級にリーガルサービスをもたらす弁護士，専門分化するリーガルサービスをもたらす弁護士，私的な紛争への取り組みを通じて公共の立場を代表する弁護士，という5つの弁護士の役割像を描いている。チーサムの探求はいまでも，法曹の仕事の意味を考える上で大いに参考となる問いかけをわれわれにしている。われわれは，これに適切な理論的枠組みと現在の状況および未来のビジョンを重ね合わせてさらに考察を深め，各自の法曹としての「良い仕事」を求めるべきであろう。

　教員は，法曹にとっての「良い仕事」とはどのようなことかを，学生と一緒に考えることを通じ，自身のビジョンを語りかけ，自分自身も内省して自身のビジョンを更新し，学生と共有することができるであろう。それは，学生にとっても教員にとっても真剣で有意義な作業となるであろう。

2　社会からの眼差しとしての倫理

　このように励ましの倫理は個人の内発的な姿勢をサポートするものであるが，個人の外側，つまり社会の側から法曹に向けられる要請としての倫理という問題がある。最近の1つの事件をとりあげてみよう。

　2006年3月14日，最高裁判所第三小法廷で母子殺害事件の弁論が予定されていた。この事件の被告人は事件当時18歳の少年であり，第1審と控訴審では無期懲役の判決がなされたが，検察官が死刑を求め上告していた。しかしこの日，被告人の弁護人2名は出席しなかった。検察官は弁護人の欠席は裁判を遅らせることを目的としたことが明らかだと主張して，弁護人不在のまま結審するよう求めたが，最高裁は認めなかった。しかし裁判長は法廷で，「なんら正当な理由がない弁護人の不出頭は極めて遺憾だ」と異例の見解を表明したと

いう。そして，この事件の被害者遺族は，弁護人の所属弁護士会に対して，正当な理由なく裁判を遅延させたとして2人の懲戒処分を求める請求書を提出したということである。2人の弁護人は弁護士会の会務を理由に欠席したとされるが，遺族は，「なぜスケジュールの調整ができなかったのか」，「遅延行為が正当な弁護活動か」と弁護士会の見解も問うていると報道されている（民事事件における訴訟の引延しの問題については，本書第7章，田中2004：346頁）。

刑事事件の弁護人は，検察官，裁判所，そして被害者，広く一般社会との関係性の中で，被告人のために弁護活動を行う。弁護人は，被害者や遺族の受けている痛み・苦しみ・悲しみに対して思いを致しつつも，被告人の死刑回避のために苦悩するであろう。しかし，弁護士会の会務ということが欠席の理由として認められるのだろうか。あるいは受任後，裁判期日までに準備をする時間がなかったということは，どうであろうか。時間がないのであれば，そもそも受任すべきではなかったという異論もあり得るかもしれない。遺族は筆舌に尽くしがたい苦痛の中で，もがき苦しんでいる。検察官は被害者や社会公共の観点から，死刑を求刑する。裁判所は適正かつ迅速な裁判をめざして，裁判の運営を行う。この事件に取り組むこれら関係者はみな，深い苦悶の中で倫理的な姿勢を問われるのである。この事件では，遺族から弁護人に対して懲戒請求がなされたようである。そのような形で社会の眼差しが，弁護士に対して加えられる。これは結局，法曹内部だけの議論で片をつけることができるようなものではなく，社会あるいは国民の声を真摯に受けとめて考究すべき困難にして多面的な問題なのである（刑事弁護における困難な倫理問題について，中村1985）。

社会からの眼差しという点では，旧来の閉ざされた社会構造の中では闇に隠されていた様々な企業不祥事が検察の手によって暴かれ，透明で公正な社会の実現に向けた推進力となっていることが評価されよう。このような社会の公正化を求める国民の期待は，たとえば社内弁護士などによる自律的なコンプライアンス活動などにも波及し，広く社会の眼差しの中で支えられていくことが期待されるのであり，これを支える法曹倫理の働きも見逃してはならないであろう。

Ⅳ　正義へのアクセスと法曹の役割

　法曹にとっての「良い仕事」を考える場合，その出発点となるのは「仕事の意味」，つまり（繰り返しになるが），何のために法曹になるのか（何のために法曹であり続けるのか），法曹になってどのように仕事をするのか（法曹としてどのように仕事を続けるのか）という問いかけである。この根源的な問題を考えるとき，そもそも法曹の役割はどのようなものなのかを十分に理解しなくてはならない。その際の，1つの有力な理論的枠組みを与えるのが「正義の総合システム」論（小島 1978：1頁以下）である。

1　正義の総合システムにおける法曹の位置づけと役割
（1）「正義の総合システム」と法曹の役割
　紛争をめぐる法システムの構造をみると，その中心には正義から湧き出る法が位置しており，その法をダイレクトに反映する裁判のプロセスがある。しかし裁判がすべてではなく，その周辺には裁判上の和解のほか，当事者の自律的解決を支援する各種機関における仲裁，調停といった ADR，あるいは相談などのプロセスが存在し，また当事者間の任意の話し合い（相対交渉）が日常的に行われている。紛争全体の数からすれば，これら裁判外の紛争解決活動の方が圧倒的な量を有しているであろう。また，契約締結交渉や予防法務活動もこの全体システムの幅広い裾野を構成している。これらは法システム全体の中で，訴訟＝判決を中心とする同心円の外周輪のように取り巻き，相互に波及の作用（判決の基準が外周の ADR や交渉，相談などに影響を及ぼす）と汲上げの作用（相談や ADR といった裁判外のエリアから中心の正義に向かって語りかけがなされ，新たな基準が周辺から汲み上げられて法が刷新される）を及ぼしあっている。このようなプロセスを通じて正義＝法の内実が刷新され，これらのプロセス全体が有機的・総合的に「法の支配」を実現するための「正義の総合システム」として稼動しているのである。「正義の総合システム」は「紛争解決方法の多様化・合理化（公正の確保）および衡平による法の持続的刷新によって普遍的な正義の実現という理想を達成するシステムを築くことに眼目がある。換言すれば，多様

な紛争解決の手法を開発してダイナミックな交流を通じて正義の最大化をはかる」ことを目標にしている（小島 2000：18 頁以下）。「正義への普遍的アクセス」は憲法の理念であり，「正義の総合システム」はこの憲法理念を現実のものとするための理論である。

　法曹は，このような法のシステムで働く者である。正義の総合システムは法曹に，憲法の理念である「正義へのアクセス」の実現に奉仕する役割を考える理論的枠組みを提供する。法曹は，法システムの中心にある正義から湧き出る法を媒介し，裁判や ADR，交渉，相談といったプロセスを通じて法の基準を波及させる一方，法の周縁エリアからの声を汲み上げて中心に向かって投げかけ，新たな基準の設定や法の改革に取り組むという役割を担っている。しかも，法へのプロセスは固定したものではなく，新たな法道の創設や既存のもののリファインなどに取り組まなくてはならない（たとえば，日本弁護士連合会が過疎地域等への公設事務所の開設を積極的にサポートする実践的取り組みや，総合法律支援法による日本司法支援センターの創設などは，このような取り組みの1つとして評価される）。社会的状況は刻々と変動し，真に正義へのアクセスの実現を図るためには，立ちはだかる障害を冷厳にみつめ，それを克服する諸条件を探究しなければならない（たとえば法曹人口の問題も広告や報酬なども，このような観点からの検討が求められる）。われわれの眼前には様々な課題が雨後の筍のごとく地上に姿を現してくる。「正義の総合システム」の一翼を担う法曹は，常にトータルな視点から，システム全体の中において自分がどのような位置にあるのかを省みながら，法の運営の多様化・合理化と法の持続的刷新に努めなくてはならないのである。このような視座に立って考えると，法曹の仕事の裾野は驚くほど広く，かつその奥行きも深いことがわかる。そこには町医者のごとく地域に根ざして日常の市民の問題に取り組む弁護士もいれば，民衆の権利擁護のために法廷でたたかう弁護士の姿もあろう。会社法務部で「企業の良心」として内部から遵法経営を支えようと奮闘している社内弁護士もいる。

　前に紹介した 1963 年のチーサムの講演を想起されたい。「必要とされるときの弁護士」を求める社会の声はますます高まっている。法曹は，高い志をもってこのような価値ある課題に取り組むことができる。法曹の世界はやりがいの宝庫なのである。

（2） 司法制度改革審議会意見書

　このような正義への普遍的アクセスの実現をめざす討論は，世界的な規模で 1970 年代にはじめられ（カペレッティ＝ガース〔小島訳〕1981），21 世紀のいま，その成果が大きな改革のうねりとなって日本社会に姿を現しつつある。正義へのアクセス保障が作動するためには，様々な人的，制度的な諸条件の整備が必要であり，法曹の創造的，公共的な役割の発揮が求められる（小島 1977）。司法制度改革審議会の 2001 年 6 月の意見書は，このような世界的な動向の中に位置づけることができる。ここでは意見書の中の法曹に関する部分に焦点をあてて，紹介しておこう。意見書は，「法の精神，法の支配がこの国の血肉と化し，『この国のかたち』となるために，一体何をなさなければならないのか」，「日本国憲法のよって立つ個人の尊重（憲法第 13 条）と国民主権（同前文，第 1 条）が真の意味において実現されるために何が必要とされているのか」という根源的な問いを中心に据え，「『この国』がよって立つべき，自由と公正を核とする法（秩序）が，あまねく国家，社会に浸透し，国民の日常生活において息づくようになるために，司法制度を構成する諸々の仕組みとその担い手たる法曹の在り方をどのように改革しなければならないのか，どのようにすれば司法制度の意義に対する国民の理解を深め，司法制度をより確かな国民的基盤に立たしめることになるのか。」という課題を設定する。そして，「司法制度を支える法曹の在り方」として，「制度を活かすもの，それは疑いもなく人である。……新たな時代に対応するための司法制度の抜本的改革を実りある形で実現する上でも，それを実際に担う人的基盤の整備を伴わなければ，新たな制度がその機能を十分に果たすことは到底望みえないところである。まして，今後，国民生活の様々な場面において法曹に対する需要がますます多様化・高度化することが予想される中での 21 世紀の司法を支えるための人的基盤の整備としては，プロフェッションとしての法曹（裁判官，検察官，弁護士）の質と量を大幅に拡充することが不可欠である」。そして，「21 世紀の司法を担う法曹に必要な資質として，豊かな人間性や感受性，幅広い教養と専門的知識，柔軟な思考力，説得・交渉の能力等の基本的資質に加えて，社会や人間関係に対する洞察力，人権感覚，先端的法分野や外国法の知見，国際的視野と語学力等が一層求められるものと思われる」としている（法曹の資質に関する社会科学的調査をめざ

すものとして、「法曹の質」研究会 2007，特に 11 頁，21 頁，29 頁）。

　ここにも，法曹を励ます「良い仕事」の倫理への展望が示されているといえよう。

2　法曹の役割と挑戦——ベイツ事件の示唆するもの

　正義への普遍的アクセスの保障に取り組む法曹の仕事を考えてきたが，ここで 1 つの事例を見てみよう。アメリカの弁護士業務に革命を起こしたとされる，ベイツ事件である（山口 2004：5 頁以下）。ベイツとオースティンは 1972 年にアリゾナ州弁護士会に入会して数年を経た若手弁護士であったが，「リーガル・クリニック」と称する法律事務所を設立し，「中位の収入があり，政府の法律扶助を得る資格のない人たちに控えめな料金（modest fees）でリーガルサービスを提供すること」を目的とした。そして，この目的のために，争いのない離婚，単純な個人破産，名の変更のような定型的な事件（routine matters）のみを受けることにし，事務所経費はパラリーガルや自動タイプ装置（いまならばパソコンであろう），定型化した書式を用いるなどして低く抑え，サービス料金を比較的低額に抑えた。そのため，ある程度の収入を得るためには，相当の量の事案を引き受ける必要があった。そこで，ベイツたちは日刊新聞に広告を打ち，「非常に合理的な料金によるリーガルサービス」と名打って，争いのない離婚：175 ドル＋裁判所手数料 20 ドル，非企業で争いのない破産：1 人 250 ドル＋裁判所手数料 55 ドル，などといった料金を表示した。当時，アリゾナ州の弁護士懲戒規則は広告を禁止しており，ベイツらに対して業務停止の勧告がなされたことから，この可否をめぐって裁判所における審理に至ったのが本件である。ベイツらは，広告規制が憲法修正第 1 条などに違反すると主張した。連邦最高裁判所は 1977 年 6 月に判決を下し，薬剤師の処方する薬の価格の広告に関して「営利的言論」についても修正 1 条の保護は与えられるとした先例を引用して，自由な情報流通の保障の重要性を説き，プロフェッショナリズムの維持のために広告を禁止すべきとする主張には理由がないとした。この事件については，本書第 11 章などでも議論されるであろうから，ここでは判決理由や反対意見の詳細には立ち入らないが，ベイツら若手の弁護士たちがリーガルサービスの普及のために創意工夫を凝らし，従来厳しく禁止されていた広告に

チャレンジし，連邦最高裁の判決を得て，制度の改革に先鞭をつけたことの重要性を指摘しておこう。第11章でも述べられるとおり，日本でも広告の自由化など種々の改革が行われてきたが，このように倫理の問題は決して固定的なものではなく，常に時代の変化や社会の実情に応じその正当性や必要性について問い直しがなされ，改革されなければならないのである。

　なお，日本の事例であるが，多重債務者の債務整理事件を非弁提携により受任した弁護士に対して，弁護士会が懲戒請求をし，2002年7月に退会命令の処分がなされた事案について，疑問を投げかける声（後藤2004：202頁）を紹介しておこう。弁護士会はこの事件の懲戒議決書の中で，当該弁護士が「『理想に反した』ことや『弁護士会活動から外れた』ことを殊更に非難している」が，「『非弁活動』は『絶対悪』といえるのだろうか？　また，非弁護士から事件の周旋を受けることが『退会命令』によって資格剥奪しなければならないほど弁護士会にとって危険なものなのだろうか？」，また「そもそも多重債務者の債務整理は『弁護士でなければリスキー』といえるだろうか」と問いかける。そして，「弁護士であっても『多重債務者を食い物にしている』ような処理をする例がある一方，弁護士でなくても，利息制限法による計算や過払金返還請求という処理の要点を押さえて専門的かつ大量に処理すれば，事務処理の技術的な面だけでなくコストの面でも依頼者にとって有利な事件処理が可能になるはずである」と指摘し，「一方で，弁護士でなければできない刑事事件や民事訴訟代理が全く不十分なことに照らすと，数十万人といわれる多重債務者の債務整理事件を弁護士が独占することが妥当か」と疑問を提起している（後藤2004：203頁）。この問いかけの背景には次のような根本的な考えがある。「……ア・プリオリに『弁護士の職務』が尊いのではない。まず最初に，近代市民社会で普遍的に承認された，人間の『権利』や『自由』がすべての根源にあり，これを保障するために司法制度が構築され，弁護士は，その司法制度の中で人々の『権利』や『自由』を実現する援助者として位置づけられるからこそ，その『職務』が尊重されるのである」。このような問いを問いかけ，これに耳を傾け議論を続けてゆく，たゆまぬ努力がわれわれに求められる。

3 弁護士役割モデル論が語りかけるもの
（1） 弁護士役割モデル論の意義

われわれは，法曹にとっての「良い仕事」を考える出発点となる「仕事の意味」について考えてきた。そこには法曹の役割をめぐる根源的で，多角的な議論が存在していることが垣間見られたであろう。ここでさらに，もう1つの切り口を示すものとして，いわゆる弁護士役割モデル論についても触れておこう（宮川 1992, 濱野 1997）。モデル論は，これまでの弁護士職が活動してきた歴史的な展開の中で考究されてきたものであり，終戦後から1960年代ころを中心として権力や大企業との闘いを鼓舞する「在野法曹論」，1970年ころから弁護士の社会的役割をより統合的に提示そうとする「プロフェッション論」，1980年代以降から依頼者を中心に据え1つのサービス業としての弁護士像を提示する「法サービスモデル論」などが提唱されてきた。

これらのモデル論はいずれも，それぞれの時代背景の中でいくつかの側面から弁護士の職務に光をあてて論じられてきたものであり，それぞれの「良い仕事」の価値を明らかにしてきた意義がある。そして，これらの議論によって弁護士職を取り巻くおおむねすべての側面について360度から光があてられ，弁護士職の外壁をほぼ一巡したといえるのではなかろうか。これからの議論に必要なことは，これらに含まれるプラスの面を吸収した上で，この外壁から内側に歩み込み，善き法実践の支えとなるより具体的で実質的な倫理論やロイヤリング論を構築してゆくことではなかろうか。そして，内側を充実させることによって，いまの外壁もいずれ作り変えてゆかなくてはならないことを自覚しなくてはならないであろう。

（2） 「新プロフェッション論」の提唱

弁護士による人権擁護活動の重要性はいうまでもないことであり，その価値は現在においても色あせることはない。そのためには不合理な国家権力の行使や大企業の活動に直面したときは，それに対峙して闘う気概を弁護士は忘れてはならないであろう。弁護士は医師や聖職者と同様に，苦悩する人々に日常的に助力する仕事であり，そのような仕事を担うためには高度な学識の修得，訓練などを通じて，常に腕を磨いておくことが必要である。その仕事においては奉仕の精神が求められるし，広く公共的な利益にも貢献することが期待されて

いる。このようなことを背景として，弁護士自治も社会から承認を得られている。しかし，だからといって，弁護士が「権威ある先生」として依頼者の意思を無視して活動してよい道理はなく，何よりも個人の尊重を旨として依頼者を中心に据え依頼者のために必要とされるサービスを提供しなくてはならない。そのようなサービスにあっては，依頼者と他者との関係性の中で断絶している物語を，その他者との対話・交渉の中で橋渡しし，依頼者自身が修復・更新してゆくことを援助するという姿勢を大切にすべきであろう（大澤 2004）。その際他者との関係の中で依頼者を支える点で，公共性への観点を踏まえることも要請される。そしてこのような弁護士の仕事は，基本的には自由な市場で広く弁護士に関する情報が提供され，依頼者が提供を受けるサービスと対価に関する適切な判断と選択をなし得る環境の中で進められるべきであり，弁護士は常に依頼者にとってより良いサービスと価格の開発，提供に努めるべきであろう。このような中で弁護士にとっての「良い仕事」の要素を具体的に洗練させてゆき，正義へのアクセスへの貢献を旨として，自身の業務はもちろん法や制度の改善に積極的に取り組むことが，これからの弁護士の像として期待されるのではなかろうか（小島 1981）。

　弁護士はもともと，有料のサービスを社会に提供して自活するという基本的な仕組みの中で活動しており，その基底には商品としての法的なサービスがある。そこで市場に提供されるサービスに求められる公正かつ自由な競争が要請されるのは必然であり，基本的にその中でサービスの向上に努める責任を法曹は逃れられないと考えるべきであろう。しかし，法曹のサービスは単なる商業サービスを超える専門職＝プロフェッションのサービスとしての特性があり，そこに一般の職業を超える高い倫理性も求められる。従来の役割モデルは互いに排斥しあうものとしてではなく，新たな統合の枠組みの中で重層的構造をもつものとして把握されるべきであり，あえていえば「新プロフェッション論」として新たな装いのもとで考察が行われるべきであろう（那須 1997 も「新しいプロフェッション論」の必要性を説かれる）。

4　普遍性と相対性

　職業倫理としての法曹の倫理は，一般市民としての倫理や職業人としての良

い仕事の倫理を基底に据えつつ，善き法実践を支える法曹特有の倫理が構築される。これらの様々な倫理は，そのコアには普遍的なものを抱きつつ，時代や地域あるいは具体的な状況の中で，現実に生起する課題に対応して，より適切な具体的倫理となって現れなければならない。その意味で法曹倫理は，固定された唯一不変の規範ではなく，時間軸や空間軸において相対的なものなのである。

われわれは，一方で，コアにある普遍の倫理を見つめなくてはならない。そして，倫理が根源的な力を欠くとき，法律制度はその正統性の基礎を失うことを忘れてはならない。しかし他方で，常に過去の歴史に学びながら今の時代を考え，国や地域の実情，あるいは個別具体的な状況を観察し，そこで現に今を生きる人々の苦悩とニーズに思いを致して，法曹としての役割を考え，善き法実践のための倫理を考究しなければならない。たとえばいわゆるゼロワン地域で唯一の存在として活動している弁護士に対して，都市の弁護士に課される倫理（たとえば利益相反の禁止）を形式的に適用することだけを考えることは，その地域で生きる人々の法的サービスへのアクセスを閉ざすことになるのであり，新しい観点から倫理やプラクティスの開発（たとえば中立的調整活動，小島1981）が必要であろう（このことは日弁連『自由と正義』などにおけるゼロワン地域公設事務所の報告にも，業務の知恵ないし実情として報告されることがある）。

専門家というものが何なのかについても，常に問い直しをしなくてはならない。かつて一般の人には手には届かない高級な精神分析が支配していた米国の心理療法の分野で，カール・ロジャースが心理学のアプローチによるノン・ディレクティブ・カウンセリングを導入し，この分野の専門性を塗り替えたことは有名である（小島2001：63頁以下）が，法曹もその専門性を問い直し，刷新してゆく必要がある。

V　あすの法曹への期待

司法制度改革の外枠がおおむね決まり，これから新しい時代へ向けて，新しい法曹が輩出されてくる。これまでの法曹もこれまでの時代の激流の中で苦闘しながら，自身の仕事を開拓し，社会への貢献を果たしてきた。新しい時代の

法曹は，さらに困難な課題に直面しながら，新しい法曹の仕事を切り開いてゆくであろう。

そこで重要なことは多様な人々の参加である。様々な社会的ニーズに対して正義へのアクセスが保障されるためには，多様な人々が多様なルートを開いて，ニーズとルートとのマッチングを図らなくてはならない。ルートが閉塞すれば正義は硬直化し，不正義への憤懣は不正義の社会を招くであろう。多様な法曹が参加して，正義への希望をつないでゆかなくてはならない。そのような法曹を支えるのが法曹倫理である。

正義と同様に法曹倫理は，硬直したものであってはならない。時代の先を見据えて問題を提起し，常により良い倫理をめざして進んでゆくことが必要であろう。

そのような高い志と柔軟な姿勢が，あすの法曹には期待されるのである。

【引用・参考文献】
アメリカ法曹協会著・日本弁護士連合会編〔宮澤節生＝大坂恵里訳〕(2003)『法学教育改革とプロフェッション――アメリカ法曹協会マクレイト・レポート』三省堂
石村善助 (1969)『現代のプロフェッション』至誠堂
キム・エコノミディス (2006)「効果的な法学教育における法曹倫理」関西学院大学法科大学院等第1回国際シンポジウム成果報告編集委員会編『正義は教えられるか』関西学院大学出版会
M．カペレッティ＝B．ガース〔小島武司訳〕(1981)『正義へのアクセス』有斐閣
大澤恒夫 (2004)『法的対話論――「法と対話の専門家」をめざして』信山社
小島武司 (1977，初出1969)「アメリカ合衆国における学生のリーガル・エイド活動への参加について――ミシガン大学ロー・スクールを中心として――」小島武司『法律扶助・弁護士保険の比較法的研究』日本比較法研究所，所収
小島武司 (1977)『訴訟制度改革の理論』弘文堂
小島武司 (1978)「正義の総合システムを考える」民商法雑誌78巻臨時増刊3
小島武司 (1981)『弁護士――その新たな可能性』学陽書房
小島武司 (2000)『裁判外紛争処理と法の支配』有斐閣
小島武司 (2001)『ADR仲裁法教室』有斐閣
小島武司＝C．アティアス＝山口龍之 (1989)『隣人訴訟の研究』日本評論社
後藤富士子 (2004)「実定法規から見た弁護士と依頼者の関係」日本弁護士連合会弁護士業務改革委員会21世紀の弁護士像研究プロジェクトチーム『いま弁護士は，そして明日は？』エディックス
佐治守夫＝岡村達也＝保坂亨 (1996)『カウンセリングを学ぶ――理論・体験・実習』東京大学出版会

ドナルド・ショーン〔佐藤学＝秋田喜代美訳〕(2001)『専門家の知恵――反省的実践家は行為しながら考える』ゆみる出版
ドナルド・ショーン〔柳沢昌一＝三輪健二訳〕(2007)『省察的実践とは何か――プロフェッショナルの行為と思考』鳳書房
杉村芳美 (1997)『「良い仕事」の思想――新しい仕事倫理のために』中央公論社
田中紘三 (2004)『弁護士の役割と倫理』商事法務
田中朋弘＝柘植尚則編 (2004)『ビジネス倫理学――哲学的アプローチ』ナカニシヤ出版
棚瀬孝雄 (1987)『現代社会と弁護士』日本評論社
Ｅ．Ｅ．チーサム〔渥美東洋＝小島武司＝外間寛訳〕(1974, 原著1963)『必要とされるときの弁護士――現代社会における弁護士の使命と役割』中央大学出版部
ウィリアム・デーモン (2006)「グッドワークと若者の発達に関する近年の研究――ロースクールへの教訓」前掲『正義は教えられるか』
中村治朗 (1985)「弁護士倫理あれこれ――アメリカの論議を中心として（上，下）」判例時報1149号3頁以下，同1150号3頁以下
那須弘平 (1997)「プロフェッション論の再構築――『市場』の中の弁護士像」日弁連編集委員会編『新しい世紀への弁護士像』有斐閣
濱野亮 (1997)「法化社会における弁護士役割論」日本弁護士連合会編集委員会編『あたらしい世紀への弁護士像』有斐閣
Ｅ．Ａ．パーリー〔櫻田勝義訳〕(1968)『弁護の技術と倫理――弁護の道の七燈』日本評論社
樋口範雄 (1999)『フィデューシャリー〔信認〕の時代』有斐閣
「法曹の質」研究会（代表太田勝造）(2007)『「法曹の質」の検証方法に関する研究』日弁連法務研究財団『法と実務6』商事法務
宮川光治 (1992)「あすの弁護士」宮川光治＝那須弘平＝小山稔＝久保利英明編『変革の中の弁護士（上）』有斐閣
山口繁 (2004)「リーガルプロフェッションの行方（その2）」法の支配134号

Patrick J. Schiltz,1998, Legal Ethics in Decline: The Elite Law Firm, the Elite Law School, and the Moral Formation of the Novice Attorney, Minnesota Law Review vol.82, No.3

【小島武司＝大澤恒夫】

第2章
法使用における職業倫理と市民倫理

I　法使用と専門家責任

1　専門家責任
(1)　法手続の排他的使用
　法手続は，その専門的・技術的性格ゆえに法専門家に委任されて行われることが多く，その場合，弁護士が排他的に委任を受けることになる（弁護士法72条，なお「他の法律に別段の定めがある場合を除く」という但書があり，例外がいくつか出ている）。この排他的業務独占は，弁護士が「他の職能集団とは異なる高い職業倫理と技能をもち，そのことが制度的に支えられている」ことが根拠となっている。そのような制度としては，弁護士の養成にかかわる司法試験をはじめとする参入規制による担保，ほかの職業団体にはみられない団体自治と自律的懲戒手続の存在が知られている。
　もっともこの排他的業務独占は，規定上は裁判内外の法律問題を貫いているが，現実には，裁判所外の法手続については弁護士の活躍は十分ではなく，業務独占の根拠もより不明である。弁護士の活躍の場を広げる必要があると同時に，排他性を克服し，司法書士，税理士，弁理士などほかの専門家との共同化，あるいは一般市民との共同，競争業務形態が志向されつつある。
(2)　懲戒制度（制度上の倫理責任）
　排他的業務独占の前提として懲戒制度は，極めて重要であるが，これは弁護士法56条に基づき，所属する各単位弁護士会が行うもので，懲戒請求は誰にでもできる（弁護士法58条）。請求を受けた弁護士会では，綱紀委員会で事件の調査（荒ごなし）をした上，懲戒相当と判断されれば，懲戒委員会に審査を付託する。懲戒の性格は弁護士会が独自に行う一種の行政処分であり，行政不

服審査法の規律を受け（同59条），日弁連が再審査を行う。また懲戒を受けた弁護士は東京高等裁判所へ処分の取消しを求める訴えを提起できる（同61条）。

懲戒の種類は，弁護士法57条に規定があるが，処分の要件は，弁護士法，および会則に違反し，弁護士会の信用と秩序を害したほか，職務の品位を失う非行があったときとなっている。弁護士法上は，これだけの規定であるが，その審査にあたっては，日弁連が制定している職務基本規程が，大きな影響を与えることはいうまでもない。

最近，最高裁は，弁護士会の行う懲戒権限について注目すべき判断を2つ示している。1つは，最判平成18・9・14判タ1225号166頁であって，日弁連の行った懲戒処分（業務停止3か月）について，被懲戒弁護士から上記の61条の取消訴訟が提起されたところ，東京高裁は，処分を取り消した。ところが上告審である最高裁は，東京高裁の判決を破棄自判して，懲戒は弁護士会の合理的な裁量に委ねられており，処分が裁量権の逸脱または濫用に当たるようなものである場合を除いては違法とはいえないと述べて，弁護士会の処分を是認したのである。弁護士「会」の懲戒自治権に配慮したはじめての判決である。

いま1つは，最判平成19・4・24（平成17（受）2126事件・判例集など執筆時未搭載）である。この判決は，懲戒申立自体が名誉棄損の不法行為を構成するとして，申立人とその代理人弁護士に，損害賠償を命じたものである。懲戒請求権は誰にでも認められるものである。しかし，後述の最高裁昭和63年判決に見られるように，当然に認められる法手続利用権能であっても，不法行為になる場合があるのであるから，その一事例に懲戒申立てが加えられたことになる。と同時に，懲戒申立てが弁護士に対する名誉棄損を構成するとした判断は，新判断である。弁護士一般の懲戒申立てに対する受止め方としては，そのとおりかもしれないが，一般市民の懲戒申立権を保障するという観点からは，この点は疑問の残る判断である。

（3） 不法行為責任

(a) 倫理的な責任を超えて，法手続の利用が，不法行為を構成するか否かのリーディングケースは最判昭和63・1・26民集42巻1号1頁である。この判決は，手続利用が相手方に対する違法な行為といえるのは，主張した権利または法律関係が事実的，法律的根拠を欠くものである上，主張者がそのことを知

りながら，または通常人であれば容易にそのことを知り得たといえるのにあえて利用したなど，裁判制度の趣旨目的に照らして著しく相当性を欠くと認められるときに限る，と説く。これは法手続の自由な利用と，その濫用とのバランスをとるものである。この判決は提訴事例であるが，応訴，担保権実行，保全・執行などについても通用力をもつと評価されている。

　不当な手続によって生じた損害を回復するための手続費用については，弁護士費用も含めて損害の中にはいるとするのが先例である（最判昭和44・2・27民集23巻2号441頁）。

　(b)　弁護士の不法行為責任　　原告・被告双方の代理人弁護士が，各々，相手方の不当提訴を理由にして不法行為に基づく損害賠償を相手方弁護士に訴求した珍しい事例がある（東京高判昭和54・7・16判タ397号78頁）。結果は一方の不法行為請求を認めたのであるが，その説示は「一般に代理人を通じてした訴や控訴の提起が違法であって依頼者たる本人が相手方に対し不法行為の責を負わなければならない場合であっても」，代理人が責任を負うのは「代理人としての行動がそれ自体として本人の行為とは別箇の不法行為と評価し得る場合に限られる」と判示している。

　これは，法手続の不当利用はあくまで本人の行為であって，「代理人たる」弁護士は責任を負わないという解釈である。たしかに法手続の利用は，本人名義でなされるものであり，不当な手続利用（不当訴訟・不当抗争）が行われる場合，その実施主体者は，現実論としてはともかく，本人が行ったものとみても不思議ではない。本人とはまったく別個に代理人の代理行為そのものに不法行為該当性がある場合はともかく，本人の行為にまで弁護士は責任を負担しないということになる。では，代理人独自に責任が発生する場合としてどのようなものがあるか。学説上は，第1に，本人の訴提起が違法であることを代理人が知っている場合，第2に，代理人に害意がある場合，第3に違法であることを容易に知り得るのに漫然とこれを看過して訴訟活動に及んだ場合が挙げられている。

　しかしこうした要件定立にもかかわらず，代理人の意思や行動は，本人の行動と明確に区別できるのであろうか。極端な「請負型弁護」でなければ，現実には重なりあう側面があるであろう。特に本人の意思決定の尊重と説明義務が

重要視される今日，ますますその傾向が強くなるといえる。前述の最判平成19・4・24の事件も上の3つの類型のどれにあてはまるのか，必ずしも判然としないところがある。

2　職業倫理の構造
（1）序
　日常生活において法に言及するのは，なにも法律家だけに限られない。法はすべての人にかかわるものである。だが，弁護士をはじめとする法専門家が法に言及する場合，他の人とは異なる専門性と役割を担っていると弁護士自身も社会も見ている。そこにいう専門性や役割とは何なのか。これについては本書でもすでに言及されているプロフェッション論やビジネス論がかねてから議論されていたところである。
（2）職業的自尊心
　ある人の職業が社会的・第三者的にみてどのような位置にあるのか，その評価は各人各様であって単純ではない。しかし，少なくともこの社会に存在する人々は，そのすべてが社会的存在として価値を認められるべきであり，その人の活動を職業としてみた場合には，その職業が社会的に認められるものでなければならない。少なくとも本人はそう思っていないと「良き生」を送っているとはいえない。その意味では，誰もが自己の職業について自尊心をもつべきであろう。弁護士役割論の中で提出されるプロフェッション論は，この側面でみた場合，弁護士の職業的自尊心の表明であり，職業人としての意識の持ち方として貴重である。そしてプロフェッション論からみた場合に，いわゆる依頼者へのサービス提供とその対価だけを職業的本質とみるビジネス論が（もしビジネス論がそうしたものだとした場合のことであるが），職業的な自尊心の放棄あるいは低下とみえることも想像に難くない。
　しかし，初期のビジネス論はともかく，いわゆる関係モデルと呼ばれる役割論は，対価性を強調するわけでも，依頼者の言いなりでもない（いわゆる雇われガンマンの否定）。私見によれば，明示的に強調されてはいないものの，その奥底に存在するものは，依頼者のケアである。このことはプロフェッション論の基底にも存在すると思われるが，これも明示的ではない。

どの役割論においても，依頼者の言いなりになることは許されない。と同時に依頼者を無視することも許されない。依頼者の置かれている辛い立場，社会関係上の立場をいかに改善できるか，それも依頼者自身が改善できるようになることが最善であり，その一歩手前の支援として依頼者に代わって相手方やその他の関係者と交渉・代弁する，これが弁護士の役割である。プロフェッション論は，弁護士のこの役割を一部言いあてている面で正当であるが，依頼者を無視する文脈で使用される面があるので適切とはいえない。またビジネス論も，雇われガンマン的に理解されることがあるので表現として適切ではなく，関係モデルという言い方も，関係へ埋没してしまってその本質がケアであることを見失うことがある。そこで本稿では弁護士の職業上の重要視されるべき役割はケアであるとしたい。

3　ケアとは何か

　ケア論の草分けであるメイヤロフによれば，ケアとは相手の成長を助けることである。では成長とは何かといえば，人をケアできるようになることだと理解されている。しかも，メイヤロフによればケアの対象は，他人だけでなく「自分」も含むしヒトでなくて仕事もケアの対象である。自己の仕事が人に役に立つように職業的自尊心をもつこと，自己の作品が人の心を打つように願い精神を傾注すること，これらは，この意味でケアの発露である。
　これを弁護士の職務に即して定義するなら，ケア職としての弁護士の役割は，依頼人の成長を助けること，それは依頼人が自分をケアし他人をケアすることができるようになることを支援することである。なぜそれが大切なのか。社会の人間関係は，そのようなケアの相互関係が成り立つことが最も心地よいからである。
　さて，このようなケアを弁護士業務の中に置いた場合，次の2つの問題を意識する必要がある。
　① 弁護士は裁判官ではないにせよ，法を適用する仕事であって「法」と「人のケア」とはかかわりがないのではないか。
　② 弁護士は，誰にでも等しく行動する。平等的取扱いの要請の前には，個個人のケアは，背後に退くのではないか。

この問題についての明晰な回答を，筆者はまだ用意できていない。ただ，力点を「法」に置くのか「ケア」に置くのかの違いはあれ，はたまた「法」と「ケア」のかかわりをどのようなものと理解するのであれ，弁護士活動は，「法」と「ケア」の双方をにらみながら展開されることだけは，指摘できる。

関連する微妙な問題として，依頼者ではなくて相手方や社会に対してケアを考えるべきか，というものがある。弁護士の仕事は人と人の間にはいるものであり，しかも商業活動と異なるのは，その人と人の間が紛争状態になっている，あるいはなることが予想されることを前提として人と人の関係の中にはいるものだという点である。弁という字をあえて「辯」と書く弁護士がいるのは，そのことを自覚しているのである。辛い人と辛い人の間にはいってもの言うのである。間にはいっているのであるから，当然に依頼者だけではなく，相手方の辛さもみえてくる。そこで相手方へのケアも考えるべきではないかということになる。この点については，ケアとはあくまで個別的であることから，社会一般に対するケアの観念は適切ではない。相手方も依頼者を通じたケアが基本であると考えるべきであるから（それが依頼者へのケアである），本章では，相手方へのケアを否定するものではないが，基本的に弁護士のケアは依頼者へのケアであると考えている。

4 役割論と倫理責任

ケア論とは別に，弁護士には，その活動において依頼者と相手方・第三者の双方に職務上の責任があるとよくいわれるが，それは次のような内容をもつ。弁護を行うにあたっては，弁護士は依頼者と同じ立場に社会的に立つことがあってはならず，依頼者から離れた位置から専門的知見に基づく独自の判断を行うことが保証されなければならない（中立性・専門性）。またひとたび弁護を引き受けた以上は，依頼人の権利が実体的にも手続的にも十分にまっとうできるよう誠実に弁護をすることを，職務上の義務にする必要がある（党派性・手続保障）。

このような手続保障と専門性・中立性と党派性を背景にした役割規定は，対立的・調整的・抽象的な原理であるがゆえに，弁護士の個別具体的な行動に対して，具体的には明確な指針も示さない一方で，すべての行動結果を正当化す

る作用をもつ。

　先にみた弁護士の専門家責任は，それが不法行為責任であれ，倫理上の責任であれ，弁護士活動に対しての問責となる場合には，党派性や中立性などの抽象的な役割規範の機械的適用はできない。そのいずれか一方に与した解釈が現実的ではないのである。弁護士は具体的行動を律するにあたって，既存の抽象的役割規定に依拠して安心するのではく，個別・具体的状況の中で「自らの人間的判断」としての倫理判断を行うことが必要である。その中心にあるものは，ケアである。

5　法曹倫理が倫理であることの意味

　メイヤロフに続いてケアと正義の問題を追求しているノディングスは，ケアと規則の関係を次のように解説している。

　「ケアすることは，定まった規則によってではなく，愛情と敬意によって行為することである。したがって，ケアする人の行為は，規則に縛られたものであるよりも，変化して行くものである。すなわち，この行為は，概略的な意味では予想できても，詳細には予想できない。変化は，ケアしていると主張しているひとが，ほんとうにケアしているのならば，当然のことである。なぜならその人の専心没頭は，さまざまな，決して充分には理解していない他のひと，個々の他人，個々の組の状況におけるものだからである。ケアリングの名でなされる規則に縛られた応答は，ケアリングとしてのお墨付きほしさが第一ではないかと，疑われてもしかたがない」。

　本書では，法曹倫理の諸原則が語られる。それを条文の形にしたものが弁護士職務基本規程である。そこには様々な当為命題が並んでいる。弁護士職はしかし，ヒューマンケアに従事するサービスであるとすれば，ケアの精神は当然必要である。だとすれば法曹倫理を職務基本「規程」としたことは，ケアの精神と表面的には親和的なものではない。しかし，それはまったく相容れない別物ではなく，形式的条文の解釈・使用の中で解消されるものである。

　人々の求めるものが「ケア」の倫理だとして，それに対する弁護士会や個々の弁護士の応答が「職務基本規程」の形式適用，教科書的丸暗記，マニュアル的・責任回避的職業活動にすぎないとすれば，ノディングスが指摘したような

お墨つきほしさの規程利用であり，それは翻って反倫理な対応すら生み出そう。

　ケアは，原理的には「いま・ここ」で「生きる人間」に対するものである。それは，普遍的な規程表現とは別物であるが，そうした規程を解釈適用する中で活かされるべきものである。解釈姿勢・過程の中でケアの行いがなければ，普遍的な規程が望む理想が，かえって実現されないこともある。

　たとえば，党派的弁護というといかにも依頼者の利益，依頼者の意思を尊重したかのようにみえるが，その背後に専門性・中立性を抱えている以上，それは，依頼者の一個の人間としての利益主張，人間としての道徳とはかかわりのない専門家の側からする党派性の押しつけにならざるを得ない。弁護士のほうでそうした意図がないにせよ，「専門家としての判断」という呪縛から，依頼人の生の要求や期待を把握することが困難になるのである。交通事故や医療過誤の遺族の依頼を受けた弁護士と依頼者たる遺族本人との法手続利用に対する思いに抜きがたい齟齬がみられるのは，このことを端的に示している。

　他方で，中立的な専門的判断に基づく法サービスの使用という形式は，依頼人自身（場合によっては弁護士自身）がどのような不当な目的で法利用を行ったとしても，専門家として関与した中立的な弁護士には（少なくとも）道徳的責任がないというエクスキューズを与えることになる。法が基本的に普遍的であるとすれば，それは基本的には，誰にでも開かれているべきものである。しかし，実際には，弁護士にアクセスできるのは一定の資力をもつものだけであり，かつ，弁護士はその依頼人のために法を援用する（党派的弁護）。そうでなければ，市場社会の中での弁護士の経済的生活がなりたたない。それゆえ，弁護士が依頼者のために展開する主張は，理念的には普遍的でありながら，実際には，個別的利益の追求でしかあり得ないのであるが，そのもつ道徳的不安を鎮めるために法の使用そのものは倫理的には無色の行為であり，法的な助言や法手続の利用そのものが依頼者の倫理にコミットすることにはならないこと（中立性による法の無倫理化），さらに，かかる依頼者に有責・違法な行為があるとすれば，それは，あげて依頼者の責任であって，弁護士の責任ではないとすること（依頼者の自律），この2点を弁護活動では前提とせざるを得ない。その結果もたらされるものは，一個の人間としては，良心の呵責なくしては行えないようなことが，依頼者のためにという大義名分のために弁護士としては行えるとい

う役割倫理の仮面をかぶった非人間的活動となるのである。

　もちろんそうした弁護活動に対する社会的非難に対応するために弁護士側も「自律」した倫理規定を組織し，自己規制をかけようとする。しかし，これとても，倫理規定に触れさえしなければ「依頼者のために」というフレーズを言い訳に使いながら自己の営業を弁護士は，追求することになる。つまり，倫理が生きた倫理ではなくエクスキューズのための形式的倫理になるのである。これを棚瀬孝雄は，倫理規定の没倫理化と呼んでいる。

　個人の自律，個人の尊厳，自己責任など，法律家は人間の基本的価値を職責として守るべきものとして主張する。しかし，生きた人間への眼差し，つまりケアを真正面に据えてこそ，そうした基本的価値はよりよく実現されるのである。ケア職としての法専門家の役割はまことに貴重だといわなければならない。そして，そうした精神を失った法律家の営為に対しては，市民の厳しい批判があるように思う。

　アメリカでは，弁護士倫理が司法試験の科目になっているが，その受験勉強に際して受験生は，次のようなアドバイスを受けるという。

　　「試されているのは，あなたの記憶力である。もしあなたがクリエーティブな理由づけを行っていると気づいたら，それをやめなさい。あなたが今どこにいるかを思い出しなさい。」
　　「われわれが『何か』をなぜするかということは，司法試験には関係ない。われわれが『それを』してもよいかどうかが問題なのだ。」
　　「正答を得るための鍵は，自分自身で考えることを避けることである。」

　倫理の暗記とその機械的適用，その中での党派的弁護と中立性の仮面，そして倫理規定に触れさえしなければ何をしてもいい，という事態はもはや反倫理ですらある。日弁連の職務基本規程が，懲戒の現場や，各種研修の場でどのような扱いを受けているのか，詳しく知るすべがないが，右のようなアドバイスが登場するような事態には至っていないと思いたい。依頼人を人間的に把握すること，そして弁護士自身も人間として行動すること，職務基本規程は，そのための素材となるべきものである。

　ケアの精神を欠いた形式的な倫理解釈は，依頼人と法専門家の双方にとって不幸な事態をもたらす。これを回避するには，弁護士も人間として行動してい

ることを率直に認め，形式倫理の機械的適用ではなく，現場の状況に応じた文脈的倫理判断をなすことが必要であり，倫理規定の個別解釈にあたってもそうした方針がとられるべきであろう。

　しかし，人間としてのケア判断を重視せよといってみても，その判断の結果として懲戒を受けたり，不法行為責任を問われる事態は，やはりケアを萎縮させる。この問題の組織的解消のための現実的対応としては，単位弁護士会の中や任意の弁護士組織の中に設置される個別倫理委員会の中での事前協議が注目される。第二東京弁護士会ではかなり前から，この種の委員会を設けては業務開始前の会員からの問い合わせに対応している。プロセス的倫理判断である。

II　レークプレザント事件

1　事件の発端

　職業倫理のもつ構造的問題点を，わかりやすい形で示す事件として，レークプレザント事件がある。まず事件の内容を紹介しよう。

　1973年7月下旬，ニューヨーク州シラキュースにある美しいプレザントという湖のほとりに18歳の仲のいい男女4名がキャンプをしていたところ，ライフルを持った男が現れ，山中の森の中へ連行された上，その中の1人が殺されるという事件が起きた。何とか助かったほかの3名は警察へ急ぎ，男がRobert Garrow（以下ではXと呼ぶ）という地元警察ではよく知られていた犯罪者であることが確認され，大捜査網が引かれた。

　当時警察は，この事件の9日前に現場付近で起きた別の事件も捜査していた。それはボストン大学の男子学生が同様の手口で殺害された事件で，被害学生と一緒にいた友人の女子学生V_1が行方不明になっていたのである。

　Xは事件当時，仮出所中でパン屋で働いていたが，生活態度はまじめで模範的であると当局側にはみられていた。しかし，刑事事件にかかわって逮捕されたことがあり，軽い交通事故で相談したことがあるA弁護士に弁護を依頼していた。その事件は10歳と11歳の女の子にわいせつ行為をしたというもので，A弁護士は冤罪ケースであるとして弁護活動を行っており，この件でXは保釈中であった。

プレザント湖での殺害事件が発覚したのち，A弁護士は警察の要請を受けてテレビ出演し，行方が知れないXに向けて出頭を勧めるメッセージを送っている。しかし，Xが発見されたのは8月9日になってからで，姉の家にいるところを警察に捕まった。逮捕の際，逃亡しようとしたので警官から足と腕，そして背中に銃弾を受け瀕死の重傷を負っている。

　病院にいるXの妻から弁護依頼を受けたA弁護士は，Xが殺人罪の弁護費用を支払う資力がないので，裁判所選任弁護の申請を行い，それが認められている。日本でいうところの国選弁護である。

　A弁護士自身は元検察官であるが，殺人事件の弁護を行った経験がなく，加えてマスメディアの注目の裁判となっていたため，もう1人，殺人罪の弁護経験の豊富な，B弁護士を共同弁護人に加えた。

　彼らは，弁護方針として，Xの犯罪行為が明白なので，心神喪失の抗弁（Insanity Plea）を主張するしかないと考え，プレザント湖の事件だけでなく，ほかにも異常な行動があることを主張するために行方不明のV_1のことなどを彼から聞きだそうとしたが，Xは何も覚えていないと答えるのみだった。

　ところがある日，A弁護士にXがすべての事件の内容を語り，それによれば，V_1が彼の手によってすでに殺されており，遺体は廃坑の中に隠されているのであった。しかも驚くことに，まったく弁護士の知らないV_2という女性も，ヒッチハイク中に彼に殺害されており，遺体はある墓地の管理小屋の近くに埋められていると告白したのである。2人の弁護士が現場に行ったところ確かに遺体は，Xのいう場所にあり，B弁護士は遺体の写真をとり，頭部が遺体から離れてほかの場所にあるのをみつけたので，これを元の死体の場所に戻した。

　その後，2人の弁護士は，遺体を発見した事実を警察には報告せず，検察側との司法取引の過程で，Xを精神病院への監置処分にすることに同意すれば，行方不明になっている2人の捜索に協力する用意があると述べるにとどまった。Xを刑務所に送るよりも司法取引に応じて，Xの精神状態に対して，より適切な対応の可能な，州立病院に送ることがニューヨーク州にとって好ましいことであると主張したのである。警察・検察から2人の所在を尋ねられても，知らないと答え，被害者V_2の父親が彼らの事務所を訪ねても，面会を拒絶し，V_1の父親が2人の弁護士に娘の様子を聞いても，知らないと答えるのみであった。

第 2 章　法使用における職業倫理と市民倫理

　結局，司法取引は成立せず，翌年の 1974 年 6 月に開かれた公判で X が証言台に立ち，V_1 と V_2 の殺害の事実と様子を自ら証言したのである。2 人の弁護士の勧めによるものであった。同時に遺体の場所も，警察に告知され，2 人の弁護士は，X の心神喪失の抗弁を主張した。結果としては，陪審は 2 時間弱の審議の末，弁護側の心神喪失の抗弁を排斥し，第一級殺人罪で有罪の評決を下した。

　2 人の弁護士は，公判直後に記者会見し，なぜ 2 人の被害者の件を隠していたのかとの問いに「被害者が発見時になお生存していれば，その生命を救うために，たとえ被告人に不利をもたらすとしても当然にしかるべき連絡措置をとったであろうが，被害者はすでに死亡していて，その結果は如何ともしがたい状況になっている以上，むしろそうしないのが弁護人の義務である」と断言した。

2　世間の反応

　X に対する判決のあと，2 人の弁護士に対する社会的な批判が高まった。事件から公判まで 1 年ものあいだ，2 人の行方不明者が死んでいること，および遺体の場所を知っていたのに，それを秘匿し続けて弁護活動を展開したことが，市民の批判を招いたのである。

　ニューヨーク州の市民は，この弁護に大きな衝撃を受け，地区検事はついに大陪審（起訴するかどうかを決める陪審）を招集し，2 人の弁護士のうち B 弁護士だけを死体の埋葬および事故死体発見者の告知義務に関する公衆衛生法違反の容疑で起訴した。

　A 弁護士は起訴されていない。2 人の処分を分けたのは，B 弁護士が被害者の写真をとり遺体を動かしていた点を重視したからだといわれている。

　B 弁護士に対する裁判は，第 1 審も控訴審も公訴棄却であった。この手続では，B 弁護士の弁護人は，連邦憲法修正 5 条の弁護人の守秘特権を主張し，全米刑事弁護人協会も，法廷の友として準備書面を提出し，B 弁護士が有罪になるようでは，依頼者・弁護人間の通信の秘密の特権が失われると主張した。公訴棄却は，要するに刑事立件にあたらないという判断であって B 側にとって最も有利な判決である。

他方，遺族からは，ニューヨーク州の懲戒委員会へ，2人の弁護士の懲戒申立てが提出された。こちらのほうも申立ては棄却となった。適切な弁護活動をするためには，弁護人は依頼者からすべての事実を語ってもらうことが必要であり，そのためには，守秘義務が確保されなければならない，これがその理由である。

弁護士の職業上の倫理の考え方としては，懲戒委員会の説明は筋がとおっている。しかし，世論の批判はとどまるところを知らない。その中心的なものを，中村治朗は，弁護士でなければ遺体を発見すれば通報するだろうし，家族に聞かれれば教えるだろう，それが人間の倫理だと述べた上で，次のようにまとめている。「普通の人間ならやれないこと，またはやってはならないことでも，弁護士としての職業上の目的を遂行する上で必要ならやってもよく，また原則としてやらなければならないことになるが，それでよいのであろうか」と。

ここでは職業道徳（専門倫理）と人間道徳（市民倫理）が対比されている。職業倫理と市民倫理が衝突する場面は，法曹倫理だけに限らない。フォトジャーナリストなどでは有名な例がある。ここで紹介した事件は，弁護士活動でこれが生じることを劇的な形で人々に教えたのである。

3 弁護士の苦悩

アメリカで1999年に発行された，モラルコンパスという本には，「依頼者のために充分な弁護をする義務」と「市民としての常識的な品位を保ち，社会正義，衡平などを保つ義務」との衝突の中で，この2人の弁護士の苦悩を描いている。

たしかに2人の弁護士の苦悩は並大抵のものではない。A弁護士とその家族は見知らぬ人からの脅迫や嫌がらせ電話におびえ，結局，子どもの友人は遠ざかり，家族は崩壊，離婚した。A弁護士自身も，比較的リッチな事務所を閉鎖し，個人営業の小さな事務所へ移籍せざるを得ないこととなる。常にピストルを携帯して業務しなければならなくなったB弁護士は，仕事に嫌気がさして廃業に追い込まれた。

他方，事件から5年後の1978年の9月8日，Xは服役中の刑務所から脱獄し，3日後，刑務所周辺の林の中に潜んでいるところを発見され，撃ち合いの

末，射殺された。Xが脱獄後，刑務所の周辺に潜んでいる可能性が高いことを，警察当局に教えたのは，脱獄したらそうすると以前に打ち明けられたことがあるA弁護士であった。

Ⅲ 役割の多様性

1 役割とは

弁護士に期待される社会的役割は多様である。このことを那須弘平は次のように書いている。

「一人の弁護士が訴訟代理人として行動するについては，実に多くの利害関係者から多様な役割を期待されることになる。それら複数の期待は，常に一致したものであるとは限らず，むしろ相互に矛盾，対立する要素を含み，弁護士はこのすべてを充足することが不可能な場合のほうが多い。そのような場合には，弁護士は自らの価値判断で，矛盾，対立する役割の順序づけをして整理し，自己の行動の整合性を保つ。」

那須のいう役割の順序づけは，個人の中での選好の問題であり，棚瀬孝雄によれば，それは準拠枠と呼ばれる人間の行為選択因子を使った選好である。棚瀬は次のように説明する。

「準拠枠とは，特定の状況ごとの行為者自身の行為選択の指針である。一般に，個人は同時に多数の役割期待を受けているが，それらはそのまま行為選択の指針となるのではなく，一度行為者自身の中で，その価値関心を基軸として統合され，調整された上で，具体的な行為選択の指針となる。すなわち，個人は自己の価値関心が多かれ少なかれ最適に充足されるように，多様な行為状況に対して，それぞれ行為選択基準を設定するのであるが，通常こうした行為基準も，行為者自身の中でさらに相互に調整される結果，複雑な屈せつを受けることになる。こうした行為基準の相互調整がなされるという側面に着目すれば，そうした複数の行為選択基準が全体として各行為者ごとに一つのシステムをなしているという考え方になる。それがパーソナリティ体系という考え方である。」

このパーソナリティ体系という考え方は，なかなか理解が難しいが，その人

の「人となり」といえよう。そして、「人となり」は、そのひと個人にとって、自己の姿として明確に意識される場合もあれば、何だかよくわからないカオスのように理解されることもある。

　また、多様な期待を含む役割も、その人にとって常に同一選好をもつものではなく、それを意識する生活局面に応じて異なって認識される。たとえば、週末スポーツクラブで泳いでいる弁護士は、健康志向か美容志向か、あるいは、コミュニケーション志向（友達作り）か競争志向かと、様々な形で自己認識（自己の役割規定）を行い、周囲もそのどれかを期待するのであるが、そこでは職業的役割はほとんど意識されない。

　つまりわれわれは、よく個人・主体・自己などと表現しているが、一個の人間の姿は、その時折において現れ方（役割）を変えるものであり、その人間自身にとっても、そのことが明確に意識されている場合も、いない場合もあり得るのである。意識している、しないにかかわらず、われわれは、その人となりに基づいて選好を行い、その選好は時と場所に応じて変化する。那須・棚瀬の主張は、そう教えてくれている。

　では、レークプレザントの2人の弁護士は、何を選好したのか。この2人が、自己の家庭生活よりも強い職業意識、職業的役割、それも刑事弁護士としての専門家的役割を意識していたことはまず間違いない。その職業的役割選択は、家庭生活のすべてを職業生活の中に埋没させることを招来し、Aの場合は家庭が崩壊してしまった。ここまで自己の職業意識を前面に立てて緊張感ある日常生活を送ることは、誰にでもできることではない。

　こうした強烈な職業意識の実践を目の前にすると、日本の弁護士の活動はいかにも中途半端にみえる。特にプロフェッション論の立場からは、アメリカとの比較において日本の弁護士は職業意識が足りないと指摘され、これから弁護士人口が格段に増加するに応じて、倫理規範のさらなる精密化が主張される可能性がある。しかし、職業倫理を強調することがアメリカに比べて仮に弱いとしても、ここにみたようなアメリカ型の職業倫理の実施をそのままの形でこの国にもち込むのは、なお躊躇を覚える。それは職業人としての準拠枠でしか、倫理を考えていないからである。

　ケアの行いは、ケアされる人の準拠枠の中と触れ合う。相手の準拠枠は、ケ

アの中で変化するのである。相互に変化することもあるかもしれない。レークプレザントの職業倫理は，強い党派的弁護であったが，それはケアの行いを伴ったものであるかどうか，さらなる検討が必要であるが，あえて結果論的にいえば，Xは「成長」していないことが指摘できるように思う。

2 党派性と中立性のハザマをなすもの

ところで，党派性と中立性には，日本では言葉の意味にバリエーションがある。法律家といえば，弁護士のほかに裁判官を想定する人は多いが，弁護士が依頼者の代理人であるのに対して裁判官は，原告・被告のどちらの代弁をするわけでもなく，中立な立場から法使用をする専門家である。このような意味での弁護士と裁判官の役割を対比して，一方を党派的，他方を中立的と呼ぶ論考がわが国にある。

たとえば，新堂幸司は，リーガル・サービスに2つのタイプがあると主張し，代理人的活動を党派的サービス，裁判官・調停者的活動を中立的サービスと呼ぶ。ほかにも小島武司など，多くの関係者がこの用語法を使用している。この用語法は，いわゆるＡＤＲ論議のさきがけとして，中立調整型弁護士活動を日本に入れる理論的基礎作りとして主張されたものである。

他方，法曹倫理の世界では，違う用語法がある。加藤新太郎は，次のように説明する。

弁護士は，「基本的人権を擁護し，社会正義を実現することを使命」(弁護士法1条1項) としつつ，「当事者その他，関係人の依頼等によって法律事務を行うことを職務とする」(同3条1項)。ここに弁護士の「公益的性格」と「当事者の代理人としての役割」が現れている。この2つの矛盾・対立する役割規定は世界的である。アメリカ弁護士職務基本規程 (1983) の前文は，「弁護士は依頼者の代理人であると同時に，司法制度の担い手」であると規定し，ドイツでも，弁護士は独立の司法機関 (弁護士法1条) であり「自由な職務を行い」(同2条1項)，「あらゆる法律事件に関して，独立の助言人および代理人となる資格を有する」(同3条1項) とされている。

新堂幸司らの議論対象は，法律家の第三者的関与を視野に入れた場合の話であって，弁護士・依頼者間の間での緊張関係を直接の対象とはしていない。こ

れに対して，代理人活動の中に，公益的性格（中立的役割）と代理人的役割（党派的役割）の緊張関係があることを意識したものが加藤新太郎の指摘する用語法である。本章では，先にも説明したが，こちらを念頭においている。

さて，この意味で中立性と党派性を理解した場合，Xの2人の弁護士は，党派性に軸足を置いて専門家としての職業倫理を徹底したと理解できる。この2人の弁護士が，ものすごいストレスにさらされていたと後に語っていることは当然である。役割選好の過程で出てくる人間性を意識的に切り捨てている，そうした職業的な選好を行っているからである。それゆえに，彼らの活動を高く評価する見解があり得よう。しかし中立的役割を徹底的に担うにしてもやはりストレスを感じるのではないか。依頼者を捨てて被害者に告知することもできまい。依頼者が，人にケアできるようにすること，これがケアの本質であるとすれば，この2人の弁護士が，職業倫理を徹底的に守ったことを理解し得たとしても，そしてそれが今の日本の弁護士に必ずしも十分に意識されていない職業倫理であるとしても，彼らの行動がケアの上に立った弁護であったのかどうか，筆者はなお，判断を迷っている。Xは結局，人にケアできる存在たりえなかったのである。そして市民的批判に対して職業的特権を主張する以外に，説得的な説明をなし得なかったのである。

3　職業倫理の基底をなすもの

日本の弁護士は，「依頼者の利益を守るべきである」と総論的にはアメリカと同じ主張を保持しているかにみえるが，レークプレザント事件の2人の弁護士のように徹底的に職業倫理を守れる人が，何人いるのかと問われると，答えに窮するところがある。党派性が中途半端であることについては，接見中の被告人との会話を，被告人に不利が及ぶことがわかっていて，法廷でべらべら証言してしまう弁護士がいることからもうかがえる（大阪高判平成4・3・12判タ802号233頁）。

しかし，職業倫理の党派性と中立性の緊張関係の中で，その対立をどのようにバランスしながら職務を行うことが良いことなのであろうか。

ウイリアム・サイモンというアメリカの法曹倫理の専門家は，専門的な職業判断を機軸にしてモノを考えるからアメリカ法曹の行動はおかしくなると主張

している。なぜなら，党派的であれ中立的であれ，専門的「でしかない」判断は，生きた生身の人間に対する配慮が欠けるからである。棚瀬も専門的な職業倫理の主張が，法に対する没倫理的な態度をもたらすことに警笛を鳴らしている。

　レークプレザント事件の一般社会の反応を再考してみよう。それは，あまりに党派的であった2人の弁護士に非難を向けたのであるが，これに対しては弁護士の守秘義務という職業倫理で応答可能であり，現にそうされた。しかし，行方不明者の不開示が市民道徳に反しているとの，職業倫理それ自体に対する市民的非難に対応できていない。職業倫理が市民道徳に対峙することを示しただけであって，市民倫理をも超える職業倫理を示し得なかったのである。その点，職業倫理のバランスの根底にケアの精神を示すことができれば，全生活を犠牲にした2人の弁護活動に対する社会の非難は，もう少し形を変えていたのではないかと，思える。

　この点，和田仁孝が，中立性と党派性は対立するものではないと語っていることが興味を引く。和田は，既存の弁護士倫理が，職業倫理だけの専門的判断枠組みの中で議論がとどまっていたのは，実際の微妙な紛争処理が弁護士以外のところで解決されていたからだと説く。「紛争当事者は，弁護士や法システムに法専門的な問題処理をゆだねる一方で，紛争状況に伴う不安や心理的な傷，社会関係の実質修復に関わる問題については，地域や親族のネットワークによる手当てを期待することができた」。ところが，社会の変化によって「これら法外のシステムによって手当されていたニーズも行き場を失って，次第に法システムや弁護士のもとに持ち込まれるようになってくる」と指摘して，これが弁護士の職業活動の変化を促しているというのである。

　その変化とは何か，法知識を技術的に使用するだけの専門的判断ではすまない，社会の中で生きている，依頼者個人の法外的な側面への配慮が求められているのである。それはQOLへの配慮だともいえよう。訴訟には勝ったが依頼者の生活は破壊された，では話にならない。レークプレザント事件の弁護士たちは職業人としての職務をまっとうしたことは間違いない。弁護士社会の中で高く評価されてしかるべきである。ただ法専門的判断に傾斜しすぎていたのではないかと思う。開示しなかったことが問題なのではなく，その異常さを法廷

でアピールしようとする戦略がQOLへの配慮が足りないのではないか，そう思えるのである。

　今日，組織内弁護士の倫理規範が云々されている。基本的には党派性（勤務先企業への忠誠）と中立性（勤務先の違法行為の是正）の間で組織内弁護士の倫理規範が議論され，その緊張関係の中に企業弁護士はあるとされるのであるが（そしてそれはまったく正しいのであるが），これも同じ問題をはらんでいるように思える。違法行為是正の判断が，政府・規制機関側の気に入るような判断を意味するのではなく，その弁護士が個人として生きている社会の中で共生している他の人たちへの人間としての配慮にあるのである。したがって場合によれば規制機関に対抗して違法判断を異にすることもあり得てよい。しかしそれは（公表されたとすれば）ケアの見地から説明され首肯されるものである必要がある。こうした配慮を抜きにしては，通報義務や企業内指摘義務など，ほとんどエクスキューズのための形式論に堕してしまうように思える。

　日本は，これまで法曹人口があまりにも少なくて，弁護士の役割についての一般社会の関心が薄かった。しかし，これからどんどん法曹人口が増え，社会のいたるところに弁護士が顔を出すようになると，好むと好まざるとにかかわらず，「この人たちの仕事はなんなのか？」という問いかけが日常化するであろう。そのときに，アメリカ型の職業倫理一本やり的な進み方，また，倫理規定の暗記試験を司法試験に組み入れるやり方をとるのかどうか，そうではなく人間性にも目を向けられる倫理論議が可能な空間を残す方向を進むのか，その重要な選択を迫られつつある時期に日本はあるのである。

【引用・参考文献】
加藤新太郎（2000）『弁護士役割論〔新版〕』弘文堂
佐藤彰一（1999）「サイモンの弁護士論について」井上治典ほか編『現代調停の技法』判例タイムズ社
新堂幸司（1993）『民事訴訟制度の役割（民事訴訟法研究第1巻）』有斐閣
棚瀬孝雄（1992）『紛争と裁判の法社会学』法律文化社
棚瀬孝雄（1996）「弁護士倫理の言説分析（1－4）」法律時報68巻1号52－61頁，2号47－56頁，3号72－76頁，4号55－63頁
中村治朗（1989）『裁判の世界を生きて』判例時報社，79頁以下
那須弘平（2001）『民事訴訟と弁護士』信山社

ネル・ノディングス〔立山善康ほか訳〕(1997)『ケアリング』晃洋書房
武士俣敦 (2004)「法律事務独占への視座──アメリカにおける非弁問題からの示唆」和田仁孝＝佐藤彰一編『弁護士活動を問い直す』商事法務，57頁以下．
ミルトン・メイヤロフ〔田村真＝向野宣之訳〕(1987)『ケアの本質』ゆみる出版
和田仁孝 (2004)「弁護士役割の構造と転換──中立性と党派性の意義転換のなかで」和田仁孝＝佐藤彰一編『弁護士活動を問い直す』商事法務

Richard A. Zitrin, Carol M.,1999,The Moral Compass of the American Lawyer: Truth, Justice, Power, and Greed, Langford,Balantine Books

【佐藤彰一】

第3章
依頼者と弁護士

I 本章の課題

1 弁護士職務基本規程

　2005年4月に施行された弁護士職務基本規程（以下，職務基本規程という）は，その第3章で「依頼者との関係における規律」を定める。新しい職務基本規程は，従来の「弁護士倫理」を全面改定したものであり，全82か条からなる。そのうち第3章は20条から45条の26か条，全体の3割を占める。5つの節に分かれ，第1節・通則，第2節・職務を行い得ない事件の規律，第3節・事件の受任時における規律，第4節・事件の処理における規律，そして第5節・事件の終了時における規律となっており，要するに，依頼者と弁護士の間の関係の生成から終了までを扱う。

　この第3章の定める規律の中で，守秘義務や報酬，利益相反等に関しては別の章で詳しく触れられることになっている。本章では，弁護士と依頼者の関係につき，次に掲げる3つの基本的な論点を扱う。

2 両者の関係の性格

　職務基本規程22条1項は，「弁護士は，委任の趣旨に関する依頼者の意思を尊重して職務を行うものとする」と規定する。さらに，30条1項は「弁護士は，事件を受任するに当たり，弁護士報酬に関する事項を含む委任契約書を作成しなければならない」と定める。これらの条項は，弁護士と依頼者の関係が，委任契約であることを当然の前提としていると解することができる。はたしてそうか。これが第1の課題である。

3　弁護士役割論

加藤新太郎判事は，その名も『弁護士役割論』と題する著書の中で，弁護士の2つの性格について説明している（加藤 2000：5頁以下）。それによれば，弁護士には「基本的人権を擁護し，社会正義を実現することを使命」（弁護士法1条1項）とする「公益的役割」と，「当事者その他の関係人の依頼等によって法律事務を行うことを職務とする」（同3条1項）という「当事者の代理人としての役割」とがあるという。この2つの役割は，一見矛盾するかにみえるものであり，かつ実際にも相互に衝突するものである。そして，問題はこの2つの役割の関係をどのように捉えるかである。

加藤判事は，論理的にいって考え方は3通りしかなく，公益的役割を優位におくもの，代理人としての役割を優位におくもの，そして両者のバランスをとるべきだとするものの3種類だとする。このうち，どちらかが必ず優位にあるとする考え方はその正当性を論証することが困難であり，したがって，安易だという誹りをおそれることなく，2つの役割のバランスをとる最後の見解に与するべきだとする。さらに，そのバランスをいかにとるかについて，当事者の代理人としての役割の限界を画するものが公益的役割と解するのがよいと論ずる。言い換えれば，弁護士は，依頼者との信頼関係に基づく善管注意義務により，最大限の努力を傾注して依頼者の権利実現または利益擁護に邁進すべきだが，そのために社会的正義その他の規範に違反しまたは公益ないし公的価値に抵触することは許されないというわけである。

本章ではこの2つの役割の対立と関係について，あらためて党派性と公益性の対立としてその意義を論ずる。これが第2の課題である。

4　独立性

職務基本規程20条は，「弁護士は，事件の受任及び処理に当たり，自由かつ独立の立場を保持するように努める」と規定し，「依頼者との関係における自由と独立」を説く。一体，依頼者との関係における自由と独立とは何か。この規定はどのような状況を想定し，何を守ろうとするものか。これが本章の第3の課題である。

なお，以下これらの課題を論ずるにあたり，比較という手法を意識的に用い

る。比較の対象の1つは，同じように現代の専門家の代表とされる医師の倫理との比較であり，いま1つはアメリカにおける法曹倫理やそこで実際に争われた事例を参考にする手法である。もとより，医師と弁護士の間には同じ専門家とはいってもその性格に大きな相違があり，同様にアメリカの弁護士が直面する状況や法曹倫理のあり方にもわが国のケースとでは見逃すことのできない明確な違いがある。しかし，比較という手法には，ある問題をともすれば狭い視野で考えがちになるところを救う効果がある。それぞれの比較対象との相違点を忘れないよう注意しつつ，比較によってみえてくるものを利用して，弁護士と依頼者との関係で問題となる3つの基本的な課題を検討する。

II 弁護士と依頼者の関係の性格

1 委任契約としての関係

わが国においては，専門家と依頼者との関係を契約だとみることに疑いをもつ人は少ないようである。弁護士と依頼者の関係ももちろん契約であり，弁護士には契約に基づく義務や責任が生ずる。そして，契約関係が成立していることを前提として，職務基本規程のような法曹倫理による専門家責任を負うことになる。たとえば，先に述べたように，契約締結に際しては委任契約書を作成するというように。

この契約が一般に委任契約だとすることにも疑いはない。職務基本規程29条2項は，「弁護士は，事件について，依頼者に有利な結果となることを請け合い，又は保証してはならない」と明記する。要するに，請負契約の形をとってはならないという趣旨である。もっとも，紛争の全体について請負契約の形をとって引き受けることは否定されても，単純な内容の契約書をチェックするというような業務の場合には，請負契約の要素が含まれる部分もあるとか，社内弁護士については依頼者との間に雇用契約が存在するという指摘もある。29条も「事件について……有利な結果」を請け負ったり保証するのを禁じているのであり，弁護士業務のすべての場面で請負契約性や雇用契約性を否定する趣旨ではないから，これらの要素が含まれる場合には，委任契約との混合契約だとされる（小林1994：77頁）。

しかし，ここでの重要なポイントは，弁護士と依頼者の関係について，委任契約を中心とする契約関係だとする点に疑いはないとされているところである。
　まったく同じことが医師と患者の関係についてもいえる。医師の場合，患者から依頼される業務は，検査であったり手術であったり，いずれにせよ法律行為ではなく事実行為だと観念されるので，委任ではなく準委任契約が存在するといわれる。だが，準委任契約にも委任契約の条項が準用されるので法律上の違いはない。ともかく，医師は，準委任契約たる診療契約上の義務として，患者に対し診断・治療・説明という債務を負い，それが不十分なら債務不履行になる。
　ところが，医師・患者関係の場合には，契約では説明できないケースを想定するのは容易である。
　たとえば，ある医師Aが道を歩いていて，行き倒れになった人Bに出会う。Bは意識不明の状態である。駆け寄って，呼吸を調べ脈をとる。何らかの手当が必要だと判断する。その時，A医師は，突然，急用があることを思い出し，その場を立ち去る。それ以上何もしないで。Bはその後死亡し，何らかの偶然でこれらの事情を知った遺族は憤激する。
　この例は，いかにも教室設例であって，現実にはありそうもないが，たとえば事案を少し変えて，救急車を呼んで到着を待たずに立ち去った場合でも，それによって手遅れになればやはり遺族は怒るだろう。だが，怒りが法律的な責任追及の形になった場合，契約に基づかせるのはいかにも苦しい。AとBはそれまで会ったこともない。しかもBは意識不明で，同意能力もない。普通に考えれば，意思の合致で成立する契約関係があるわけはないのである。このような場合に，（たとえ急用を思い出しても）A医師にその場を立ち去るべきでないとするためには，法的な義務を観念する必要があるが，それは契約上のものではあり得ない。
　これは特殊なケースだという反論もあろう。しかし，特殊であるからこそ，医師・患者関係の本質を伝えることもある。また，医師・患者関係を契約とすることには他にも多くの疑問が提起できるのである（医師・患者関係の法的性格に関する議論の詳細は，樋口2006aを参照）。とりわけ重要な点は，医師・患者関係を契約（準委任契約）だとするのはどうやら法律家だけであり，当事者であ

る医師や患者は，自分たちの関係を契約とみることに疑問を感じていることである。しかも，実は法律的な見地からみても，医師・患者関係に民法の委任契約の条文や考え方を単純にあてはめると，数多くの問題が出てくる。結論的にいえば，まず契約ありきではなく，実は医師の専門家責任がはじめにあり，その上に，場合によっては契約による取決めが影響を及ぼすというのが医師・患者関係の実相である。同じことは，弁護士と依頼者の関係についてもいえる。

2 アメリカの事例

弁護士と依頼者の関係が契約であるとする必要がないとするアメリカの事例を参考にしてみよう。

すでに1977年，アイオワ州最高裁は，弁護士と依頼者の関係が成立するには着手金の支払いも契約書の作成も不要と述べており，関係の成立には3つの要素があれば十分とした（Kurtenbach case）。第1に，依頼者は弁護士に助言を求めたか？　第2に，それは弁護士の専門とする範囲の事柄であったか？そして第3に，弁護士は，直接的にせよ間接的にせよ，求められた助言を与える同意を示したか否か？

この3つの要素があれば，とりわけ第1と第3の要素さえあれば，わが国では契約ありといえるではないかと思われるかもしれない。わが国では，どのようなものであれ，合意があれば契約ありであるから。

しかし，実際の事例にあてはめると，日本でも契約ありとは必ずしもいえないことになる。3つの例を見てみよう。

（1）第1の例

1つは，1980年のミネソタ州最高裁判決であり，アメリカの法曹倫理の分野では極めて有名な事例である（Togstad case）。この事件の原告は，激しい頭痛を覚えてある病院の診療を受ける。動脈瘤が発見され，頸動脈に一定の措置が施されるが，入院中に医療事故が発生し，右の手足が麻痺し言語能力も失った。その後1年以上経過してから，原告の配偶者が知人の紹介により，この事件の被告となった法律事務所を訪ねる。彼女が事故の経過等を説明すると，弁護士に次のように言われる。「法律的にみると，勝ち目があるような事件ではないと思いますが，念のため，他の弁護士にも聞いてみましょう」。彼女は，もし

も結論が違う可能性があれば連絡が来るものと思った。だが，連絡は来ず，このような事例では勝訴の見込みがないと信じた。ところが，1年後にたまたま別の弁護士に話すと，これは勝訴の見込みが大きい事件だという。しかし，その時点ではすでに時効になっていたのである。そこで，法律事務所を訴えた。なお，最初の面談の際，弁護士から相談料を請求することはなかったし，この事件を受任する旨の表示は一切なかった。

だが，アメリカの裁判では，ほぼ65万ドルの損害賠償が認められている。そして，この当事者間に，弁護士と依頼者の関係は成立しており，実際に与えた法的な助言は不適切かつ不正確であって，弁護士としての注意義務違反にあたると判示したのである。先に述べたように，アメリカでは弁護士の責任を問うのに契約の成立は不要であり，弁護士の専門家責任（弁護士倫理）に基づいて，依頼者との間に一定以上の関係が築かれた瞬間に注意義務その他が生ずる。

わが国ではこれと同様のことが起こったら，このような面談で，すでに委任契約成立と判断して救済してくれるだろうか。

（2） 第2の例

2つめの例は，1991年のテキサス州の判決である（Perez case，樋口2006b：53頁以下参照）。これは清涼飲料水を運ぶ大型トラックが学バスに衝突し児童21名を死亡させるという大事故から派生した事件である。加害者となったトラック運転手もけがをし病院に運ばれたところ，清涼飲料水の会社から派遣された弁護士が駆けつけ事情を聞いた。運転手は，自分の味方だと思って不利なことまでしゃべったところ，弁護士はその情報を検察側に伝えたのである。おそらく，このような情報提供と会社の責任まで問わないこととの間で，何らかの取引が行われたのであろう。

運転手は，弁護士と法律事務所を守秘義務違反で訴えた。これに対し被告となった弁護士サイドでは，運転手との間に契約関係はなく，したがって運転手に対し何ら義務を負わないと主張した。実際，委任契約書があるわけではなく，面談の際に委任や受任という文言の交換も一切なかった。もちろん，金銭の請求や支払いもなかった。弁護士が運転手と面談したのはそのとき一度きりであり，運転手が訴えられた刑事事件では別の弁護士がついている。しかしながら，テキサスの裁判所は原告を勝訴させた。原告は，弁護士を信頼したからこそ不

利な事実を打ち明けたのである。裁判所はいう。

「弁護士と依頼者の関係は高度に信認的 (fiduciary) なものであり，相互の関係は，信託の受託者と受益者との間の取引と同じ程度の審査に服することになる。特に，弁護士・依頼者関係はラテン語で uberrima fides，最高度の信義の関係と呼ばれ，完全で絶対的な率直さ，正直さと，その逆の隠蔽や詐欺がないことを要求する。さらに，この関係のもつこのような率直さゆえに，弁護士・依頼者の間で交わされた一定のやりとりについては，テキサス州証拠法上，民事手続でも刑事手続でも証言拒否特権が認められている（つまり秘密を守ることはそれほどに重要な義務とされている）」。

ここでも同じようなことがわが国で生じたとしよう。弁護士は，やはり契約の成立を否定するだろう。そして，委任契約の成立さえ否定してしまえば，もう弁護士の責任は問えないことになるのだろうか。

ここでは，刑法134条が秘密漏示罪を定め，弁護士などについては正当な理由なく「職務上知り得た人の秘密」を漏らした場合，刑罰の対象となることを想起する必要がある。したがって，いわんや不法行為にもなるとして第2の例についてはわが国でも同じ結論が導かれるはずだとする反論が可能である。

しかし，事案を少し変えてみよう。弁護士が不注意によって情報を流出させた場合であっても，アメリカであれば，弁護士は依頼者の秘密を守る注意義務を負うので，弁護士の責任を問うことができる。しかも，繰り返しになるが，その際に，契約関係の成立は不要とされている。日本の場合，刑法134条は明らかに故意犯を想定しており，過失の場合まで対象としていない。結局，弁護士と依頼者の間に委任契約が成立しているからこそ注意義務が生ずるということになって，本件の場合，契約は成立していないという抗弁が有効になりそうである。

(3) 第3の例

さらに極端な例を紹介しておこう (DeVaux case)。時は1983年，所はマサチューセッツ州，ある弁護士事務所に原告が法的な助けを求めて，事案を説明し受任してくれるよう記した手紙を郵送した。だが，法律事務所の秘書がその手紙を誤って別のファイルに綴じ込んでしまった。弁護士は一切その手紙をみていない。原告はその後何度も電話をするが，後でかけ直すという法律事務所

から実際には電話もなかった。そして事件は時効になってしまった。このような事実について，裁判所は，秘書には表見的な代理権があるという外観を呈していた結果，弁護士・依頼者関係が成立している可能性があるので，少なくとも陪審に判断させるべきだと判示した。

表見代理という言葉が出てくるのでわが国でも契約成立を認める可能性があるという話になるかといえば，おそらく決してそうはなるまい。アメリカでも，弁護士・依頼者の関係をこのような例にまで認める裁判所は多くない。

マサチューセッツ州の裁判所も，表見代理から委任契約の成立を導き出しているのではなく，弁護士と依頼者という関係の成立を強く示唆しているだけである。ここでもポイントは契約にはない。

では，契約でないのならその関係は一体何か。アメリカの法律家なら即座に信認関係（fiduciary relation）という解答が出てくる。それは，弁護士倫理を中核とする専門家責任を言い換えた法律用語である（信認関係，信認モデルの意義については，樋口1999参照）。契約はあってもよいし，なくともよい。

わが国では，人と人との関係を法律的に捉える際に，法律家はあまりにも安易に契約という用語を用いる。どうしたわけか法律家は契約という言葉さえ出てくれば，そこから何もかも導き出せると考えているようである。弁護士と依頼者の間にもまず契約（委任契約）ありき，そしてそれがあってはじめて依頼者との間の弁護士の職務基本規程（法曹倫理）が登場するという仕組みである。

しかし，逆に，これら3つの例は，契約がないから弁護士には責任がないというように，弁護士の責任を回避する道具として契約概念が用いられる可能性を示している。より適切な考え方は，契約の有無ではなく，まず依頼者（または依頼の候補者）に対する弁護士の専門家としての倫理や責任が基盤にあり，その上で，当事者間で特約を結ぶことがあるということではなかろうか。

少なくともアメリカではこのような思考の順番で，弁護士と依頼者の関係を考えている。わが国でそれと異なる行き方をする理由は何か。それを正当化する根拠はあるのか。

3 契約説（委任契約説）の不都合と問題点

弁護士と依頼者の関係を委任契約とする見方に対する疑問は次のようなもの

である（実はまったく同じような疑問が，医師・患者関係を準委任契約だとする見方にも適用できることについて，樋口 2006a〔第1回〕199頁）。

(1) 民法の契約の規定は，原則として両当事者が対等な関係にあることを前提にしている。だが，弁護士と依頼者の関係は決して対等であり得ない。

(2) 対等でない理由は2つあり，1つは，依頼者がまさに法的に苦しんでいるため何としても法律家の助力を必要としていることと，いま1つは情報格差である。後者についていえば，民法の定める程度の報告義務・情報提供義務でこの情報格差が埋まることはない。

(3) 現に，民法の委任契約に関する規定は，このまま弁護士と依頼者の関係に適用すると問題ありと思われるものが少なくない。

① 委任契約の規定は民法 643 条から 655 条のわずか 13 か条である。これだけで弁護士と依頼者の関係を網羅して規律できるはずがない。実際には，職務基本規程をはじめとする法曹倫理が契約中に読み込まれることが多いであろう。そうだとしたら，はじめから「弁護士と依頼者の関係に法曹倫理あり，そのうえで契約」という思考経路をとるほうが適切である。

② 委任契約の入口において，民法は当然ながら両当事者の合意を前提としている（643 条）。医師における医師法 19 条の応召義務との対比が弁護士にも求められるところであり，単に契約の自由が弁護士にもあると常にいってよいものかどうか。とりわけ，この場合の自由が多くの場合強者の自由にすぎないことに留意すべきである。

③ 委任契約の終了事由として，当事者のどちらからでも，いつでも終了（解除）できるとされている（651 条）。まだ継続中の紛争がありながら，弁護士から自由に関係の終了ができるとしていいのだろうか。

④ 受任者の報告義務の定めにつき，民法は，委任者の請求があるときと委任終了時における義務を定める（645 条）。だが，依頼者が請求しなくとも，様々な説明を進んでするのが弁護士の義務ではないか。

⑥ 受任者の報酬と費用請求に関しても，一方で報酬の原則は無報酬，他方で費用については前払いの可能性が示される（648 条〜649 条）。おそらく費用前払いは無報酬の原則と相関関係をもつ原則である。だが，弁護士は報酬を得て業務を行うのが当然であり，逆に，着手金を要求する実務が民法に基づくな

ら，その点も再検討の余地がある。

⑦　受任者は，委任事務を処理するため自己に過失なく損害を受けたときは，委任者に対し，その賠償を請求することができる（650条3項）。たとえば，依頼者のため裁判所に駆けつける途中で弁護士がひき逃げにあうと，この条文では依頼者に賠償請求することができそうだが，一体それはどういう理由に基づくのか。

⑧　委任契約説の最大の問題点は，わが国の民法の条項には，弁護士が依頼人のために忠実に働くこと，依頼人の利益をまず優先して行動することが，明文で出てこないところである。たしかに善管注意義務はある（644条）。だが，英米の法曹に関する信認モデルでは，注意義務と忠実義務は性格の異なる義務と観念されており，日本では，条文があるばかりに，あるいは民法の契約の規定に拘束されているために，その基本が曖昧になっている。

4　契約説のメリット

医師・患者関係を契約で捉えようとする考え方には2つのメリットがあるとされる（樋口2006a〔第2回〕110頁参照）。

1つは，契約というベースに医師の様々な義務を基礎づけようとするものであり，契約がそのための便利な道具概念となるというものである。たとえば，2002年の最高裁判決は，末期ガンの告知につき，医師が本人に話すことが不適当と考える場合には，診療契約上の付随義務として，家族への告知を検討すべきだとする（最判平成14・9・24判時1803号28頁。この判決の論理への批判として，樋口2006c）。

第2の理由は，従来のパターナリスティックな医師・患者関係をあらためて，患者の自己決定権などを尊重する対等な医師・患者関係を作り上げるために（あるいは説明するために），契約という概念が有効だとするものがある（手嶋2005：24頁）。

では，同じような事情が弁護士と依頼者の関係に存在するだろうか。弁護士の場合には，従来，法的義務を記したものではないとされてきた「弁護士倫理」と異なり，会規としての義務規定を含むとされる職務基本規程が存在し，弁護士の義務を基礎づける明確な基盤がある（加藤2005：3頁，前田2005：818

頁)。また，医療の世界と異なり，依頼者の自己決定権が声高に叫ばれるほどの状況にはないと考えられる。そうだとすると，契約に頼る必要性は薄い。

逆に，弁護士と依頼者の関係を契約によって基礎づけることには，契約の自由を盾にとって弁護士がその義務や責任を免れるために契約を用いるリスクが大きい。

弁護士と依頼者の関係は，あくまでも法曹倫理と法律専門家としての責任を基礎として，信認モデルに基づいて考えるべきである。

III 弁護士の党派性と公益性

1 「モンスター」と，友人としての弁護士

浦沢直樹といえば，現代を代表する漫画家の1人で，『マスター・キートン』，『20世紀少年』，さらには『PLUTO』など多くの作品がある。『モンスター』は天才的外科医である日本人医師を主人公とする長編作品であり，その冒頭で，医師の倫理にかかわる2つの事態が発生する。1つは，2人の重傷者が救急で運び込まれたときどちらを救うべきかという問題であり，彼は，市長を見捨てて，先に運び込まれた少年を救う。もう1つは，医師として，患者が悪魔のような極悪人（モンスター）である場合にも，ここで救命すれば後で何人もの人が殺される事態が発生するような場合でも，患者を救うべきか否かである。

法律家はこれほど深刻な場面に出会うことは少ないが，それでも似たような場面と同種の倫理的問題に直面する状況は容易に想定できる。

法曹倫理における党派性（Partisanship）とは，要するに，どんな悪人であっても，弁護士がその友人になって助けるということである。党派という訳は，誤解を招くかもしれない。モンスターである依頼者と弁護士とが，たった2人で，それ以外の社会と対峙するという構図が原型であるから，数からいえば党派というのは大げさである。だが，依頼者の主張に肩入れする，いや肩入れするどころか，代理人として自らも依頼者になりきるという意味では，どんなに少数でもそれは党派と呼ぶべき結合である。

チャールズ・フリードは，1976年の古典的論文で，「友人としての弁護士論」を主張し，党派性の意義を強調した（Fried 1976）。

「弁護士は，友人のようにあなたの利益に沿って行動する。自分の利益のためではない。いやむしろ，あなたの利益を自らの利益とするのである。それは古典的定義による友情と呼ぶにふさわしい」。

フリードによれば，このような友人としての弁護士の存在が認められるのはちょうど医師が必要とされるのと同様である。まず生命ありきということと同様に，あらゆる個人に一定の限られた範囲で自分のことだけを配慮する領域，社会的な公正さと効率性を含むあらゆる社会的規制を排除してよい領域，が倫理的に認められる。そのような個人の最も基本的な権利を実現するために，法的な問題については，合法性の範囲内で弁護士の助力を期待してよい権利が生ずる。弁護士の役割に，社会的な公正さや効率性という配慮を容れるのを許すのは，右手で与えた権利を左手でとりあげようとするようなものだ。ひとたび弁護士と依頼者の関係が成立すれば，弁護士は，依頼者のニーズのみ考えるのが法的にも倫理的にも正しい。

すでに，1820年，イギリスの裁判において，このような弁護士像が雄弁に語られていた。「弁護士が任務を果たす際には世界中でたったひとりの人だけを知っていればよい。それは依頼者である。依頼者を救うためには，他者であれ自分であれどのような犠牲を払わせても，どのような手段を使っても，それを実現するのが弁護士たるものの務めである。任務遂行のため，誰かに多大な犠牲が生じてもそれを気にしてはならない」。

ウィリアム・サイモンは，このような弁護士像を分析して，neutrality（中立性）と partisanship（党派性）という2つの言葉で説明した（Simon1978）。弁護士は依頼者の目的の価値を考慮してはならないということ（その社会的価値の判断から中立的であるべきだということ）が前者であり，後者は，依頼者の目的を実現するためには，法の範囲内であれば手段を選ばないという意味である。弁護士でなければしないようなことも進んでするという趣旨である。

しかしながら，意外に思われるかもしれないが，アメリカの多くの弁護士はこのような弁護士像を批判し，まったく別の伝統を保持している。たとえば，アメリカの弁護士は，古くから officer of the court（裁判所の構成員）の一員であると認識されてきた。判例法を中核とする英米法では，訴訟において両方の弁護士が先例を引いて議論を展開するが，相手側の弁護士が先例を見逃してい

る場合，それが一見すると自らに不利なものでも裁判所にそれを示す義務があるとされている（Wendel 2004：207-208）。それは，弁護士も具体的な裁判をとおして法を形成する役割を担っているからである。

　一方で，依頼者の代理人として依頼者に忠実義務を負いながら，他方で，裁判所の構成員として，法を作るという公益的活動に貢献するものだとみなされているのである。

2　アメリカの事例——民事事件

　具体的な事例を引いて，弁護士における党派性と公益性の対立をさらに考えてみよう。

　この事件も，アメリカの法曹倫理の教材ではおなじみのケースである（Spaulding case）。1956年，ミネソタ州で車2台の衝突事故が発生する。2台合わせて10名の人が乗っており，1人は死亡，他の人も重軽傷を負う。原告は助手席におり，横の運転手に過失があったとして運転手を訴えた。過失は明らかであり，大きな争点は損害額だった。アメリカのディスカバリー制度では，原告が医師の証言により負傷の大きさを示して損害の立証をする場合に，被告側でも，被告が依頼した医師による健康診断を求める場合がある。本件でもそれが行われ，被告が依頼した医師が，胸部大動脈瘤を発見する。原告側の医師はそれを発見していなかった。大動脈瘤は破裂すれば命にかかわる。それが交通事故によって生じたものか否かは明らかでないが，そうだとすれば損害賠償額にも大きな影響がある。

　この時，被告側の医師は被告の弁護士にそれを伝えた。折しも，原告側から，大動脈瘤を考慮しない和解の提案がなされた。被告弁護士はどうすべきか。

　法科大学院の教室でこれを問うと，半数以上が，「黙って和解を受ける」という回答をした。仮に，弁護士でなく，この情報を得ることがあったらどうするかと問うと，情報を伝えると回答する。では，なぜ弁護士なら情報を知らせないのか。

　「弁護士は依頼者のために働くものであり，依頼者に不利な情報については守秘義務があるから」という回答は，まさに党派性による理由づけである。「相手方にも弁護士は付いているのであり，それぞれの役割分担が行われてい

る」という回答も，被告側にも党派性を旨とする弁護士がおり，制度としての公正さはそれによって担保されているというわけである。

　実際のミネソタ州の弁護士もまさにそのように行動した。和解が成立し，何も知らない原告は2年後軍隊へ入る手続をとる。その際の診断で大動脈瘤が発見され手術を受ける。すでに交通事故の際に大動脈瘤があったことがわかる。また，原告は手術によって言語能力を失う。2年前の和解を取り消すべく訴えを提起する。あれは錯誤によるものだと。だが，アメリカ法の下では，錯誤の主張は容易でなく，両方の当事者が共通の錯誤に陥っている場合にそれが認められるケースがある。ところが，被告側の弁護士は，その時点で，「実は知っていた」ことを明らかにする。そうであればなおさら和解は無効だと主張したのが1962年の裁判である。

　ミネソタ州最高裁は，結論として，和解を無効にするが，それは限られた理由づけに基づいていた。本件は，たまたま和解の時点で原告が未成年だった。未成年者が当事者となる裁判上の和解は，すべて裁判所の介入を要する。原告が大動脈瘤という重要な事実を隠していたのは，裁判所に対する隠蔽となり，それは officer of the court（裁判所の構成員）たる弁護士の行動として不適切である。したがって，和解は無効というのである。

　言い換えれば，仮に原告が成人だったとしたら，法律上はどうしようもなかった。本件でも，被告の弁護士は懲戒されたわけではない。むしろ未成年という要素さえなければ，弁護士として極めて適切な行動をとったと解されてきた。少なくとも1960年代においては。

　この事件の当時有効とされていた弁護士倫理規定では，弁護士には「依頼者の信頼に応えて不利な情報開示をしないこと」が期待されており，例外は，①依頼者が情報開示に同意した場合，②「依頼者によって弁護士が非難されている場合」，そして③「依頼者が犯罪をおかそうというはっきりした意思が表示されている場合」に限られていた。

　だが，今日では，「合理的に見て確実にありそうな死亡や身体傷害を防止する」ための開示は許されるという例外が付け加えられている。ただし，この新しいルールの下でさえ，本件と同様のケースで弁護士に情報開示が義務づけられているわけではない。許されているにとどまる。しかし，それでも，本件の

ような例外的なケースなら，現代の弁護士は党派性の呪縛から自らの意思で逃れることが可能である（本件については，ジョイ 2004 参照）。

3 アメリカの事例——刑事事件

　もう 1 つだけアメリカの事例を引く。1975 年，ニューヨーク州での裁判例である（Belge case）。この事件の弁護士は，殺人事件の被告人を弁護していた。接見の際，「実は他にも殺している。行方不明のあの少女は自分が殺してあるところに埋めた」と告白される。埋めたという場所に行って掘り返してみると，実際に死体があった。弁護士としてあなたならどうするかという問題である。

　このような自白があったと警察であれ記者会見であれしゃべるのは論外である。わが国において，時に，被疑者に接見した弁護士が，記者に問われて「自分がやったと認めました」と話す様子がテレビに映し出されることがあり，驚くことがある。（被疑者の指示であればともかく，それがないとすると）アメリカであれば弁護士は必ず懲戒される。

　その理由は，被疑者や被告人には黙秘権が認められているからである。依頼者の友人であり代理人である弁護士には，この憲法上の権利を擁護するべく，厳しい守秘義務がかかる。また，それがないようなら，どんな被告人も弁護士に本当のことはいわなくなる。弁護の方針さえ立てられない事態となる。ニューヨーク州の事件でも，弁護士がぺらぺらしゃべるようなら，その事件はともかくとして，他の事件ではすべて告白はあり得ないことになり，真実は闇に隠れたままになって，決して表面に出てこなくなる。

　だが，実際に遺体まで発見してしまった弁護士はどうすればよいか悩むことになる。この事件で弁護士が現実にとった行動は，数か月後の公判において，精神障害・心神喪失（insanity）の申立てをし，それを補強するものとして他にも無差別に少女を殺していたことを明らかにした。これが訴訟戦略として有効なものであったか否か，本当に守秘義務に反していないかは議論の分かれるところであり，したがって，このケースもアメリカの多くのロースクールで教材とされている。

　ここで強調しておきたいのは，刑事事件の場合には，弁護士の立場として党派性にいっそう傾斜すべき理由があるところである。

第1に，「疑わしきは罰せず」という標語が象徴するように，本来，刑事手続は真実の発見よりも，無実の人を過って有罪にしないための手続である。被告人の弁護士としては，無罪または，より軽い量刑を求めて，行動すべき責任を負っている。万一にでも，無実の人を有罪にしてはならない。
　第2に，被告人と弁護士が立ち向かう相手方は国家権力そのものであり，こちらは犯罪の容疑者であるから，通常は社会全体も向こう側に味方する。被告人に味方がいるとすれば，おそらくそれは数少ない友人か家族であり，法的な場面では弁護士しかいない。
　第3に，刑事手続によって被告人から奪われるのは，身体の自由であり，場合によっては生命そのものである。
　要するに，刑事事件での被告人側の弁護士の党派性は，それ自体が公益性を帯びている。したがって，党派性による行動が正当化されないのは，弁護士が証拠隠滅に加担するなどのいっそう厳しい例外にあたる場合となる。

4　党派性と公益性の関係──悩みから逃げないこと

　本章冒頭で述べたように，党派性と公益性の間のバランスのとり方は，加藤新太郎判事が説くように，まず党派性を原則とし，その例外として社会的正義その他の規範に違反しまたは公益ないし公的価値に抵触する場合を考えるのがよい。ただし，原則と例外との間でいかに適切なバランスをとるかは難しい。一律に解答の出ない場面である。
　本節の最後に，2点だけ，明らかなことがあるのでそれを述べる。ここでは，再び，交通事故の被告側の弁護士が，原告に有利な情報を得た場合で，しかもそれが原告の生命にかかわるような情報であったミネソタ州の裁判を例にとる。
　第1点は，法科大学院の学生との議論の中で，このような場合どうすべきかを明確にルール化してほしいという学生たちの気持ちがうかがわれる点である。たとえば，現行のアメリカのルールでは，弁護士は相手方に情報開示をすることができるとある。英語では，should でも shall でもなく，may である。これでは明確な指針とならないと考えるらしい。要するに，彼らは一義的な解答がほしいのである。党派性であれ何であれ，弁護士に守秘義務ありということであれば，もはや悩まなくてすむ。法曹倫理は，まさに法曹の倫理であって，普

通の人の倫理とは異なる。ここまではよい。だが，普通の人なら，いわば義理と人情の板挟みになって悩むところを，「弁護士だから，そういう役割だから」という形で割り切る。

　法律家が，比較的高い社会的地位と，一定の限度で社会的規制を免れ自己規律により自らを律する特権が認められているのは，その専門家責任とトレード・オフの関係にある（ジョイ2005：239頁参照）。言い換えれば，専門家は非専門家以上の困難な課題に立ち向かうからこそ，社会的な敬意を勝ち得るのである。ところが，ここでは，普通の人間なら悩むケースで，法律家だから悩まなくてよいという話になる。「いや，それは私の問題ではありません。弁護士としての私の仕事は，依頼者やその大義が正しいか否かを判断することではありません。依頼者の利益をできる限り図るよう最善を尽くすのが私の任務です」。法律家の仕事とはそんなに単純なものだろうか。

　ワッサースロトームは，このように役割性格論で法律家の行動（特にその党派性）を正当化できるのは，複雑な紛争の解決を当事者主義的な制度によって行うという前提があり，それが公正かつ効率的と考えられているからだと説く（Wasserstrom1975）。そして，この正当化がまさに説得力をもつのは刑事裁判であり，民事裁判を含めてそれ以外の任務を果たす場合には説得力が落ちることを示唆する。同時に，このような正当化が働く前提として，当事者主義的な制度が適切に機能していることが必須だとする。たとえば，『レインメーカー』という映画を見れば，不当に支払いを拒んだ保険会社を訴える遺族という構図の中で，一方には一流の大弁護士事務所がつき，他方には三流のロースクールを出たばかりの弁護士がつく。映画では後者が勝訴するが，現実はどうか。

　以上を要するに，法曹倫理が問題となる場面で，明確な解答を求める弁護士が増加するなら，わが国では（あるいはわが国でも），弁護士としての役割性格によって簡単に解答を出し，問題を問題とも意識しないことになりかねない。そして，そのような弁護士はミネソタ州の裁判のような事例でも，大動脈瘤という情報を秘匿して平気だということになろう。悩みから逃げてはならないこと，具体的な場面で役割性格論自体の適用を常に批判的に再検討すること，これが重要な第1点である。

　第2点は，ミネソタ州の裁判例に，より密着した考察を行うことから導かれ

る教訓である。あの事件で，弁護士は，原告に大動脈瘤があるという事実を隠して和解を結んだ。それは，本当に，依頼者の利益のためだったかという問題である。

この事件の原告は，被告の車の助手席に乗っていた人である。もちろん，被告の運転に過失があり負傷したのであるから，訴えるのは当然だが，訴訟という行動の裏には，実際に支払うのは自動車保険の会社だという事実があった。だが，弁護士にとっての依頼者は運転をしていた被告である。

仮に，弁護士が大動脈瘤の事実を被告に告げていたらどうだったろうか。被告は，原告にすぐ告げたのではないか。ところが，実際には，弁護士はこの情報を依頼者である被告にも伝えていなかった。

弁護士は，依頼者ではなく，実際に支払いを行う保険会社の利益を考慮したことが推定される。そして，弁護士は保険会社から紹介を受けてこの事件を受任したとなると，彼の行動は，依頼者のための利益や党派性を重視した行動ではなく，実は自分の利益を考慮した行動ではなかったかという疑いが生ずる。

党派性対公益性という対立の構図にみえて，弁護士が自らの利益を図ること。これこそ最も警戒すべき事態でなければならない。そしてこれは，依頼者からの独立性という問題にも関連する。独立性の意義については，次節で述べる。

Ⅳ 弁護士の独立性

1 独立性の意義

本章冒頭で述べたように職務基本規程20条は，「依頼者との関係における自由と独立」を説く。この規定は，「努める」とあるように努力規定とされる。従前の「弁護士倫理」でも18条にほぼ同じ文言の規定があり，職務基本規程の新設時にも，独立性については変更がなかったと解される。

従来の規定の趣旨につき，日弁連の注釈書では「事件の受任について主に，受任の諾否の原則的自由の立場を意味し，受任事件の処理について主に，処理のためにする裁量的判断・行動にあたり当事者（依頼者）に一体化（同化）・従属してはならない専門家としての立場を意味する」と述べる（注釈弁護士倫理1996：73頁）。

そこでは依頼者の「恣意的要求」に追随することや，専門家としての独立性を失って依頼者に同化ないし従属すること，そしていわば共同当事者と化してしまうことの危険性が強調される。そして，係争目的物の譲受や依頼者との金銭貸借の禁止も同じ趣旨だとされる。

このような表現は，フリードの友人としての弁護士論を想起させる。そこでは，友人のように依頼者の利益のために行動すること，むしろ依頼者の利益を自らの利益とすることがプラスのイメージで語られていた。そこで，あらためて問う必要が生ずる。わが国における弁護士の依頼者からの自由と独立とは何を意味するのか。

そこでは少なくとも2つのことが含意されている。

第1は，利益相反の禁止である。係争目的物の譲受や依頼者との金銭貸借の禁止が示唆するのは，弁護士自身が自らの利益のために行動することの危険である。友人のように依頼者の利益のために行動しているのではなく，実は自らの利益のために行動しているだけではないか。あるいは，自らの利益をむしろ依頼者の利益と偽装して，少なくとも混在させて行動しているのではないか。それは真の友人ではない。

実際，ミネソタの大動脈瘤のケースでも，弁護士の行動はこの危険を疑わせるものだった。一体化とか同化の禁止が，弁護士自身の利益相反を禁ずる趣旨であるなら，本来は，職務基本規程20条は努力規定ではすまないものとなる。

第2の意味は，たとえ依頼者の指示であっても「恣意的要求」に唯々諾々として応えるのは，専門家としての責任を果たすことにならぬということである。弁護士自身の利益が混入しない場合でも，次のような問題がある。

まず，弁護士としての公益的役割を放棄し，依頼者の代理人としての役割性格に徹するのは，すでに前節で述べたような問題点がある。悩みを放棄するのは専門家ではない。

さらに，公益性への配慮とは別に，依頼者の指示するやり方がまずい方法であって実は依頼者の利益を損なう場合にそれを指摘せず，指示されたことだから従うというのでは，やはり専門家としての責任を果たしたことにならない。

信認モデルによる分析では，独立性に関する第1の意味は忠実義務の問題，第2の意味の2つ目の点は注意義務の問題になる。いずれにせよ努力規定です

むものではなく，専門家責任の中核を占める課題である。

2 依頼者と弁護士の権限分配

依頼者の指示に唯々諾々と応ずるのではなく，弁護士は専門家として独立の判断をしなければならない。ここでも医師の場合と対比されることがある（Wendel 2004：32）。

あなたが胸の痛みを覚えて医者のもとに行く。症状を訴えて治癒を依頼する。だが，その後，いかなる検査を受けて，診断の結果，どのような治療をするかは医者に任せるほかはない。せいぜいで，それらについて説明を受けるだけである。医師が依頼者の指示通りに胸の切開をすることはあり得ない。

弁護士の場合も同様であり，依頼者の目的（胸の痛みの治癒）は依頼者が決定するが，目的を達成するための手段（検査や治療方法）は専門家が選択する。

一般に，アメリカでは，依頼者と弁護士の関係も代理の一類型であると考えられている。それはわが国でも同様である。アメリカの代理法の下では，代理すべき事柄や期間など当事者が定めればそれによって代理関係が進行するが（つまり代理法の基本は任意規定であるが），代理関係であるからにはどうしても欠かせない要素（つまり代理法のうちの強行規定的要素）が2点あるとされる（樋口 2002：227頁）。1つは，代理人に対する本人の指示権であり，いま1つは本人からこの関係をいつでも終了できる権利である。これは，当事者間で，一定の事項については本人は指示しない（代理人に任せる）とか，代理関係が一定期間（たとえば1年間）続くという取決めがあっても，無関係であって，本人は前言を翻していつでも新たな指示や関係の終了を宣言できるということである。代理関係の形成が本人のためであること，代理という制度の発生が，本人がすべて自分ですることが非効率その他の理由でできないことから代理人を用いて同じことをしようとするところから始まったことを考えれば，これらの点は異とするに足りない。

したがって，通常の代理人であれば，目的と手段の区別なく，本人は指示ができる。あるいは常に指示権があることになる。その点で，弁護士を代理人とする場合は異なることになる。医師の場合と同様に，手段については依頼者の指示ではなく独立の判断をすることが認められ，また求められているわけであ

るから。弁護士の依頼者からの独立性が強調されるのは，まさにこのような背景があると考えられる。

そこで問題となるのが，目的と手段の意義と相違である。アメリカの法曹倫理の規定では，いくつかの例を具体的に示している。

代理の目的として，依頼者の決定権に服する事項として，

①民事事件では，和解に応ずるか否か。和解の条件を含めて。

②刑事事件では，有罪を認めるか否か。陪審審理を放棄するか否か。被告人自ら黙秘権を放棄して証言台に立つか否か。

③民事・刑事ともに上訴するか否か。

④以上のような例と同視できるような重要な決定（その具体例として，抗弁の放棄や不動産の売却など）。

これに対し，訴訟や交渉における戦略的な判断は弁護士の専権事項とされる。さらに，依頼者の指示であっても，弁護士は，犯罪行為や詐欺行為の助力はできないことが注意書き的に明記されている。

3 インフォームド・コンセントと情報提供義務

手段について依頼者が指示権を放棄し，専門家たる弁護士に任せることには，依頼者にとって一定のリスクが伴う。それを補完するのが両者の間のコミュニケーションである。しかも，弁護士のほうからコミュニケーションを図る必要が生ずる。

第1に，目的に関する事項であるとして依頼者に決定権がある事項についても，実際に交渉の場でその決定を伝えるのは弁護士である。逆に，弁護士が状況を説明して，その上で依頼者が決定をするというわけであり，ここでも実は弁護士の役割は重大である。

再び，ミネソタの大動脈瘤事件における和解の姿を思い起こしてみよう。相手方から（金額の低い）和解提案があった時に，弁護士は依頼人にその情報を伝えたはずであり，和解しようという決定が下されたはずである。だが，その際，依頼人に対しても被害者である原告に大動脈瘤がある事実は知らされていなかった。これは，真の意味で依頼者が決定をしたことになるのだろうか。

インフォームド・コンセントは医師の世界ばかりではない。医師の場合では，

第3章　依頼者と弁護士

それが患者の生命にかかわるために，治療方法についてもインフォームド・コンセントが求められ，最終的な決定権者は患者であるということになっている。そして決定は，情報を得た上で，そのリスクとベネフィットを理解した上での決定でなければならない。

したがって，弁護士の場合にも，依頼者が決定すべき事項を適切に決定できるよう情報を提供し説明する義務が生ずる。

同様に，手段に関する部分でも，それは弁護士の決めることのできる範囲だからといって，何ら依頼者に説明をしなくてよいことにはならない。弁護士と依頼者の関係においても，通常の代理法と同様に，依頼者の側から弁護士の首を切る（関係を一方的に終了する）権限は認められており，その権限を必要の際には行使するためにも，弁護士がどのような判断をしているかを知ることは依頼者にとって必要である。

したがって，いずれの場面でも，弁護士には依頼者に対し適切な情報を提供し説明を行う義務がある。

依頼者からの自由と独立性は，それによってはじめて意義を有する。自由と独立には，説明責任，あるいは透明性が求められるのである。

【引用・参考文献】
加藤新太郎（2000）『弁護士役割論〔新版〕』弘文堂
加藤新太郎（2005）「弁護士職務基本規定の制定」ジュリスト1284号2頁
小林秀之（1994）「弁護士の専門家責任」別冊ＮＢＬ28号『専門家の民事責任』77頁
ピーター・ジョイ（2004）「法曹倫理と医療倫理の交錯――Spaulding v. Zimmerman 事件を例にとって」ジュリスト1277号80頁
ピーター・ジョイ（2005）「法曹と医療専門家における利益相反」樋口範雄＝土屋裕子『生命倫理と法』弘文堂，239頁
手嶋豊（2005）『医事法入門』有斐閣
日本弁護士連合会・弁護士倫理に関する委員会編（1996）『注釈弁護士倫理〔補訂版〕』有斐閣
樋口範雄（1999）『フィデュシャリー〔信認〕の時代』有斐閣
樋口範雄（2002）『アメリカ代理法』弘文堂
樋口範雄（2006a）「医療と法を考える　第1回～第3回」法学教室307号199頁，308号110頁，309号128頁。
樋口範雄（2006b）「弁護士と依頼者の関係」小島武司ほか編『法曹倫理〔第2版〕』有斐閣，53頁以下

樋口範雄（2006c）「第 55 事件　家族に対するガンの告知」宇都木伸ほか編『医事法判例百選』所収
前田春樹（2005）「弁護士倫理――弁護士職務基本規定を中心に――」日本弁護士連合会編『平成 16 年版・現代法律実務の諸問題』第一法規，811 頁

Charls Fried（1976），The Lawyer as Friend: The Moral Foundations of the Lawyer-Client Relationship, 85 Yale L.J. 1060
William Simon（1978），The Ideology of Advocay: Procedural Justice and Professional Ethics, 1978 Wis. L. Rev. 30
Richard Wasserstrom（1975），Lawyers as Professionals: Some Moral Issues, 5 Human Rights 1
W. Bradley Wendel（2004），Professional Responsibility（Aspen）.

【参考判例】
Spaulding v. Zimmerman, 116 N.W.2d 704（Minn. 1962）
People v. Belge, 372 NYS 2d 798, 376 NYS 2d 771（1975）
Kurtenbach v. TeKippe, 260 N.W.2d 53（Iowa 1977）.
Togstad v. Vesely, Otto, Miller & Keefe, 291 N.W.2d 686（Minn. 1980）
DeVaux v. American Home Assurance Company, 444 N.E.2d 355（1983）
Perez v. Kirk & Carrigan, 822 S.W.2d 261（Tex. 1991）
最 3 小判平成 14・9・24 判時 1803 号 28 頁

【樋口範雄】

第4章

守 秘 義 務

I 当事者の信頼と社会正義のはざまで

　依頼者が弁護士からよい助言と弁護を受けることができるのは，弁護士に秘密を守る権利と義務があるからではないだろうか。もし，弁護士が依頼者から聞き知った情報を他言するのであれば，依頼者は安んじて助言を求めることができないであろう。弁護士は，たとい依頼者が社会から強い非難を受ける場合であっても，依頼者に寄り添って，その秘密を聞き，助言と弁護を行うことを，職務上，当然のこととされている。

　他方，弁護士は人道あるいは正義に反する反社会的な行為には荷担してはならない。

　言い換えれば，弁護士は依頼者に対する誠実な弁護と社会正義の実現という2つの要請に応えてその職務を行うものとされている。しかし，ともすると世間は，弁護士の活動を胡散臭い，正義に反する行為に与するものとみることがある。

　さしあたり，次の例で具体的な場面を思い浮かべてみたい。

> 　弁護士Aが，弁護人となろうとする者という資格で，覚せい剤取締法違反被疑事件で勾留中の被疑者Bと接見したところ，被疑者Bから「覚せい剤はまったく身に覚えがないが，少女Cの殺害は自分がやった。内密にしてほしい」と告白された。少女C殺害事件は，悲惨な事件として社会的耳目を集めながら，当時は，未解決で捜査が続けられていた。弁護士Aは，耳を疑ったが，Bの話しの一部について，裏づけ調査をしたところ，Bのいったとおりの場所で被害者の遺留品と思われる名前入りのランドセルと眼鏡を発見し，Bの打ち明けた内容に誤りはないと確信した。

弁護士Aは，Bの殺人事件に関する告白を聞いた後も，Bのために最善の弁護を行うことが求められている。Bが殺人事件について告白したのは，弁護士AとBとが，そのような信認関係にあることを示している。BはAが弁護士であるから殺人事件を告白したのである。したがってAがBの信頼を損なう態度をとることは適切とはいえない。Bが殺人事件について，捜査官に対して，事実を語らない態度をとるのであれば，弁護士の正義感がどのようなものであれ，Bの対応を尊重するべきであろう。

　これに反し，Bの考えを無視して，弁護士Aが殺人事件を口外することは守秘義務に違反する[1]。もとより，弁護士Aは，Bから助言を求められれば，Bの最善の利益を図る立場から，殺人事件について自首を勧める場合もあろう。しかし，Bの意思に反して，強引にBに自首を促すのでは，弁護士として依頼者の信頼を損なうことにもなろう。

> Bが殺人事件について沈黙し，弁護士Aもこれに触れずに，日時が経過し，捜査は難航したが，その後，Cに対する殺害事件の容疑者としてBの名が浮かんだ。A弁護士が友人の新聞記者DからC事件についてあたりをつけられ，「知っているなら黙っていてよいのか」と迫られた。弁護士Aは，沈黙して答えなかった。

　今日では，通常，弁護士などの専門的職業人に限らず，職務上，託された他人の秘密，すなわち，一般に知られていない事実であって，本人および一般人の立場からみて，秘匿しておきたいと考える性質をもつ事項を，委託者の意思に反して開示すべきではないと考えられている。プライバシー，営業秘密などは，一般に，法的な保護を受ける。その上，個人情報保護制度は，個人情報について行政機関のみならず，個人情報取扱い事業者について，法律上の義務を定めている。しかし，ここでは捜査の必要があるとして照会を求められたとき

---

[1] 行方不明の2人の若い女性が殺害され，遺体が放置されている事実を確認した弁護士が検察や警察，あるいは被害者の遺族に対して被害者の所在を知らない旨を答え，1年後になってはじめて法廷で被告人にその事実を語らせたという，いわゆるレークプレザント事件では，公共の利益や人間の尊厳に対する弁護士の不健全な無関心さを示す典型的な事例であると非難する世論が沸騰し，法律上，弁護人の守秘特権に関する事項とされる場合であっても，なお倫理上，被害者の家族の照会に対しては開示すべきではないかとの問題を生じ，賛否両論があったという（中村 2004：11頁以下）。また本書第 **2** 章参照。

は，回答して差し支えないとしている。

これに対し，少なくとも沿革的に，専門的職業人，それも医師，聖職者，弁護士に固有の義務として，官憲に対しても守秘義務を理由に回答を拒むことができると考えられてきた。それはなぜなのだろうか。新しい時代の弁護士も同じ特権をもつのであろうか。弁護士Aは，なぜ新聞記者に情報を開示しなかったのだろうか。その判断には，弁護士として悩みがある。

II　秘密を保持する権利と義務

1　守秘義務の根拠

「弁護士倫理」とは，弁護士のなすべき義務（Déontologie）の総体を通じて，弁護士の「あり方」を示すものである。その弁護士倫理において，依頼者から打ち明けられた秘密を守る義務は，倫理の中核といわれ，弁護士のあり方を問う試金石でもある。

弁護士は，刑事手続において，基本的人権を保障しつつ，事案の真相を明らかにして，適正な法令の適用を実現するために，資格のある弁護人として予定されている。刑事手続に限らず，適正な手続の保障と国民の法律生活の安定を図るためには弁護士の法律事務が有益である。司法制度改革推進会議の「意見書」[2]は，社会における弁護士の役割は，「国民の社会生活上の医師」たる法曹の一員として，「基本的人権を擁護し，社会正義を実現する」（弁護士法1条1項）との使命に基づき，法廷の内と外とを問わず，国民にとって「頼もしい権利の護り手」であるとともに「信頼しうる正義の担い手」として，高い質の法的サービスを提供することにある，としていた。

依頼者が弁護士に秘密を打ち明けるのはなぜだろうか。その弁護士に対する個人的な信頼もあるだろう。しかし，およそ弁護士は依頼者の秘密を他言しな

---

[2] 「意見書」は，他方で，弁護士の社会的責任（公益性）について，「基本的には，当事者主義訴訟構造の下での精力的な訴訟活動など諸種の職務活動により，『頼もしい権利の護り手』として，職業倫理を保持しつつ依頼者（国民）の正当な権利利益の実現に奉仕することを通じて実践されると考えられる。……弁護士は，社会の広範かつ多様なニーズに一層積極的かつ的確に対応するよう，自ら意識改革に取り組むとともに，その公益的な使命にふさわしい職業倫理を自覚し，自らの行動を規律すべきである」と述べている。

いという，「職業」に対する信頼があるからではないだろうか。その信頼があればこそ，依頼者は，弁護士に対して，自らの弱点をあからさまに曝け出して，適切な対応策について法的な助言を受けることができるのである。もし，この職業に対する信頼が失われると，弁護士に依頼して，必要な法的助言を求めることが困難になるであろう。

　医師の場合はどうか。医師は生命身体に直接かかわる医療行為を行う。救急患者の治療にあたる国立病院の医師が，治療の目的で尿を採取して薬物検査をしたところ，覚せい剤反応があった場合に，国家公務員として捜査機関に通報した行為（刑訴法239条2項参照）は，正当行為であって，医師の守秘義務に違反しないとして尿に関する鑑定書等の証拠能力を認めた裁判例（最決平成17・7・19刑集59巻6号600頁）がある。しかし，国家公務員の告発義務が常に医師としての守秘義務に優先するわけではないだろう。本来，医師はどのような境遇にある人に対しても等しく医療を行うことを職責としている。

　犯罪の嫌疑を受ける患者が強い伝染性の疾患に罹患していたとしよう。この患者が告発をおそれるあまり，医療を回避するとしたら，伝染病が蔓延する事態も考えられる。患者が告発を受ける懸念を抱き，受診を手控えるとすれば，公衆衛生上，憂慮され，社会公共の利益にも反するのではないだろうか。このような場合，医師にも，守秘義務と告発義務との衝突について，どちらを優先させるか，倫理上の悩みがあるはずである。

2　開示を拒否する権利とその根拠

　弁護士が秘密を保持することは，単に義務にとどまるのではなく，権利である（弁護士法23条）。弁護士職務基本規程（以下「職務基本規程」という）23条が，弁護士は，正当な理由なく，依頼者について職務上知り得た秘密を他に漏らし，または利用してはならないと定めていることなどから，弁護士の守秘義務は，依頼者またはこれに準ずる者から託された秘密に限るとする立場（限定説）がある。ここで「依頼者」とは，職務基本規程20条の「依頼者」と同義で，弁護士が受任した事件の当事者本人の意味であり，個別事件を依頼したものに限られず，顧問先，雇用主など継続的な法律事務の提供を約束している者を含むのは，当然であろう。

第4章　守秘義務

のみならず，弁護士が職務上，知り得た秘密には，依頼者またはこれに準ずる者に限られず，参考人あるいは証人予定者，情報の照会先などから取得した秘密も含まれ，これらの秘密についても，情報を開示した者の意思に反し，承諾なく開示をすれば，弁護士法上，守秘義務違反と評価されるであろう。同法は，秘密を託した者を限定せず，「職務上，知り得た秘密」としているのである。ここで「職務上」とは，同法3条に定める職務を指し，弁護士会の会議などによる場合を含まないといわれることがある（注釈弁護士倫理1996：90頁参照）が，疑問である。弁護士の秘密を保持する権利は，弁護士の職業に対する信頼の基盤であるから，同法にいう職務上知り得た秘密は，より広く解するのが妥当である。

　アメリカでは，依頼者が弁護士の法的助言を受けるについて，弁護士と依頼者との間で交わされたコミュニケーションは，証拠提出や開示手続での開示を拒否できるとされており，これを弁護士—依頼者特権という。依頼者—弁護士関係における基本原則として，依頼者の納得の上での同意なしには，依頼者の代理に関する情報を漏らしてはならないとされている。弁護士に対してまだ正式に弁護を依頼していない当事者，将来依頼者となることが予定されている者が提供した情報についても同様である（アメリカ法曹協会法律家職務模範規則〔「ABA規則」という〕1.18条）。また，かつての依頼者の情報についても漏らしてはならないとされている（同1.9条(c)(2)）。それだけではない。弁護士は，契約も報酬もなくても，自分を信頼して打ち明けた者の秘密については，これを漏らすことは許されないと考えられている（ハミルトン運転手の事例〔小島ほか編2006：54頁〕で，控訴審は，弁護士・依頼者関係の成立を認め，弁護士には守秘義務が発生すると判断したとしている。なお，樋口1999：144頁参照。）。

　EU（欧州連合）弁護士倫理法典は，「弁護士が依頼者の秘密を託され，機密の事情を知らされることは，弁護士の使命の本質に由来するものである。秘密の保障がなければ，信頼を確保することはできない」(2.3条)として，職業秘密は弁護士の根本的かつ本来的な権利および義務であることを確認している。

　フランスでは，全国弁護士評議会の弁護士職の全国的な内部規則の採択に関する2005年第003号の規範的決定（RIN）[3]において，「弁護士は依頼者に必要な打ち明け話のできる相手である。弁護士の職業上の秘密は，公序である。

それは一般的, 絶対的であって, 時間的な限定を受けないものである。」と規定している（2条1項・2項）。

そこでは, もともと, 医師, その他の医療従事者, 聖職者, 弁護士等について, 職業上の秘密を守る義務を認め, とりわけ, 身体の秘密, 出生, 病気, 死亡に関する秘密を暴露したときに職業上の秘密を漏洩したとして, 刑事罰を課していた。神父等の聖職者は信徒から告白を聴くが, 聖職者は神の奉仕者であるにすぎず, 自らは秘密の支配者ではないからその判断で秘密を開示することは許されない。これに対し, 弁護士は託された秘密の支配者であるから, 自ら判断をしなければならない局面に立たされる。今日では, 職業上の秘密一般について, その委託者である個人, 国もしくは職業団体から, 職務上あるいは臨時的な職務によって寄託された秘密の性格を有する情報を漏洩したときは, 刑事罰の対象となる。ただし, 秘密の重要性は, 職業によって同一ではない。弁護士の秘密は, 少なくとも, 銀行員のそれより, 密封されたものであると考えられており, 託された秘密を開示することが禁止されている実質的理由およびその範囲を見極めることが重要であるとされている。

このようにフランスでは, 弁護士が秘密を守る権利を有するのは, その依頼者の利益のためにとどまらず, それ以上に民主主義の自由な性格に不可欠な公序であり, 職業上の秘密は, 社会的利益に基礎づけられている。法律がそれを刑事罰に値するとしたのは, 単に個人に損害が生じたからではなく, 社会公共の利益が損なわれたからである。社会の良好な機能は, 病人が医師を, 当事者が弁護人を, 信徒が聴罪師を求めるのに対し, 医師も, 弁護士も, 神父も, もし打ち明けられた秘密が侵害されない秘密として保障されないなら, その職務

---

3) フランスの全国弁護士評議会の 1999 年 3 月の調和内部規則 (RIH)（日弁連法務研究財団編 2002)）では,「弁護士の職業秘密は, 公序に属する。……その依頼人によってであれ, いかなる当局によってであれ, さらに何人によってであれ, その秘密を免除されることはできない」(同書 132 頁) と規定していた。これに対し, 2005 年 7 月 12 日の倫理規則に関するデクレに基づく 2005 年第 003 号決定 (RIN) では, 2 条 3 項で「あらゆる裁判所において自己を弁護する厳しい要請のある場合, 及び法律によって規定され又は許可された言明もしくは暴露の場合を除いては, 弁護士は, あらゆる事項について, 職業上の秘密に違反するいかなる漏洩も犯してはならない」と規定した。規定ぶりからみると, RIH はもとより, この規定に先立つ 2004 年第 001 号の規範的決定 (RIU) よりも, 弁護士の守秘義務の一般的性格が明らかに後退したように思われる。

第4章 守秘義務

を果たすことができないと考えられており，それゆえ弁護士の職業上の秘密は，自由な社会と国法のよりどころの1つであるとされてきたのである。

3 職業の秘密と真実の発見

秘密を守る権利は，証言拒絶，押収拒絶の権利としても認められている。弁護士は，裁判の公正および適正手続の実現に努める（職務基本規程74条）職責を負うが，同時に，この要請を犠牲にしても，刑事手続においては，証言拒絶権（刑訴法149条）および押収拒絶権（同105条）を有し，民事の訴訟手続においても証言拒絶権（民訴法197条）を有する。

すなわち，証言拒絶権の制度は，公正な裁判の実現を犠牲としても職業の遂行を確保することをしなければならないことを前提としている。そこで，「（証言拒絶権の行使が問題となる）職業の秘密とは，その事項が公開されると，当該職業に深刻な影響を与え，以後その遂行が困難になるものをいう」とされている（最決平成12・3・10民集54巻3号1073頁）。言い換えれば，訴訟法は，真実の発見を犠牲にしても，職業に対する深刻な影響と職業の遂行に社会的な価値があることを認めているのである。

したがって，弁護士は，守秘義務と，司法の公正，真実発見に協力すべき義務との衝突の中にあって，自らの専門的職業人としての良心に従って権利の行使を決定しなければならない場面に遭遇することがある。

未解決の殺人事件の被害者の両親の立場を考えてみよう。ここでは，法廷における証言を求める場面ではないが，守秘義務を盾に何も言えないという弁護士は，まともな人間の顔をもっていないと非難を浴びるであろう。世論も弁護士の言い分を理解できないかもしれない。

しかし，弁護士が，接見の結果，知り得た秘密情報を被疑者の承諾なしに開示すれば，依頼者の弁護を受ける権利はどうなるのか。「秘密交通権」——弁護人または弁護人となろうとする者は，勾留された被疑者・被告人と立会人なく接見をすることができる——を自ら破壊することにもなりかねない。

接見において秘密を打ち明けられた弁護士は，秘密を開示する前に，まず，自ら事実を調査すべきであろう。

弁護士が調査の結果，被疑者の犯罪行為について，確信を抱いた場合にどの

ような行動をとるべきであろうか。弁護士は、受任すれば、刑事事件の弁護人として最善の弁護活動を行う義務がある（職務基本規程46条）。それでは、依頼者の利益を図るために何をどのように行うか。それは、その弁護士の専門的職業人としての裁量に委ねられている。依頼者から受けた信認に背いてはならない。弁護士は依頼者の意思を尊重すべきである（職務基本規程22条）。受任前に弁護人となろうとする者（刑訴法39条）として接見した弁護士であっても、同様である。依頼者の利益を的確に把握しなければ最善の弁護活動とはいえないであろう。「依頼者の利益」は何であろうか。依頼者にとって目先の利益だけが唯一の利益ではない。時には依頼者が弁護人の助言（意見）に反対する場合であってさえも、それが依頼者の利益に適うゆえんを述べて説得するほうが適切な場合さえもある。

　この段階で自首をすることが被疑者Bにとって利益になるとの考え方に基づく法的な助言は、弁護士でなければ誰がそのような助言をなし得るであろうか。弁護士が「説得に応じなければ受任できない」というのは窮極の説得の手法であろう。

　私選事件では、有効な弁護活動を行うためには、基本的な弁護方針について被疑者・被告人と一致することが、極めて重要であり、国選事件においても同様である。冒頭の事例で、被疑者Bが覚せい剤取締法違反事件の接見の機会に少女C殺害事件についてまで打ち明けたのは、弁護士Aを信頼してのことであろう。弁護士Aとしては、被疑者Bのために何が最善の利益を図ることになるかを慎重に検討し、誠実に対応すべきであろう。

　また、弁護士Aがその後、新聞記者の取材に対し、接見において知り得た秘密を開示しなかったことについては、一般社会の常識とは反するとして非難を浴びるかもしれない。しかし、弁護人の職務は、最善の弁護をなすことにある。秘密を開示すれば、弁護活動にどのような影響を与えることになるかを慎重に見定めなければならない。

4　秘密の取扱いと本人の承諾

　弁護士が、弁護、交渉、契約書の起案、相談などの活動の場面で、十分にその役割を果たすためには、完全に情報、その多くは秘密の提供を受けて、依頼

者が抱えている問題に関するあらゆる事実を把握することが必要である。情報が先か，基本的な弁護方針の策定が先か。とにかく，弁護士は，受任の前後を通じ，依頼者との間に信頼関係を築き，依頼者との間で少なくとも，基本的な弁護方針で一致しなければ，依頼者も腹を割った相談をしないであろうし，弁護士も依頼者のために良い仕事ができないだろう。与えられた情報の中から，弁護士は，開示することが有益な事実を引き出す。それは弁護士にとっては，いわば材料を選択する作業手順である。有効な法律構成，法的性質決定のために重要な事実が何かを見分ける。役に立たない材料は使用しない。依頼者は，そのような弁護士の技量に信頼して，開示することを，納得して同意するか，あるいは暗黙のうちに認めて，すべての情報を提供するのである。

　弁護士は専門的な職業人として，依頼者あるいは被告人・被疑者にとって，一見すると，不利益な情報であって，一般にはまだ知られていない事実について，良い仕事（最善の弁護活動）をするためには，それを開示することが有益であると判断した場合に，必要に応じ，明示的あるいは暗黙のうちに，本人の承諾を得て開示するのではないか。言い換えれば，本人が何らかの事情で開示を渋るおそれがあると感じたときは，その理由を質し，場合によっては，本人の事実上，法律上の主張，立証にとって有益であることを説得し，本人に翻意を求め，承諾を得て開示するか，あるいは本人の事情を理解して，開示を断念することになるのだろう。こうして一般に秘密を託した本人が承諾すれば，弁護士は秘密を開示することができるとされている[4]。

　ただし，承諾を得て，本人のために利益であると判断して開示した場合であっても，承諾するについて納得できる十分な説明を怠ると，後になって，開示自体，守秘義務に反するとして問題にされかねない。慎重さを要するところである。

　これに対し，本人に断りなしに秘密を開示したり，あるいは本人に承諾を求めたが，本人の承諾を得られなかったときは，本人の意思に反して秘密を開示することは，許されないと考えられている。冒頭の設例のような事案でも，被

---

[4]　アメリカでは，秘密の開示が許される場合として，他の場合に先立って，第1に，依頼者がインフォームド・コンセントを与えた場合，第2に，代理を遂行するために開示が黙示的に認められる場合を挙げている（ABA規則1.6条(a)）。

疑者の承諾がなければ，取材に対し，回答するべきではない。本人が，弁護士に事実を打ち明けるのは，弁護士はその中から本人にとって利益になる情報を選択して使用すると考えるからであり，弁護士は，少なくとも本人の利益にならない行動をとらないと信頼されているからである。弁護士はこの信頼を裏切ることはできない。

　それでは秘密を託した者が承諾さえすれば，弁護士は常に守秘義務から解放されるのであろうか。手放しで解放されると考えてよいか，疑問もある[5]。秘密を託した者が死亡しときはどうか。承諾をする能力を失ったときはどうだろうか。法制によっては，本人の同意にかかわらず，守秘義務を免れるかどうか，弁護士自身が慎重に検討すべきものとされている。秘密の支配者とはそのようなことを指すのであろう。

　冒頭の事例で，弁護士Ａが覚せい罪事件を受任したときは，裁判上，裁判外の手続において，弁護人として，本人が打ち明けた事実を踏まえて，受任した事件について，本人と綿密な打ち合わせの上，本人のために事実上，法律上の主張を構成し，主張，立証活動を行う。弁護士は，他の事件の際に知ったことを，別の事件に不用意に利用すべきではない。

　以上のほか，秘密の取扱いにおいても，弁護士は繊細な配慮を要する。秘密の通信は，手紙，電話，ファックス，最近では電子メールによることが増加している。ファックスによる送信の場合には，本人以外の者の目にふれないように送信先，送信の時間帯などに注意すべきである。電子メールによる送信の場合にも，そのアドレスが本人の専用であるか否かを確認する慎重さが求められる。

　また，弁護士は依頼者等の関係者との通信の秘密について，場合により，盗聴のおそれも危惧しつつ，十分な対策を講ずる必要がある。私人であれ，警察であれ，電話の盗聴はそれが弁護士に関する場合に職業上の秘密にかかるだけ

---

[5] 弁護人として逮捕勾留中の被疑者と接見した弁護人（起訴後に辞任）が，公判で犯行を否認し無罪を主張している強姦被告事件の公判期日に証人として出頭し，被告人は接見した際に犯行を認めており，自分もその自供は真実であるとの心証を得た旨を証言した件について，弁護士会は懲戒処分をした。この事案では，検察官および弁護人の双方から証人申請された上，証言について弁護人から異議が出された形跡もなかったという（判タ802号233頁）。

ではなく，何人にとっても，私生活および個人の自由に対する侵害である。通信の秘密の保護は，技術の進歩とともに現れたあらゆる態様の通信手段にも拡張されるべきである。

弁護人と被疑者・被告人との接見については立会人がない。これに対し，被収容者と弁護人との間で授受される信書を拘置所職員が開披閲読することについて，判例は，憲法 34 条に違反しないとしている（最判平成 15・9・5 判時 1850 号 61 頁など）。しかし，外国の法制によっては，弁護士が法律事務所の所在地を明示した封筒による手紙は，刑事施設の管理統制から免れるとするものがあり，制度のあり方については検討を要するところである。

5 義務違反に対する制裁
（1） 守るべき秘密の範囲

弁護士の守るべき秘密は，依頼者について職務上知り得た秘密（職務基本規程 23 条・56 条・62 条）に限られない。

たとえば，弁護士は，事件処理にあたって，職務上，依頼者のみならず第三者の秘密やプライバシーに関する情報を漏らさないために，事件記録の保管または廃棄をするに際して注意しなければならない（職務基本規程 18 条）し，事務職員，司法修習生その他自らの職務に関与させた者が，その業務に関して知り得た秘密を漏らし，もしくは利用することのないように指導監督をしなければならない（同 19 条）。そのほか，信義誠実義務（同 5 条），刑事弁護の心構え（同 46 条）なども，秘密の範囲を考える手がかりになる。

このように，弁護士の守るべき秘密は，主として，依頼者の秘密，および依頼者の託した秘密であるが，これらに限られるわけではない。

（2） 守秘義務違反の責任

第 1 に，民事責任については，弁護士が，依頼を受け，受任した場合には，当事者から打ち明けられた秘密については，委任契約上，明示された約定による場合はもとより，委任の本旨に従い，忠実義務，善管注意義務のコロラリーとして守秘義務を負う場合も少なくない。委任契約に違反して秘密を漏洩すれば，契約上の責任を負う。また契約が存在しない場合であっても，秘密を漏洩すれば，不法行為として損害賠償責任を負う場合がある。

第2に，刑事責任については，弁護士または弁護士の職にあった者が，正当な理由がないのに，その業務上取り扱ったことについて知り得た人の秘密を漏らしたときは，秘密漏示罪に該当する（刑法134条）とされている。ここでも依頼者またはこれに準ずる者に託された秘密に限っていない。ただし，日本では個人的な法益に関する罪とされ，親告罪であるが，親告罪としない法制もある。フランスでは，職業上の秘密については，信頼を尊重するという枠組みの下で，沈黙する義務の違反に対し刑事罰を課すことによって，私的な利益を擁護しているが，職業に対する社会的な信頼を守ることに目的があるとされている。

　ここで正当な理由とはどのような場合であろうか。弁護士の守秘義務が，もっぱら依頼者あるいは弁護士を信認する当事者を保護するための義務であるとすれば，本来，保護に当たらない秘密を開示することには正当な理由があるといえそうである。しかし，伝統的な職業倫理を守る立場からは，他人を害する秘密，社会公共の利益に反する秘密，公序良俗に反する秘密などを，保護するにあたらない秘密として，単純に守秘義務の免除を認める結論を導くことには疑問がある。

　第3に，弁護士法に違反して，職務上，知り得た秘密を漏洩すれば，懲戒責任の対象となり得る（弁護士法56条1項）。フランスのように弁護士であった者に対しても懲戒責任の対象とする法制もあるが，日本では元弁護士に対して懲戒責任を追及することは考えられていない。元弁護士に対して，弁護士登録抹消後も，懲戒責任を追及するのは，職業に対する信頼を確保するためには，それが必要であると考えられているのであろう。

Ⅲ　刑事手続と守秘義務

1　開示証拠（捜査情報）の取扱い

　検察官は，従来，弁護人の証拠開示の申出に対し，証拠開示による弊害として，第三者の名誉やプライバシーの侵害，さらには罪証隠滅，証人威迫を誘引するおそれなどを挙げて消極的な態度をとってきた。ところが刑事訴訟法の改正によって，検察官から開示される証拠の範囲が拡大したことに伴い，証拠開

示による弊害の発生を防止するために，弁護人に，証拠等を適正に管理し，その保管をみだりに他人に委ねてはならないとする義務が定められた（刑訴法281条の3）。

これを受けて，弁護士会は，職務基本規程18条を補完・補充するため，「開示証拠の複製等の交付等に関する規程」（「開示証拠取扱規定」という）（日弁連2006年3月3日総会で議決）を定め，開示された証拠の複製を被告人に交付する場合と，被告人以外の者に対する交付等に分けて，注意義務を具体的に規定した。

弁護人は，被告事件の審理の準備等法律が定めた目的以外に開示証拠を使用してはならない（刑訴法281条の4）とされているが，その複製等の交付について，次のとおり注意すべきものとされている。

被告事件の審理の準備のために検察官から閲覧または謄写の機会を与えられた証拠の複製等を被告人に交付し，または提示し，あるいはファックス，インターネットなどの方法で提供する場合には，当該証拠等に含まれる秘密およびプライバシーに関する情報の取扱いに配慮し，注意しなければならない。また，弁護人は，被告人に対し，開示証拠の複製等の取扱いについて，厳しい規制があり，これに違反するときは刑事罰に処せられること（刑法281条の5）を十分に説明しなければならない（開示証拠取扱規程2条・3条）としている。

弁護人が被告人以外の者，たとえば鑑定を求める場合その予定者，あるいは証人予定者に交付，提示，提供をする場合は，どうだろうか。そのような場合には，秘密およびプライバシーに関する情報を伝達しないように注意するとともに，用済み後においても，その回収，廃棄等に必要かつ十分な適切な措置を講じなければならない（同4条）としている。

2　捜査報道と法曹の義務

法律家は，関係当事者，利害関係人との関係だけではなく，裁判の公正さとの関係でも，一定の慎重さが求められている。

裁判官，検察官，弁護士は，法曹として，ともに，公平な裁判と真相の発見，基本的な人権の保障に努めるべき職務上の義務を負っている。裁判官と検察官は，国家公務員として職務上知り得た事実について，秘密を守る義務を負う

(国家公務員法100条)。裁判官および検察官に対する秘密の委託者は，主権者である国民，あるいは社会，公共であるが，同時に，当該事件の関係当事者，利害関係人を予定している（民訴法91条・92条，人事訴訟法22条，刑訴法47条)。裁判所法75条が，評議の秘密について特に規定を置いたのは，適正妥当な判断に到達する過程としての自由闊達な合議を確保するとともに，司法に対する信頼を維持するためである（なお，裁判所法49条参照)。

　アメリカでは，法曹の守秘義務をABA規則に次のように定めている。「法律家は，合理的な人ならば報道機関によって流布され，かつ判決手続を著しく損なう相当な可能性があることを自己が知っているかまたは知っていると合理的に認められる場合には，裁判手続外での発表をしてはならない」（同規則3.6条)。

　その注釈は，裁判の公正と表現の自由のバランスを図ることは困難であり，陪審による裁判を考慮すれば明らかなように，公正な裁判を確保するには一定の情報を遮断すべきことは当然であるとしつつ，他方，市民は重大な犯罪の再発防止などに強い利害関係を有するから，社会的な耳目を集めている事件に関する裁判報道には重要な意義があることを認めている。たとえば，凶器を所持して逃亡中の重大な犯罪人に関する情報を捜査当局が臨機に発表することは，許される。しかし，真相が公判を通じて解明されるべき事実をリークして世論を操縦するようなことがあれば，法律家が自ら裁判の公正を害することになるというのである。

　したがって，検察官は，自ら上記義務を守るだけではなく，「検察官以外の捜査担当者等に対し，法廷外の発表をすることを防止するように適切な監督を行うこととされている」（ABA規則3.8条)。

　フランスでも，世論の中に有罪の推定を惹き起こさせないため，司法官の沈黙は完全であるべきであり，検察庁，警察も同様である。検察官には，簡単なコミュニケを発することが認められるだけで，法律によって，公開の法廷で朗読されるまで，刑事手続上の文書を公開することが禁止されている。しかし，この義務は，被告人には課されていない。被告人は無罪と推定されるから無実を叫ぶ権利を有し，自らを弁護するため，権力に対し，世論に訴えることができる。弁護にとって広報活動は弁護の手段である。弁護士は依頼者の弁護の利

益のために，その手段としてのみ，新聞，ラジオ，テレビに説明を提供することが認められてきた。もっとも，従来からいわれてきたことであるが，全国評議会の 2005 年第 003 号規範的決定（RIN）も，弁護の権利を害しない限り，弁護士は刑事事件における捜査および予審手続の秘密を尊重するものとし，弁護の必要上，その依頼者に伝達する場合を除き，記録の要約を伝達し，進行中の捜査，情報にかかる書類，証拠書類，通信文を公にしてはならないなどと定めている（RIN2 条の 2）。

　日本でも，弁護人が報道機関の取材に対応するときは，それが最善の弁護の観点から行われる場合がある。ただし，以上に述べた裁判の公正の観点と，当事者に対する守秘義務の観点を考慮しなければならない。万一，依頼者のための弁護の利益とかかわりなく，報道の関心に応じて，接見交通によって知り得た拘束中の被疑者等の現状等を開示するようなことがあるとすれば，それは論外である。

　たしかに，「捜査報道」によって被疑者・被告人に不利益な世論が形成されているような場合には，弁護人が具体的な事実を挙げて反論をすることが，最善の弁護活動とされる場合もあろう。依頼者がその名誉や利益を守るために，弁護人に積極的な秘密情報の開示を求める場合もあろう。しかし，一般に，捜査段階で，被疑者が拘束されたいわゆる身柄事件では，仮に接見時間を十分に取ったとしても，被疑者からの事情の聴取などによる弁護人の情報量は限られていること，捜査には発展的，動態的な性格があること，被疑者から秘密開示に関する承諾を受けるための説明も，万全を期しがたいことに注意すべきである。熾烈なメディアの取材攻勢から親族等の関係者を防護することは，弁護人の本来的，かつ優先的な課題であるとは思われない。したがって，弁護の観点，すなわち刑事手続を見通した被疑者の利益の観点から，メディアに対する対応は慎重さを求められる。

　それでは，どのような場合にどこまで取材に対応することが弁護士として適切かつ妥当か。このような場面では，結局のところ，「鋭敏なプロフェッションとして道徳的判断」（ABA 弁護士職務模範規則前文）に委ねられることとなる。

Ⅳ 公共的な利益——正義の実現，違法行為の是正

1 違法行為の助長の禁止，意思決定者に対する通報

　弁護士の使命は，基本的人権を擁護することにあると同時に，社会正義を実現することにあるとされており，その使命に基づき，誠実にその職務を行い，社会秩序の維持および法律制度の改善に努力しなければならないとされている（弁護士法1条）。

　そこで，弁護士が，官公署から委嘱を受け，あるいは弁護士会から指定した事項を行うなどして，法律制度の改善のために働く場面も少なくない。しかし，弁護士の主たる活動分野は，依頼者から依頼を受け，あるいは弁護人として選任された，当該事件において，依頼者の利益を擁護するために全力を尽くして弁護活動を行うことにあり（同法3条），個別事件を通じて，私人として法の実現のために働くことを職務としている。

　もとより，弁護士が，違法行為を助長したり，ましてや共犯者であってはならない。違法行為を知ったときは，依頼者の正当な利益を擁護しつつ，違法行為を是正し，避止するための方策を検討し，実施させるべきである。

　そこで法人など団体が依頼者であり，その構成員あるいは従業員などが秘密を託したときには，その内容が団体の違法行為にかかる場合，それを是正することが秘密を託した担当者等の個人的な意思と合致せず，違法行為が是正されないと見込まれるときは，団体としての意思決定をなす者に通報すべきである。この点は組織内弁護士（職務基本規程51条）であると否とによらない（同14条）。

　なお，弁護士がその組織に属する者から違法行為を知ったときに，これを上級機関等に通報することは，守秘義務に違反するものではないが，誤解されないように説明する必要があろう。

2 被害発生の防止，犯罪防止のための情報開示

　弁護士が依頼者の代理人として果たすべき責任と，司法制度の担い手としての責任，そして市民としての責任は，通常は調和している。

　しかし，場合によっては，これらの責任が相互に衝突する場合がある。アメ

リカのABA規則の前文は，責任の衝突した場合にどのような態度をとるべきかについて，「このような問題は，この規則の根底にある根本原則に従った，鋭敏な専門道徳的判断の行使により解決しなければならない」と述べている。

　ここでいう根本原則とは，帰するところ，礼儀正しさ，丁重な態度，依頼者の正当な利益を熱心に擁護し，追求するといったことである。フランスの弁護士倫理では，「弁護士職の本質的な諸原則は，あらゆる状況において弁護士の行動の指針となる。弁護士は，その職務を，（弁護士登録の際の）宣誓の文言を尊重し，尊厳，良心，独立性，廉直性，人間性をもって行使するものとする。弁護士は，そのほか，この職務の行使において，名誉，忠実，無私，友誼，廉潔，節度，礼節の諸原則を尊重するものとする。弁護士は，依頼者に対し，その能力，誠実さ，勤勉さ，慎重さを発揮するものとする」(RIN 1 条 3 項) とされている。この点は，日本の職務基本規程の前文や基本倫理と読み比べると，それぞれ味わい深いものがある。

　ABA規則は，弁護士が依頼者の秘密の開示が認められる場合として，依頼者の納得の上での同意がある場合，または代理を遂行するために黙示的に認められる場合のほかに，第1に，死亡または重大な身体の傷害の発生を防止するために，法律家がもっともであると考える場合，第2に，依頼者が他の者の財産権を侵奪する犯罪について法律家が関与している場合に，その犯罪を未然に防止する場合などを挙げ，さらに法律または裁判所の命令を遵守するために開示することが許されるとしている（同規則1.6条(b)）。

　フランスでは，犯罪を知った者の告発義務，身体に危害を与える犯罪を未然に阻止する義務と，守秘義務との間で，弁護士にはジレンマがあるとされてきたが，弁護士など守秘義務を負う者に，告発義務の免除が認められた（フランス刑法典第434条‐1条・第226‐13条）。その反面で，従来，弁護士に認められてきた特権に揺らぎがみられる。国際的に組織化された犯罪の発展に端を発し，麻薬の移動，テロリズム，さらには犯罪の手口の高度化によって，国民に一般的な不安が広まった。このような環境の中で弁護士が共犯であるとか，あるいは虚偽の証言，アリバイを組み立てると疑われるときは，弁護士の秘匿特権が後退せざるを得ない。そこで，この原則に例外を認めた上で，個人の安全と社会の安全とが拮抗する場面で，比例の原則によって例外の限界を定めている。

法律事務所を捜索する場合には，裁判官は，捜索の前にこの過激な手段が追行される目的に照らし，すなわち犯罪の証拠の収集のために，不釣合いでないか否かを判断するものとされ，かつ弁護士会長またはその代理者の立会いを要件としている。いずれにせよ，弁護士には極めて深い慎重さが義務づけられ，その依頼者が文書の廃棄を求めても，証拠隠滅の疑いを招く行為は差し控え，断固として拒否すべきであるとされている。法律事務所の捜索に発展すれば，職業全体にとって有害であるから，弁護士は自律的に，厳しい判断が求められることになろう。また，告発義務を免除して刑事罰を課さないからといって，弁護士が良心に従って依頼者を告発する可能性が否定されたわけではない。何が人格的な諸価値の中で優位にあるかを判断してことにあたるだけである。弁護士は，守秘義務を優先させて，依頼者の信頼を尊重する特権を有するが，弁護士の沈黙の結果がもたらす深刻な結果を考慮し，たとえばテロリストの攻撃，殺人の防止に必要な示唆を警察に告げることは容認されるというのである。

弁護士の守秘義務と社会公共の利益との調整について，アメリカでは法律違反にあたる場合は，開示できるとするのに対し，フランスでは，守秘義務を私生活の尊重，自由な民主社会の基盤，弁護士制度の根幹にかかると捉えて慎重に対処しており，両国の法の支配の理念の受止め方の違いがここにもあらわれているという見方もできないではない。しかし，実際の場面でどれほどの違いがあるのか，容易には見定めがたい。

3　ゲートキーパー「金融取引の門番」

弁護士が依頼者の違法行為を警察等の官公署に通報するのであれば，違法行為の疑いをかけられた依頼者は，弁護士から的確な法的助言を受ける機会を得ることができないことになりかねない。弁護士は，依頼者に違法行為の疑いを抱いたとしても，官公署に通報すべき義務を負わない。

ところが，1980年以降，麻薬取引，人身売買，その他の深刻な組織犯罪によって，アングラマネー（裏金）の洗浄（税務申告をしない裏経済，マネーロンダリング）に対する国際的な取り組みが促進され，弁護士など専門職に対しても，通報義務を課す動きがある。

1989年の先進国首脳会議G7のイニシアティブによって政府間機関としてF

第4章 守秘義務

ATF（金融活動作業部会）が設置され，まず「金融取引の門番」として金融機関に厳格な規制が実施された。ついで，1996年に修正されたFATFの綱領は，資金洗浄の前提犯罪を拡大し，金融機関以外に，弁護士・会計士などの専門職に対して規制を拡大した。2000年12月の国際組織犯罪条約（「パレルモ条約」という）によれば，疑わしい取引の報告を金融部門以外に拡大し，「金融情報機関」に通報した事実を依頼者に教えることを禁止している（内報の禁止）。ただし，その後のFATFの検討によると，「弁護士が　依頼者に違法な活動を思いとどまらせようと努める場合には，このことは禁止される内報にあたらない」（新40の勧告2003年改訂〔解釈ノート勧告14〕），「各国は，自主規制団体が，金融情報機関との間に適切な協力関係がある場合には，弁護士等が，自主規制団体に対して，疑わしい取引の届出を行うことを認めてよい」（解釈ノート勧告16）とするなど，弁護士等の基本的な性格を尊重する観点から検討が加えられている。

　EUは，専門職の基本的な性格を考慮して，弁護士等の専門職の報告義務に関する国内法制については加盟国の裁量に委ねた。フランスでは，弁護士を含む一定の法律職について，一定の取引等に関する通告義務を認めたが，法律相談については，それがマネーロンダリングの目的を告げられていたか否か，依頼者がマネーロンダリングの目的で法律的助言を得ようとしたことを知っていたか否かなどにより広範な例外を認めた。さらに，弁護士については，届出先を所属弁護士会の会長とし，弁護士会長がマネーロンダリングの疑いが存すると考える場合に限り，経済省に設置された非合法な資金流通に関する情報および対策の処理を調整する部局（その略称を"TRACFIN"という）に対し，一定の期間内に，一定の様式で届出を回付することとし，この部局が麻薬取引等一定の犯罪事実を明らかにする情報が収集された場合に検察官に報告して判断を仰ぐこととしており，弁護士会の自律性ならびに弁護士の職務の性格との微妙なバランスを図っている（法律職の身分を改革する2004年2月11日法律第130号による通貨財政法の改正による562条-1・562条-2-1・562条-4）。しかし，フランス全国弁護士評議会では，EUの指針をめぐって，なお議論が続いている。

　日本では，この間に，麻薬特例法，組織犯罪対策法などでは，なお不十分であるとして，弁護士を含む法律・会計等の専門家についても，金融機関や不動

産業者，宝石商等と同様に，①依頼者の身元確認義務，②取引記録の保存義務のほか，③疑わしい取引を警察庁に報告する義務を定めた「犯罪収益の移転防止等に関する法律案」が検討された。しかしこの法律案は，弁護士会が，弁護士に警察に対する密告義務を課すことは，弁護士に対する信頼を覆し，弁護士制度の存在意義が危うくされるとして強く反対したために，見直された。ただし，弁護士会は，弁護士が犯罪収益の移転防止等に関する職務の適正を確保するため，弁護士職務基本規程の特別規定として，新たに「依頼者の身元確認及び記録保存等に関する規程」を定めた（日弁連2007年3月1日総会で議決）。

V 守秘義務の限界を決めるもの

　本章では，職務上の秘密をめぐって，弁護士としてどのように行動することが期待されているのか，法曹，特に弁護士の「あり方」を考えた。
　弁護士は，自分を信頼して秘密を打ち明けた人を告発しない。そしてそれが許されなければ，弁護士の職務は成り立たない。したがって，弁護士は，弁護人あるいは弁護人となろうとする者として被疑者・被告人からどのような事実を打ち明けられようとも，代理人あるいは信認を受けた職業人として依頼者およびこれに準ずる者から違法行為を知らされようとも，守秘義務を負う。これをもって弁護士が違法行為に荷担するというのは，適切ではない。
　しかし，例外的には，弁護士が守秘義務を免れる場合がある。
　弁護士法は，「法律に別段の定め」がある場合は，秘密を保持する権利を有し，義務を負わない（同法23条）としており，弁護士職務基本規程は，「正当な理由」なく，秘密を他に漏らし，または利用してはならないとしている（同規程23条・56条）。
　法律（民訴法197条2項，刑訴法149条但書等）によって，本人の承諾などにより，証言拒絶権を有しないとされる場合には，秘密を保持する権利はなく，また守秘義務を負わない。法律上，本人の承諾なしに秘密保持の権利を失い，守秘義務を免除する事由が規定された場合には，倫理の場面では，深刻な問題が生じるおそれがある。弁護士のあり方としては，弁護士が秘密を保持する権利を放棄し，守秘義務を免れることが許されるのは，そうしなければ，弁護士の

基本倫理に照らし，著しく品位を害すると考えられる場合に限られるのである。

　第1に，たとえば，弁護士の助言と説得に，依頼者が応じず，人の生命身体に対する危害の発生が差し迫っている場合，このような場合には，被害の発生防止，犯罪防止のために秘密の開示が不可欠である。

　依頼者が他人に財産上，重大な損害をもたらす行為を行おうとするについて，助言する立場にある弁護士は，それを防止するために，秘密の開示が正当化される場合がある。

　また，その犯罪の重大性，被害の深刻さ，弁護士の関与の状況等，具体的な事情によっては，弁護士がすでに被害が発生した犯罪を解決し，被害を軽減するなどのため，秘密の開示が正当化される場合がある。

　第2に，弁護士が自らの立場を擁護する場合である。依頼を受けた事件に関し，弁護士自身が，民事，刑事，懲戒手続上の責任を追及されたとき，あるいは弁護士会の紛議調停手続が係属するときは，自らの名誉を守り，真相を明らかにするため，必要な限度内で，依頼者の秘密を開示することが認められる。この点は，アメリカでも（ABA規則1.6条(b)），フランスでも，自らを弁護する必要は，守秘義務に優越するとされている。弁護士の基本的性格は自由かつ独立にあるといわれ，依頼者からの独立の観点は重要である。しかし，弁護士が，およそ自らの立場を擁護するために依頼者の秘密を暴露しなければならないような局面に立つのは，極めて例外的な場合である。弁護士は，依頼者との間の信頼が破綻し，依頼者の秘密を開示して自らの立場を擁護する場面に陥ることないように努力しなければならない。

　弁護士は，弁護士法または弁護士会の会則に違反し，弁護士会の秩序または信用を害し，その他職務の内外を問わず，その品位を失うような非行があったときは，懲戒を受けるとされている（弁護士法56条）。ここで，弁護士会の信用とは，帰するところ，職業としての弁護士の信用というべきであろう。

　懲戒を行うのは弁護士会であり，弁護士の品位の保持などのために，指導，監督等にあたるのも弁護士会である（弁護士法31条）。その上，「品位を失うべき非行」にあたるかどうかという判断は，弁護士会の合理的な裁量に委ねられている（最判平成18・9・14判タ1225号166頁）。

　したがって，弁護士の守秘義務違反は——正当な理由と認められるかどうか

も――，弁護士会の判断によって決せられる。それは，弁護士の職務の厳しさと倫理をもっともよく知りうる立場にあるのは，職業団体としての「弁護士会」をおいてほかにないからである。弁護士会は，職業の基盤である信頼を確保し，守秘義務が，日本においても「公序」と認められるため，懲戒権限を適切に行使することが期待されている。

【引用・参考文献】

朝日純一ほか編著（1986）『弁護士倫理の比較法的研究』〔法政大学現代法研究所叢書7〕法政大学現代法研究所

鴨良弼（1985）『刑事訴訟法の基本理念』九州大学出版会

小島武司ほか編（2006）『法曹倫理〔第2版〕』有斐閣

塚原英治ほか編著（2006）『プロブレムブック法曹の倫理と責任（上）〔補訂版〕』現代人文社

中村治朗（2004）「弁護士倫理のあれこれ（上）」判例時報1149号

日本弁護士連合会・弁護士倫理に関する委員会編（1996）『注釈弁護士倫理〔補訂版〕』有斐閣

樋口範雄（1999）『フィデュシャリー〔信認〕の時代』有斐閣

日弁連法務研究財団編（2002）「フランス弁護士会調和内部規則（R.I.H.）を定める規範的決定第1999‐001号」法と実務2所収128頁以下。

藤倉皓一郎監修・日弁連編訳（2006）『〔完全対訳〕ＡＢＡ法律家職務模範規則』第一法規

Jacques Hamelin et André Damien (1995), Les Règles de la Profession d'Avocat 8e édition (Dalloz)

Raymond Martin (1995), Déontologie de l'Avocat (Litec)

Décision à caractère normatif n° 2005-003 portant adoption du règlement intérieur national (RIN) de la profession d'avocat

【更田義彦】

第5章
利益相反

I 「利益相反」をなぜ学ぶか

　戦後弁護士界最高の知性・大野正男弁護士は名著「職業史としての弁護士および弁護士団体の歴史」（大野1970：1頁）において，「弁護士という職業を自由と人権の戦士として画くこともできれば，反対に，他人の紛争によって利益する寄生虫的存在として画くことも――不幸にしてルオーやドーミエの絵が暗示するように――可能であろう。確かに，いずれの時代においても，さまざまな顔をもった弁護士が存在した。否，一人の弁護士においてさえ，さまざまな顔は同時に存在しえたのである。」と指摘している。

　たしかに，弁護士という職業は紛争を取り扱う職業であり，他人の紛争を生活の糧にしている面をもつ。わが国では，従来他人の紛争に介入してこれを喰いものにする寄生虫的な存在を，「事件屋」「非弁」あるいは「三百代言」と呼んで危険視し，嫌悪してきた。事件屋に倫理，節操はない。事件屋は，紛争なきところに紛争を誘発し，無差別に事件に介入し，平気で依頼者を欺し，裏切り，敵に走って，利をむさぼる。

　弁護士が高い職業倫理と厳格な職務規範を堅持し，取り扱ってよい事件と取り扱ってはいけない事件を慎重に選択しない限り，弁護士という職業は国民からこのような寄生虫的存在と同視される危険性をもつことを，大野弁護士の言葉は示唆しているのである。

　しかしながら，弁護士は断じて事件屋ではないし，事件屋的であってもならない。弁護士は，紛争を解決して権利を擁護する存在であって，紛争により利益するだけの寄生虫的存在ではない。利益相反行為の禁止原則の存在こそは，まさにそのことを示す大いなる徴表である。利益相反行為禁止のよってくる根

本は，一言にしていえば，依頼者の弁護士（職）に対する信頼を裏切らないということである。利益相反行為の禁止に該当するか否かの問題は，弁護士倫理の中核である誠実義務，守秘義務に深くかかわる最重要の論点であり，弁護士が日常業務においてしばしば遭遇する極めて実践的な問題点である。弁護士を志す者としては，利益相反問題について十分に理解しておく必要がある。それゆえ，利益相反を学ぶのである。

II　利益相反とは

利益相反とは，利害相反ともいわれるように当事者間の利益が反すること，利害が対立することをいう。誰と誰との利益が反することか。基本的には依頼者と別の依頼者の利益が反することをいう（ここで依頼者とは，委任成立前の依頼希望者を含む）。しかし，ここで注意しなければならないことは，依頼者同士の利害対立のようにみえる場合でも，程度の強弱は別として，かなりの場合弁護士自身の利害も関係することがあるという点である。どちらの依頼者をとるかで報酬等の経済的問題が影響したり，経済的問題でないとしても弁護士としての社会的評価や人間関係に影響することがある。わが国における利益相反行為の問題は，これまで主として依頼者と別の依頼者の利害関係を中心に論じられてきたことは事実であるが，弁護士と依頼者との利害関係についても常に頭に置いて考える必要がある。

弁護士法は25条に「職務を行い得ない事件」という規定を置いて，利益相反行為を原則的に禁じている。これを受けて弁護士職務基本規程は27条に同文の規定（弁護士法人関係は63条以下。なお，弁護士法人および共同事務所関係の利益相反問題は次章に譲る）を置き，さらに，28条にその他の利益相反行為を規定している。これらの規定が置かれた趣旨が，①当事者の利益の保証，②弁護士の職務執行の公正の確保，③弁護士の品位の保持にあることは，以上の指摘からして当然のことである。

III 利益相反行為の類型

　利益相反行為の問題は，当事者や事件の異同，当事者の承諾の有無，紛争の状況等により，その可否を論じなければならず，極めて実践的でしかも判断に迷う要素の多い困難な問題であるから，実務経験のない者にとってはなかなか具体的イメージがつかみにくい。しかし，弁護士実務に就いた途端，あからさまな形でか，ついうっかりとしてしまってか，あるいはまったく気づかぬうちにか，様々な形で利益相反の立場に立たされることがあるのである。

　これまでおそらくどの教科書でも論じられていなかったと思うが，筆者の弁護士実務と弁護士会における綱紀委員の経験から，利益相反行為は次の4つの類型に分類して整理するとわかりやすいように思われる。ただし，実際の事案では，これら類型のいくつかにまたがって問題となるものもあり，利益相反を常に1つの類型に限定して論ずれば足りるというわけではないことに十分留意する必要がある。

　まず概括的に利益相反行為の態様と論点を一望し，その後に各類型における論点について，筆者の見解を述べる。

1　双方代理型

　利益相反の基本形態であり，典型である。

　弁護士法（以下「法」）25条と弁護士職務基本規程（以下「規程」）27条の各1号「相手方の協議を受けて賛助し，又はその依頼を承諾した事件」および各2号「相手方の協議を受けた事件で，その協議の程度及び方法が信頼関係に基づくと認められるもの」がこれに該当する。

　要するに，一方当事者の相談を受けて肩入れしたのに，後にその事件について相手の味方をする形態である。先の当事者にすれば，信頼したのに裏切られたと思うのが当然である。本類型は，対立する双方から代理を引き受ける双方代理そのものの形態から，双方代理にまでは至らないが同一事件の対立する当事者双方から相談，協議等の仕事を受けて関与する点において，実質的に双方代理と同様の形態のものを含む（したがって，ネーミングにかかわらず，関与の形

態が「代理」に限定されるわけではない。この点，以下の他の類型においても同じ)。

　この類型の特徴は，法および規程により絶対的に禁止されており，仮に当事者双方の同意があっても許されず，後の依頼者の仕事をすれば懲戒事由となる点である。

　この類型に関連する論点は，「封じ込め」の問題，即決和解，公正証書等の作成における代理人選任権の事前委任，登記申請における双方代理，遺言執行者，そして契約交渉，契約書作成，紛争の調停等におけるいわゆる「調整型」業務活動の問題等である。

2　利害内包型（複数代理型）

　対立が潜在したままか顕在化しているかは別として，客観的に法的な利害対立関係が存在する複数当事者から代理その他の依頼を，一括して引き受ける場合である。

　規程28条3号に「依頼者の利益と他の依頼者の利益が相反する事件」と規定されているものであり，弁護士倫理〔規定〕（以下「旧倫理」）26条2号で「受任している事件と利害相反する事件」と規定されていたものである（これらの規定の文言からすれば，上記「双方代理型」が本来その典型であるが，法および規程は上記のとおりこれを独立して規制しているから，ここでは双方代理型を除くその余の利害相反が問題となる。28条本文も「前条に規定するもののほか」としてこの点を明らかにしている）。

　この類型は問題が多く，利益相反行為の議論の中心である。旧倫理26条では，利害対立が「潜在している」時はそもそも利害相反に該当せず受任可能，利害対立が「顕在化している」時は絶対的に禁止と解されていたが，新規程28条では，当事者全員の同意があれば利害対立が顕在化していても受任できることに改正された，というのが通説的解釈である。しかし，新規程についてのこの解釈は妥当でないと考えるのが本章の特徴である。具体的には後述する。また，この類型では，受任時の告知義務，受任後の利害対立顕在化に伴う対応措置の問題がある。

　この類型に関連する論点は，遺産分割，遺言執行者，主債務者と連帯保証人，同一債務者に対する複数債権者の回収，共同被告人，会社の顧問弁護士と株主

代表訴訟，地方公共団体の顧問弁護士と住民訴訟，「依頼者は誰か」（報酬の負担者と当事者の分裂，名義人と実質権利者，使用者と被用者，事件紹介者と事件当事者）等の問題がある。

3 依頼者保護型

この類型は，代理を行うことは原則禁止だが，依頼者の保護が第1の立法趣旨であるところから，依頼者が同意すれば許されるという点に特徴がある。ただし，忠実義務の観点からして，依頼者の同意は当然のことながらとりわけ慎重なインフォームド・コンセントでなければならない。

この類型には，①受任している事件の相手方からの依頼による他の事件の受任（相手方依頼型。法25条3号，規程27条3号），②受任している他の事件の依頼者または顧問会社のように継続的に法律事務の提供を約している者を相手方とする事件の受任（依頼者相手型。規程28条2号），③依頼者の利益と自己の経済的利益が相反する事件の受任（自己利害型。規程28条4号），④相手方が（弁護士の）配偶者，直系血族，兄弟姉妹または同居の親族である事件の受任（親族相手型。規程28条1号）がある。

この類型における論点は，遺言執行者の特定相続人の代理，依頼者から同意を得る際の説明と守秘義務の関係等である。

4 公務等関与型

公務員として職務上取り扱った事件（法25条4号，規程27条4号），あるいは仲裁，調停，和解，斡旋その他の裁判外紛争解決手続機関（ADR）の手続実施者として取り扱った事件（法25条5号，規程27条5号）について，その事件の関係者から後になって受任する類型である。

この類型における論点は，事件の同一性の判断等である。

Ⅳ 双方代理型の論点

1 「相手方の協議を受けて賛助し，またはその依頼を承諾した事件」

先に相談を受けて助言したり依頼を承諾した事件について，その相談者・依

頼者を裏切って，後にその事件の相手当事者の相談や依頼を受けることである。双方の依頼を受ければ双方代理そのものである。法25条1号，規程27条1号で，当事者の同意の有無にかかわらず，職務を行うことを禁じられている。ここで「相手方」とは，弁護士に先に相談や依頼をした当事者のことである。先に相談や依頼をしたほうが常に優先するのであり後の相談や依頼を受けてはいけないという意味で，弁護士への相談・依頼は「先着順」なのである（田中2004：287頁）。

　法曹倫理の教科書でよく設例とされるのが，市役所の法律相談でAから相談を受け種々の対応策を助言したところ，その事件の相手方であるBから後日その事件についての受任を依頼された場合どうしたらよいか等である。このような事案は，弁護士の少ない地方では決して珍しいとはいえないのである。法律相談を受けたのが数年前で弁護士としてはすっかり忘れてしまってBの依頼を受けてしまい，法廷でAに「前に相談したことがある」と指摘されびっくりするというようなことがないとはいえない。相談を受けたのが何年前であろうと，「賛助」した事実があれば，弁護士としてはBの代理を行うことはできず，速やかに辞任する必要がある。ここで「賛助」とは，具体的事件について，相談者が希望する一定の結論を擁護するようなアドバイスをしたことである。したがって，「そんな請求は法的にとうてい認められないから，あきらめたほうがよい」等と反対の趣旨を述べていたような場合は「賛助」したことにならない。この「賛助」に該当するか否かが，ここで重要な解釈および事実認定の問題となる。

　また，「協議を受けて」かどうかについても，いくつもの設例が挙げられる。たとえば，偶然友人とバスの中で遭遇し，雑談的に貸地の明渡請求の話を聞いただけという場合は，事件解決のために主体的に協議を受けたとは認められないから，その事件の相手方から依頼を受けてもよい。では，その友人と帰りの道で，もう少し詳しく話を聞いてもらいたいというので，居酒屋に誘われて一杯おごられながら相談にのった場合はどうか。その時，具体的な内容にわたったアドバイスをしたわけではなく，話してやったのは一般的な法的知識にすぎなかったのだから，「賛助」しておらず，まして「依頼の承諾」もしていない，という弁解は成り立つか。だんだん微妙になっていくのが，利益相反問題の難

しいところである。

2 「相手方の協議を受けた事件で，その協議の程度および方法が信頼関係に基づくと認められるもの」

「賛助」にも「依頼の承諾」にも至らないが，相談者が深く弁護士を信頼し相談をもちかけ，これに対し弁護士も協議に応じた場合は，やはりその相談者の信頼を保護する必要がある。したがって，後にその事件の相手方のために職務を行うことは，法25条2号，規程27条2号により禁じられている。もっとも，「賛助」「依頼の承諾」の場合とのバランス上，この場合の協議の程度および方法は，賛助，依頼の承諾と同視する程に強い場合をいうと解釈すべきである。

また，相談が信頼関係に基づくと認められるものというのだから，こうした場合多くは相談者から秘密を打ち明けられていると考えられる。守秘義務の点からも考察する必要がある。たとえば，前記の例で，居酒屋で友人の話を聞いた弁護士が，特に「賛助」に該る程の意見を示さなかったとしても，友人としては詳しく話を聞いてくれる弁護士を信頼して，自分のほうが貸地を必要とする事情等を話したような場合，その協議は信頼関係に基づくと判断されることが多いであろうし，いまだ「依頼者」とはいえないとしても守秘義務の発生の観点からも，相手方のために職務を行うことは困難となろう。

3 「封じ込め」もしくは「つば付け」

しかし，話はそう単純ではない。弁護士大増員の時代といわれても，まだまだ地方には弁護士が少ないところがいくらもある。そうした地域で相手方に弁護士が付かない（付けない）ように，自分では依頼するつもりもないのに相手方に先んじて弁護士を渡り歩き相談してしまう者がいたら，その弁護士は「封じ込め」られることになる。これは相手方の弁護士依頼権を不当に妨害するものである。何も地方に限らない。ある特殊な分野の数少ない専門家である弁護士に「つば付け」を行う場合も同様である。こうした意図をもった相談は，真実「信頼関係に基づいた」協議とはいえない。したがって，法25条2号，規程27条2号には該当しないと解されている。本号が，わざわざ「信頼関係に

基づくと認められる」協議に限定したのは，「封じ込め」，「つば付け」に対応するためだといわれる。しかし，そうはいっても，実際問題として，たとえばわずかでも相談料の授受がある場合，「封じ込め」，「つば付け」だ，信頼関係に基づかない相談だったと判定するのは難しいであろう。高等か下等かはともかく，「封じ込め」が戦術として成り立つことになる場合が多いであろう。

似たような事例を体験したことがある。ある時，債権回収について市のコミュニティーセンターで講演した。講演後会場から質問を受けた。1人の初老の男性が，相手方の名はいわずかなり具体的な売掛金の回収方法について質問した。筆者は考えられる範囲の状況を想定して回答をした。数日後，顧問会社から取引先より不当な請求をされているとの相談を受けたが，その取引先の名を聞いたら前記の質問者だった。筆者はびっくりして「封じ込め」に遭遇したのかと考え込んだ。

4 即決和解，公正証書

たとえば，期間満了による建物の明渡請求を貸主から委任された弁護士が，借家人と交渉し，100万円の立退料の支払いと引換えに半年後に明け渡すことで合意に達したとする。私製の合意書を作っただけでは，金銭の支払いについても建物の明渡しについても，強制執行するための執行力は生じない。

そこで，実務上は即決和解（訴え提起前の和解のこと。民訴法275条）を申し立てる方法がよくとられる。この例の場合では，通常貸主の側から借主を相手に簡易裁判所に申し立てる。和解期日に借家人自身が出頭すれば問題はない。しかし応々にして「自分は仕事があって裁判所には出られない。弁護士を依頼するといっても知った人がいない」等ということがある。貸主の方としては明渡しを確実に履行してもらいたいので，誰か知り合いの弁護士を頼んでほしいと言う。そこで，貸主の代理人弁護士としては，借家人から委任状を受け取り，知り合いの弁護士にその委任状を使って借家人の代理人になってもらい，即決和解を成立させることが考えられる。この場合，形式的には，交渉の相手方である借家人から，自分の依頼者（貸主）を相手の和解事件の代理人の選任を依頼されたことになるから，双方代理的な行為である。それゆえ25条1号に違反するかどうかが問題となるのである。違反するとするのが判例の大勢である

（日弁連・条解 2007：210 頁）。

　交渉の最初から借家人に委任状を出させ，友人の弁護士を選任して都合のよい合意をつくるというようなことが許されるわけはなく，それが法 25 条 1 号に実質的に該当することはいうまでもない。しかし，上記の設例では，即決和解の内容自体は確定している。しかも実務においては，明渡しの履行義務を負う借家人側の訴訟委任状には実印による押印と印鑑証明の添付，さらに申立書副本の中の和解条項部分の添付と実印による割印が必要とされる。これだけ厳重に当事者が合意したと同じ和解条項が作成される手続保障があるのだから，法 25 条 1 号に該当するという必要はないと考えることも可能である。

　しかし，さらに実務的に考察すれば，こうした場合紛争になるのは，借家人が期限に明渡しを実行しない（できない）場合であり，応々にしてその理由とするのは，合意自体に問題があったのに欺されたあるいは思い違いをしていた，その上自分の代理人の顔もみたことはない，委任した憶えもない等というのが大部分である。こうした事態を避けるためには，弁護士を紹介するにとどめるべきだという説がある。紹介と選任の境界は微妙だからそれも避けて，借家人に弁護士会の紹介制度を利用してほしいというのがよいという説もある。借家人が弁護士会へ行って弁護士を紹介してもらう手間をかけるくらいなら即決和解の期日に出頭したほうが話が早いから，最後の説はあまり実用的ではない。総合的に考えれば，結局，相手方から委任状を預るのは避けるべきである。紹介にとどめるのが無難である。後は紹介を受けた弁護士の責任において処理すべきである。紹介を受けた弁護士としては，必ず依頼者と面会し，条項と意思に齟齬がないかを確認して，手続を進めるべきである。

　すでに内容の定まった私製証書を公正証書にするという場合，即決和解と同じような問題がある（日弁連条解 2007：209 頁）。しかし，公正証書の作成は，即決和解とは手続保障に格段の差があるから，弁護士としては紹介したりされたりするのは避け，必ず相手方本人と公証役場に出頭するようにすべきである。

　いずれにしろ，即決和解も公正証書作成も，ともに執行力付与という新たな権利義務の発生を伴う行為であるから，弁護士としては慎重に対処する必要がある（日弁連・条解 2007：211 頁）。

5　調整型（調整役）

　AとBとの間で土地売買契約交渉が行われた際，AとBの双方から依頼を受け，A，Bの取引条件を調整し，売買契約書を作成してやり，登記手続，土地引渡しまで面倒をみる。あるいは，AとBの離婚問題につき，その間の調整にあたり，条件面を整え協議離婚届の提出，財産分与の実行を見届ける。弁護士はAの代理でもBの代理でもなく，両者を中立，公平に扱う調整者の役割を果たす。このような業務を調整型と呼び，わが国では20年くらい前には，弁護士業務の新たな展開を示すものとして盛んに議論された。両当事者にとって弁護士は1人ですむから費用および時間の節約になるし，公平・公正な結論が期待できる等のメリットが強調された。

　調整型は，A・Bどちらの代理でもないから，双方代理型ではない。したがって，法25条，規程27条の各1・2号の禁止規定には触れない。調整型については，法にも，規程にも規定はないとするのが一般的解釈だが，筆者は規程28条の3号は調整型を含むと考える。同号は両当事者の同意があれば（両方から依頼されるのであるから当然だが），調整型が許されるとの根拠になると考える。AとBが，紛争状態（上記離婚のような場合）でも，非紛争状態（上記売買交渉のような場合）でも，調整型は成り立つ。筆者は後述のとおり利害内包型（複数代理）の場合は，規程28条3号は「利害潜在化」の場合のみを対象としていると解釈しているが，調整型においては（いずれとも代理関係にならないので）同様に解釈する必要はないと考えている。

　調整型を行う場合の必須要件は，常に中立・公平であること，調整型であっていずれの代理でもないことにつき双方から十分なインフォームド・コンセントを得ること，当事者間では秘密保持義務が解除されること，弁護士費用は折半とすること，調整不調の場合はどちらの代理も引き受けないこと等である（遠藤1993：294頁）。

　調整型が理想的に行えれば，たしかにメリットも大きいと思われる。しかし，現実には，調整型は現在においても普及していない。なぜであろうか。「弁護士の仕事は基本的に党派性をもつから」との意見がある。弁護士自身も依頼者も，調整型に慣れていないことは事実である。依頼者はどうしても弁護士を自分の側の味方のように思いがちである。調整が失敗に終わったとき，「自分の

第 5 章　利益相反

依頼した弁護士なのに相手に有利に働いた」というクレームがつけられる傾向がある。

　筆者は 38 年間の弁護士実務において，一度だけ意識的に調整型を務めたことがある。知人の離婚事件であった。妻の方とは初対面だったが，知人（夫）も妻も知性的な人物であったから，調整型の立場を十分に説明した上で，離婚条件を調整し文書にして成立させた。費用もきっかり 5 万円宛双方から受けた。ところが，1 年程後に夫だった知人の方が離婚条件の 1 つに違約した。調整役としての筆者は，妻だった女性に対して面目を失った。なぜ男性は違約したのか。知人として依頼したのは自分だ，このくらいは大目にみてもらえると考えたのではないかと思いあたった。調整役は難しいと痛感した。

　実は，わが国で論じられた調整型のモデルは，アメリカの「調整役（intermediary）」であった。ＡＢＡの模範規則の旧 2.2 条は，「共通の代理（common representation）」による「調整役」なるものを認めていた。この「共通の代理」というのがどういうものなのか筆者には正確にはわからないが，双方代理と複数代理を包含する概念のように思われ，代理人としての守秘義務と調整役としての秘密開示義務のバランスをとりながらやっていく必要があったようである（朝日ほか 1986：69 頁）。しかし，この 2 つの義務は基本的に両立し得ないはずである。2002 年に 2.2 条自体が廃止されてしまったのは，この点に根本的理由があったのではないかと推測する（ただし，「共通の代理」自体は，1.7 条〔利益相反〕の注釈 29 ないし 33 に依然として認められており，そこでは主として非紛争事案における調整の問題も論じられている）。代わって新設された 2.4 条の「中立的第三者を務める弁護士」の規定（これは，主として紛争事案を対象としていると思われる）では，調整役にあたる「中立第三者」は，代理ではないことが強調されている。

　いずれにしても，わが国においても，現在では調整型はあまり論ぜられなくなった。しかし，筆者は後述のように遺言執行者や顧問弁護士の職務の一部に，この調整型の理念が準用されるべきではないかと考えている。

V 利害内包型の論点

1 利益相反と当事者の同意

 たとえば，被相続人Aの相続人として子供B，C，D，Eの4名がいる場合，遺産の分割方法についてB，C，Dは意見が一致しているが，Eが頑なに同意しないとする。この場合B，C，Dが一緒に，弁護士甲に代理を依頼して（以下，本項の依頼とは代理の依頼の意）Eとの交渉にあたってもらうことがよくある。B，C，Dの関係を客観的にみれば，今はBが自宅を，Cが預金を，Dが株式を相続することで合意していても，たとえば自宅の評価が違っていた等の理由で，その合意はいつ崩れるかわからない。B，C，Dの間でも，利害対立が潜在しているのである。B，C，Dの依頼を受けた弁護士甲は，利益相反（利害相反）を内包した関係にある複数当事者の事件を引き受けたことになる。
 このように利益相反を内包した複数の関係者からの依頼について，旧倫理26条2号（「受任している事件と利害相反する事件」）の解釈として，従前，「潜在的な利益相反関係にはあるが，それが顕在化していない場合には，いまだ真の利益相反関係は生じていない」から受任してもよい，しかし利害対立が顕在化しているときは当事者の同意があっても禁止は解除されない，との解釈がとられた（日弁連・注釈1996：114頁）。上記設例についていえば，B，C，Dは理論的には利益相反の関係にあるが，協力してEに対抗する状態にあり対立は潜在化しているから，利益相反関係に該当するというべきではなく，甲弁護士はB，C，D全員から受任してよい，しかし，B，C，D間で最初から利害対立状態にあるときは（利害対立が顕在化しているから），仮に3人から同意の上依頼されても受任してはならない，と解釈されていたのである。旧倫理26条2号は当事者の同意の有無にかかわらない絶対的禁止規定だったので，以上の解釈には意味があった。
 ところが，新設された職務基本規程28条3号（「依頼者の利益と他の依頼者の利益が相反する事件」）については，依頼者双方の同意があれば利益相反事件を受任してもよいとされた（ただし，前記双方代理型が許されないことに変わりはない）。28条3号を文理上だけでみれば，利害潜在型も顕在型も含まれているよ

うに解釈できるが（事実，そのような解釈論もあり得る），日弁連の「解説」によると，改正後も「潜在型は利益相反には該当せず受任は自由」との解釈はそのままとされている（日弁連・解説2005：51頁）。そうすると，28条3号は「利害対立が顕在化している」利益相反行為をのみ規定していることとなる。つまり，顕在型は原則として受任してはならないが（28条本文），当事者双方の同意があれば受任してよい（28条本文但書）というのが，28条3号の趣旨と解されることとなる。この点が旧倫理と決定的に違う点である。

　たとえば，冒頭の設例において，当初からB，C，Dの内部自体でBが自宅を相続するとの点につきC，Dは了解せず紛争状態にあったが（利害が顕在化しているとは，つまりは関係が険悪であり，紛争になっている場合をも含むということである），それはそれとして，B，C，Dとしては，もっと欲深な主張をしているEに対しては共同戦線を張るので一緒に受任してほしいという場合に，甲弁護士は受任してよいというのが規程28条3号の意味だとするのである。連帯保証人の主債務者に対する求償権行使が現に行われている状況下の，債権者からの連帯債務履行請求被告事件について，連帯保証人と主債務者の両者から受任する場合等も同様である（日弁連・解説2005：51頁）。旧倫理ではこうした受任は許されなかった。

　しかし，上記「解説」の解釈は，はたして妥当であろうか。甲と乙が紛争状態だが丙に対しては協力関係になれるから，甲と乙の委任を受けて丙に対する（たとえば訴訟を提起する）ということは理屈の上では考えられないことではない。しかし，実務の経験からみれば，そんな危険なことはない。そのような状況下では，スムーズに受任事件を遂行することは期待できない。打ち合わせひとつとっても甲と乙が冷静に対処できるかおぼつかない。論者によってはABAの模範規則1.7条を引き合いに出し，アメリカでも当事者の同意等の要件を定めて利害相反事件の受任を認めているという者がいる。しかし，模範規則の定める要件は詳細で厳格である。単に「当事者の同意」のみですべて認めるというのとは違う。ゆえに，上記のごとき解釈がなされる限り規程28条3号は，本来絶対的に禁止すべきものまで，当事者の同意をもって禁止を解除できるとしてしまった点において，誤った（もしくは，行き過ぎた）立法がなされたとみるべきである。

利害対立が顕在化している複数当事者の事件の受任は，たとえ当事者双方の同意があっても認められるべきではない。28条3号は利害対立が潜在している事件をのみ規定していると解すべきである。顕在化している事件は法25条1号・2号および規程27条1号・2号を類推して同意があっても認められないと解すべきである。このように解した場合，規程28条3号は，利害対立が潜在した事件は原則として受任を禁止されるが，当事者双方の同意があれば許されることを明らかにした規定ということになる。そして，利害対立が潜在しているので将来これが顕在化するおそれがあり，事件受任にあたっては依頼者それぞれに対し，そのような状態になったら辞任その他の不利益を及ぼすおそれがあることを説明しておかなければならないし（規程32条），受任後現実に利害対立が顕在化したときには辞任その他の適切な措置をとらなければならないのである（同42条）。利害対立が顕在化している事件を最初から同意があれば受任してよいとの解釈によれば，そのような事件については上記規程32条も42条も適用の余地はないことになる。しかし，潜在している場合よりも説明の必要が格段に高いはずの顕在化事案につき，説明について何らの規定もないのは不自然であるし，はじめから顕在化していた紛争がその後どうにもならなくなって受任事件の遂行が不可能になった場合の手当が何ら規定されていないということも，不可解なことである。

　筆者の以上の解釈は，現在においては少数説（あるいは単独説）であるが，実務家の感覚としては妥当であると確信している。筆者の立場に立つかどうかは別として，少なくとも学生諸君としては，利害相反が顕在化している複数当事者の事件を，仮に当事者らの同意があるからといって，安易に引き受けるべきではないと理解しておいたほうがよい。

2　遺産分割

　以上の結果，冒頭の設例で，X弁護士が利害対立の潜在している，つまり協力関係にあって紛争はしていないB・C・Dの委任を一括して受けるについて，通説ではB・C・Dの承諾は不要であり筆者によれば必要である。といったところで，B・C・Dが一緒に委任に来ていれば一括受任に同意していることは明らかといえる場合が普通であろうから，そのような場合はどちらにしても結

論は同じである。規程32条に基づく説明もいずれの立場に立っても当然必要である。

さて，Eを相手とする調停の進行中，BとC，Dとの間に自宅の価格等について意見の不一致が生じ利害対立が顕在化したとき，甲弁護士はどうすべきか，というのが次の問題である。仮にBについてのみの代理人として残り，C，Dの代理を辞任した場合，法的にはC，DもEと同じ立場でBの相手方となる。そうすると，原則的にはC，Dについて法25条1号の「依頼を承諾した事件」に抵触する問題が生じ，この場合基本的にはBについても辞任する必要があるということになる。しかし，実務上そう簡単に割り切ることができない場合がある。C，DがBとともに打ち合せに参加し甲と信頼関係にあった場合ならBについても辞任は当然だが，もともと甲弁護士とBが親しく，C，DはBの紹介で甲に委任したが，打ち合せはもっぱらBがあたりC，Dは挨拶程度で（場合によれば遠方のため挨拶もしていないかもしれない）甲と信頼関係を形成する程のことはなかったというような場合に，Bについても辞任しなければならないのか。Bは納得しないであろう。とはいえ，C，Dも25条をタテにBの代理を非難するかもしれない。少なくとも甲弁護士がBの代理として残ることに同意しないかもしれない。規程42条の「適切な措置」とは何かが問題となるのである。この点につき，日弁連・解説2005：72頁によれば，当事者全員の同意があれば法25条すなわち双方代理型に違反しないとされる。しかし，前述のとおり法25条は当事者の同意によっても禁止が解除されない。日弁連・解説はあえてこの点に目をつぶっていることに留意すべきである。「適切な措置」とはいかにあるべきか，今後も議論が尽きない。

なお，B・C・Dが協力関係を維持したまま（利害対立を潜在させたまま），Eとの調停が成立した場合，実務では成立にあたり甲弁護士はたとえばBについてのみ代理人として残り，C，Dについては辞任をするのが通常である（裁判所もそのように求める）。実質的には法25条1号，規程27条1号には抵触しないが，形式を整えるためといわれている。しかし，解釈論としてはC，Dについてはすでに依頼の承諾をして受任してきたわけだから，こうした形式的措置はあまり意味のあることではないように思える。

3 遺言執行者

遺言執行者は，特定の相続人の代理をしてよいか。難問の1つであり，これも議論が尽きない。

設例はこうである。被相続人Aの相続人は，長男B，長女C，二男Dである。甲弁護士が遺言執行者に指定されていた。Aの遺言の内容は，Bにすべての遺産を相続させるというもの。そこで，C，Dは乙弁護士に委任して，Bに対し遺留分減殺請求権を行使した。甲弁護士はBの代理人になることができるか。遺言執行を完了した後であれば，どうか。

ある特定の相続人に遺産の全部あるいは大部分を相続させる遺言というものは，実際には相当数ある。筆者の経験でも，何通もそういう内容の公正証書遺言を作った。農家の継承のため長男に不動産を全部というのが一番多かった。会社の存続のため専務をしている長男に株を全部というようなものも結構あった。こうした場合，実務においては，甲弁護士は，被相続人Aと遺産を承継する長男Bの両者から一緒に相談を受け，遺言原案の作成と遺言執行者への就任の依頼を受けることが多い。遺言作成の手数料はAから（実質的にはBからかもしれない），遺言執行者としての報酬は遺産から（実質的にはBからということになろう）支払われる。したがって，甲弁護士の立場としては，Aの遺志の実現のため，Bに遺産全部を承継させてやりたいという心情になるし，Bも当然そう期待し，甲弁護士が自分のために働いてくれると考えているのが普通である（この点，後述の「依頼者は誰か」の問題にも関連する）。甲弁護士がBの代理人となって他の相続人を相手にするという事態が生ずるのは，通常このような背景があるからである。

ところが，ここで問題が生ずる。

(a) まず，民法1015条によれば，「遺言執行者は，相続人の代理人とみなす」とされている。また，民法1020条は，執行者に委任終了後の規定を準用する。すると，C，Dは「依頼者」性を有するのではないかとの疑義が生ずる。依頼者（あるいは依頼者に準ずる者）だとすれば，双方代理型（法25条1号・2号，規程27条1号・2号），利害内包型（規程28条3号）および依頼者相手型（後述参照。規程28条2号）のいずれかに該当する可能性がある。これに対して，民法1015条で遺言執行者が相続人の代理人とみなされているのは，遺言執行者の

行為の法的効果を相続人に帰属させるためであって，遺言執行者が相続人の依頼を受けたり，協議を受けて代理人を受任したわけではないから，双方代理型にはあたらないとの解釈がある（加藤 2004：99 頁）。最判昭和 30・5・10（民集 9 巻 6 号 657 頁）が「遺言執行者は必ずしも相続人の利益のためにのみ行為すべき責務を負うものとは解されない」としているのも，この考え方に近いように思われる。この解釈によれば，同様の理由により，利害内包型にも依頼者相手型にも該当しないといえよう。しかし，前記のとおり委任の規定が一部準用されている上，相続人と執行者とは信頼関係で結ばれている場合も相当あると考えられるから，相続人を依頼者性を有しない者と言い切れるかは，疑問が残る。後述の日弁連・解説 2005：54 頁も，この問題を双方代理型における「相手方」に該当するか否かという形でとりあげ，相続人の依頼者性を問題にしている。

なお，遺言執行者としてＣ，Ｄから遺留分減殺について相談を受け，一般事項の教示以上に信頼関係に基づく協議をした場合等は双方代理型該当の問題が生ずるが，これは当然の話である。実際には，Ｂの代理をしようという甲弁護士がそのような協議に応ずることはあまり考えられない。

(b) 次に問題となるのは，「遺言執行者の中立性」からみて，Ｂの代理人になれるかである。「遺言執行者は，特定の相続人の立場に偏することなく，中立的立場でその任務を遂行することが期待されているから，当該相続財産を巡る相続人間の紛争について特定の相続人の代理人となることは，受任している事件（遺言執行事務）と利害相反する事件を受任したものとして，(旧) 倫理 26 条 2 号に違反する」との裁判例がある（東京高判平成 15・4・24 判時 1932 号 81 頁）。したがって，執行者は特定の相続人Ｂの代理人にはなれないことになる。厳格な論者は，この理は遺言執行完了後においても妥当するとする（加藤 2004：99 頁。なお，上記東京高判は遺言執行完了前の事案）。

明快な議論のように思われる。しかし，遺言執行者には，遺産全部を相続させると遺言された相続人（以下，受益相続人という）自身もなれる。公正証書遺言でも，そのような例は多い。とすると，このような受益相続人を含めた遺言執行者一般につき「中立性」を強調するのも何か実情に合わないような感がある（ただし，受益相続人たる執行者が中立でなくてよいと言っているわけではない）。

さらに，前述のとおり新規程 28 条 3 号は，当事者の同意により禁止が解除

されるというのが通説だから，旧倫理26条2号および新規程28条3号の問題と捉える限り，C，Dが同意すれば執行者はBの代理をしてもよいことになるのではないか。

(c) 日弁連・解説2005：54頁は，執行者の職務内容が裁量性を有するか，裁量性を有しないかで分けて考えている。すなわち，執行内容に裁量の余地がある場合（具体例は示されていないが，遺産分割方法の指定を執行者に委託する場合や，遺産内容が有価証券や不動産等と多様で財産評価や誰にどの遺産を分割すべきか複雑な場合等であろうか）は，双方代理型に該当し特定の相続人の代理人になることは許されないが，裁量の余地がない場合は許されるとする。そうすると，全部を1人に相続させるという遺言は，裁量の余地がないと思われるから，代理人になれるということになるであろう（なお，日弁連・解説の前提は，執行完了後の事案を想定している）。「相続させる」遺言における執行者の権限の範囲については判例も極めて流動的であることも考慮すると，日弁連・解説の考え方には実務的に共感するところがある。

(d) 旧倫理時代の一般の弁護士の実務の大勢は，執行完了前と後に分け，完了前は「受任している事件」だから利害相反になり，完了後はすでに執行者の身分を失ったから許されると解していたように思われる。しかし，相続人を依頼者もしくは依頼者に準ずる者と捉えれば，双方代理型に該当する場合があるから，その場合は執行完了の前後で分けるのは説得力をもたないのではないか。

(e) 結局，どう考えるべきか。

筆者は弁護士が遺言執行者になる場合と弁護士以外の者（主として受益相続人）がなる場合とでは，執行者の中立性等についての期待が違うのではないかと考える。受益相続人自身が遺言執行者に指定された場合に比して，弁護士が執行者とされた場合には，受益相続人でない相続人らは弁護士が公正・公平に執行をしてくれると，より強く期待するのではないか。1人の相続人に遺産全部を相続させる遺言の場合であっても，遺留分減殺請求権を行使する相続人らとしては，執行者である弁護士が，中立，公正に遺産の目録を作成，交付してくれることはもちろん，適切に遺産の分割に助力してくれるのではないか，少なくとも公平に調整してくれるのではないか，遺産の範囲が問題になる場合（たとえば，他の相続人名義の不動産につき，受益相続人が遺産だと主張するような場合）で

も公正に判断してくれるのではないか，等々と期待するのではなかろうか。社会的にも，弁護士が執行者であるときは，職務の公正，品位の保持の観点から弁護士らしい執行を行うとみられるのではなかろうか。そうするとやはり執行者たる弁護士は特定の相続人の代理人になるべきではないように思われる。では許されないとする根拠規定は何になるのか。弁護士である執行者と相続人の関係は，依頼による代理関係ではない。しかし，それに準ずる関係ではある。弁護士である執行者は，利害相反が顕在化している当事者らから調整を依頼された調整役に準じた立場にあると考えられる。すなわち，規程28条3号が準用されるというのが筆者の考え方であり，特定の相続人の代理が受任できないのも調整型から派生する結果であると考える。

これに対しては，以下の批判が考えられる。「甲弁護士は実質的には被相続人Aの依頼を受けて執行者になったとみられる。言うなればAの代理人である。Aの遺志を尊重し可能な限り，受益相続人Bに遺産の多くが行くよう努力するのが弁護士としての義務ではないのか。弁護士は基本的に党派性を有するのであり，裁判所で選任された執行者ならともかく，執行者になったからといってことさら中立，公正を要求される根拠はない。まして，新規程28条は各号いずれについても当事者の同意があれば利害相反行為の禁止は解除されるとしたのであるから，仮にC，Dが同意していればBの代理を禁止する理由は全くない。さらに言えば，甲弁護士は当初からBを執行者に指定するようAにアドバイスしておき，相続発生後受益相続人兼遺言執行者Bの代理人となれば，実質的に遺言執行者に就任したと同じ結果になる。これは一種の脱法行為のようなもので，執行者がBの代理人となるのと何ら変わりがない」。

しかし，そうではない。弁護士が遺言執行者そのものに就任することと，受益相続人兼遺言執行者Bの代理人となることは，違う。受益相続人が遺言執行者となることが認められる以上，弁護士が受益相続人兼遺言執行者の代理人となれることは当然であるが，この場合の代理人たる弁護士は，弁護士の党派性，Bへの誠実義務を明らかにした立場である。むろん，弁護士の独立性，真実義務，公正義務を前提とした代理ではあるが，受益者と執行者の地位を兼ねたBの代理である以上，代理人として，受益者の立場と執行者としての立場を明確に使い分けることは困難である。守秘義務も負う（したがって，代理就任にあたっ

ては，受益相続人に対して，遺言執行者の義務についても十分に説明してインフォームド・コンセントを得ておく必要がある）。これに対し，執行者たる弁護士は，党派性を否定し，中立性を宣明した立場であって，弁護士としてはこの点を十分に覚悟して就任するのである。その弁護士が，執行者の立場と受益相続人の立場を截然と区別して，受益相続人の代理を兼ねることは，調整者に対する信頼を破るというべきである。

　（f）なお，近時の日弁連懲戒委員会の実務においては，この問題を利益相反の問題としてではなく，規程5条・6条の弁護士の信用と品位の保持，職務の公正の確保の問題として扱い，遺言執行者は中立的立場でその任務を遂行すべきであるから，遺言執行者が紛争状態にある相続人の一方に加担すれば，遺言執行が終了していると否とにかかわらず，原則とし「品位を失うべき非行があったとき」（法56条1項）と評価されるべきだとしている（宮川2007：95頁）。しかし，この問題を利益相反の問題ではなく，行動指針である規程5条・6条の問題であるとすることには，基本的に問題がある。第1に，懲戒の該当性についてはできる限り具体的懲戒規範に基づいて判断されるべきであり，行動指針のような抽象的規範違反を論ずるのは例外的であるべきである（規程82条2項参照）。第2に，相続問題こそは，利益相反問題の生ずる典型的事例であって，それゆえに，これまでの弁護実務において利益相反該当性をめぐり議論が重ねられてきたのである。抽象論で結着をつけるのは安易にすぎる。上記日弁連懲戒実務の傾向には賛成しがたい。

4　依頼者は誰か

　司法研修所の弁護教官は，「自分もまた先輩弁護士から教えられたことだが」と前置きして，「依頼者は誰か」を常に意識せよと教える（と思う）。たとえば，交通事故等におけるA保険会社の顧問弁護士甲が被保険者B（事故を起こした加害者）の代理人になる時，売主Aから不動産を買ったBが第三者Cから所有権を主張された場合の，売主Aに依頼された弁護士甲がCとの交渉にあたりBの代理人になる時など，依頼者はAなのか，Bなのか，AとBなのか。ことに実際問題として，報酬はAが負担し，委任状はBが書いている場合，弁護士はAとBとどちらに忠実義務を負うのであろうか。保険の例では，加害者Bは被害

第5章 利益相反

者が気の毒でできるだけ多く賠償してやりたい，しかし保険会社はその算定根拠を主張してBの希望どおりには支払いをしないという事例が考えられる。売買の例では，買主Bは，Cとの交渉の結果，どうもAの主張する所有権の取得根拠はあやしい，Cのいうことが正しいのではないかと思い始めAの責任を追及するほうに傾いてきた場合，甲としてはどうするかが問題となる。その他，前述した遺言作成における被相続人と受益相続人の関係や，病院の顧問弁護士が医療過誤事件で病院と当該医師の代理をする場合等，「依頼者は誰か」が問題となる事例は日常的に数多くある。

　筆者が経験した実例を挙げよう。A会社がBから不動産を買ったところ，その不動産がBの親族Cから相続問題を理由に処分禁止仮処分をされ，同時にAとBに対して所有権移転登記抹消登記手続等請求の本訴が起こされた。Aの顧問弁護士甲がA社の依頼で（報酬はAが払うとの約定のもとに）Bの代理人となり，訴訟において結果的にはAの利益のためBの犠牲のもとに（Bの他の不動産をCに渡す等の内容であった）和解を成立させた。和解で損をしたとして，BがAに対し損害賠償請求訴訟を提起したため，Aと甲弁護士の間も不和になり，Aは甲に報酬の一部を支払わなかったので，後の訴訟について甲弁護士は今度はBの有利になるように行動し，Bに報酬を請求した。こうなると甲弁護士の行動は利益相反だらけということになりわけがわからない。最初にBの代理人になったのは，A・Bの共通の利益のためと甲は弁解したが，やはりAの利益を守ることが主眼だったと受け取られても仕方がない。和解についてBに十分な説明をしておらず納得を得ていなかったとして，甲弁護士はBから不信感をもたれ，さらに顧問弁護士を代理人に差し向けたAに対してもBは不信感をもつに至り，A・B間に紛争が生じたのである。Aの顧問弁護士が利益相反を内包するBの代理人になったことが，仮にA・Bの同意があったとしても，問題であったのである。AはBに対し不動産の追奪について責任を問う立場にあり，Cに対して共同戦線を張る関係にあったとはいえ，A・B間の利害はすでに顕在化している状況であったというべきである。Aに頼まれれば甲としては断りがたい場面ではあるが（Aとしては，気心の知れた弁護士甲が己の意を体してBの代理人となり可及的速やかにCとの紛争を解決してくれると期待するし，顧問料をもらっている甲としては，ここは一番Aの役に立って顧問弁護士としての立場をアピールした

113

いと思うのが人情である），やはり踏みとどまってBに他の弁護士を紹介すべきであったと考えるべきである。そして，紹介を受けた他の弁護士は，その責任のもとに独立して判断し，依頼者であるBの納得の上での解決をめざすべきであったのである。

5 利害内包型の諸相

その他，利害内包型として教科書等でよくとりあげられる例を掲げてみる。

① 同一債務者に対し債権を有する複数債権者から債権の回収に関し受任する場合。遺産分割と同じように同一のパイを分け合う（奪い合う）事件の類型である。

② 債権者から履行を請求された主債務者と連帯保証人の関係と同様の，土地所有者から建物収去土地明渡請求訴訟を提起された建物所有者と占有者（賃借人等）から受任する「ドミノ倒し」の類型。

③ 株主代表訴訟につき，当該会社の顧問弁護士が訴えられた取締役の代理を受任できるか，住民訴訟における当該地方自治体の顧問弁護士が訴えられた執行機関または職員の代理を受任できるか，の問題については，いずれも近時関係する法規の改正があり，従前の議論に変更が迫られている（日弁連・解説2005：54頁に詳しい）。

④ 会社の顧問弁護士については，役員間の内紛における関与の可否，役員の違法行為に対する阻止義務の有無等，利害相反関係の観点や誠実義務，忠実義務の観点から多くの論点がある。

ここでは，役員間で会社運営について意見が分かれ役員会が二派に分裂状態となった場合，顧問弁護士としてはどう対応すべきかについて少し付言する。

日本の会社の圧倒的多数は中小企業である。普通の弁護士にとって会社の顧問になるきっかけは，何らかの縁で（学生時代の友人，ＪＣ等の団体での仲間，知人の紹介etc)，当該会社の社長と知り合い顧問就任を要請されるというような場合が多い。日常の法律相談に応ずるほか，社長とゴルフをしたり飲食をしたり等の交際をすることも珍しくない。この場合，顧問弁護士にとって依頼者が会社そのものであることは明らかだが，信頼関係は社長との間に生じている。その会社で社長と副社長が会社の経営方針で対立し，互いに相手方を解任しよ

うとの紛争が生ずることがある。社長も副社長も会社の事情をよく知っている顧問弁護士に相談に来たとする。弁護士としてはどうしたらよいか。代表権が社長にだけある場合は，会社すなわち依頼者の意思を代表する者として社長の相談を受けるのが基本だと一応いえるであろう。しかし，副社長にも代表権があったらどうか。会社の意思を代表する者は社長だけではないことになる。さらに，たとえば，代表権は社長だけが有していたとしても，社長の公私混同が激しく会社の存続が危ぶまれる場合であったらどうか。依頼者を守るため副社長派の相談にのって社長解任に助力するのがむしろ顧問弁護士の義務ではないのか。しかし，それでは信頼関係にあった社長を裏切ることになり，弁護士の心情としてそう簡単にはできないし，弁護士の品位にもかかわるのではないか。

このように，依頼者の意思が分裂した場合の顧問弁護士の身の処し方は難しい（依頼者の意思の分裂かどうかの認定自体も，事態が流動的であることから，難しい）。筆者ら年輩の弁護士が従前先輩の弁護士から教えられてきたところでは，そのような場合弁護士としてはどちらにも付かず中立を保持せよ，場合により辞任せよということであった。複数依頼者の利益相反に準じた考え方である（規程42条参照）。しかし，これに対しては，弁護士の保身のための理屈ではないのか，依頼者は会社であって社長でも副社長でもないのだから，依頼者のために努める義務を放棄することになるのではないのかとの批判がある。もっともな面があり，難問である。

筆者は，こうした場合の顧問弁護士は調整型の立場に立つべきだと考えている。依頼者たる会社の適正な運営あるいは存続のために，中立，公平の立場で社長と副社長を調整することが，顧問契約上の会社に対する義務であると考える。したがって，社長の代理にも副社長の代理にもなれない。調整が失敗した後も同様である。顧問を辞任せざるを得ないこともあろうし，解任されることもあろうが，それは仕方がない。

筆者にも，いくつかの経験がある。ある会社の社長の信頼を得て20年間顧問を務めた。社長が会長となり長男が社長，長女が専務になった。代表権は社長にのみあった。その後会長が死亡し長男と長女は株を半分ずつ相続した。長男と長女が会社の運営について対立し紛争状態となった。両者とも筆者に相手方の解任につき相談に来た。筆者は双方に，調整はするが代理的立場にはなら

ないと宣言し，そのとおりやったが調整できず，最終的には顧問を辞任した。それしかないとは思ったが，恩顧のある故会長が苦心して大きくした会社を中途で見捨てたような気分も残ったことは，事実である。

Ⅵ 依頼者保護型の論点

1 相手方依頼型（法25条3号，規程27条3号）

　受任している事件の相手方からの依頼による他の事件を受任する場合である。たとえば，AからBに対する売買代金請求事件を受任し，現にBに対する訴訟等を遂行中に，相手方Bから「敵ながらあっぱれな腕前と見ました。ぜひCに対する土地明渡請求訴訟を引き受けていただきたい」と依頼される場合である。こんな風にいわれれば弁護士甲としても悪い気はしない。しかし，元々の依頼者であるAはどう思うか。相手方Bから甲弁護士が籠絡されたのではないか，Bに対する訴訟で手心を加えるのではないかと疑問をもつのは当然である。したがって，このようなことは，弁護士に対する信頼を損なう危険性が大きく品位にかかわることであるから，みだりにやってはいけない。ただ，当のAが同意しているならあえて禁ずるまでもないということになっている。もっとも，通常Aが同意するとは考えられないが。

　ここで，「相手方」とは，現に受任している事件の相手方のことであって，過去の事件の相手方は含まない。事件終了後，相手方だった者から他の事件を依頼されることは，そう珍しいことではない。過去の事件で，相手方からも手腕を評価されたわけで，「弁護士冥利に尽きる」といえないこともない。

　しかし，それでも気をつけなければいけない。筆者はある遺産分割事件の終了後，相手方だった者の1人から別件を依頼された。遺産分割で取得した財産をそっくり詐欺でとられたので，その詐欺犯に対して損害賠償請求をしてくれというのであった。手腕に感じ入ったといわれ，まんざらでもない気持ちで，念のため旧依頼者の了解も得て引き受けた。ところが，仕事をしていくうちに，派生的問題ではあるが解決した遺産分割事件の履行問題に関係する部分が出てきた。新依頼者が意図的に筆者を利用しようとしたものでないことはよくわかったが，突き進むと旧依頼者との利益相反になる可能性を感じ，委任を解消

したことがある。利益相反はどこで引っかかりが出てくるかわからないのである。

2 依頼者相手型（規程28条2号）

受任している事件の依頼者や，顧問会社のように継続的に法律事務を提供している者を相手とする他の事件を受任する場合である。他の事件とはいえ自分の現在の依頼者を敵（相手方）にするわけだから，依頼者から何だ弁護士たるものがそんなことをするのかと，個人的にも職業としても信頼を失うのは当然である。そんなことが実際に起きるのかというと，共同事務所や弁護士法人の場合には，決して珍しくない。たとえば，A共同事務所に甲，乙の2人の弁護士が所属しているとして，甲弁護士がXから事件を受任したところ，その事件の相手方Yは乙弁護士の顧問会社であることが後に判明する，というような場合である（規程57条参照）。あるいは1人の弁護士の場合でも，教科書的設例では，損害保険会社A社の顧問弁護士である甲が，交通事故の被害者Bの代理人として定型的な保険金請求を加害者の保険会社であるA社にする場合等がある。現依頼者と依頼を希望する新依頼者（上記設例ではA社とB）が同意すれば禁止が解除される（規程28条本文但書）。しかし，通常，現依頼者が同意することは考えがたい。

また，現・新依頼者の同意を得る場合の話のもって行き方自体が難しい。AのCに対する事件についてAの依頼を受けている甲弁護士が，BのAを相手方にする別の事件について，Bから依頼されたとする。Aの承諾なくして現にAから事件を受けていることをBに話すのは，Aに対する守秘義務違反の問題がある。それゆえ，Bに先に「あなたの依頼を受けることについて，弁護士倫理上Aさんに話す必要があるが話してもよいか」と承諾を得る必要があるが，「なぜ」と聞かれることは必至である。そうするとAからの受任と事件内容に触れざるを得ない。「Aさんに」と固有名詞を出すこと自体委任関係を示唆しており問題だろう。逆に，Aに先に「Bさんから依頼を受けてもいいですか」と同意をとりつけるのも，Bからの依頼申込みを話すことになるからBに対する守秘義務が問題になる。こうした次第で，依頼者相手型の同意をとりつけるのは現実には困難なのである。通常は，Bから依頼を申し込まれた時点で，引

き受けられない旨をいうことになろう。もっとも、その理由をどういうかがまた問題である。

なお、過去の依頼者を相手方にする事件の受任は、28条2号の制限を受けない。しかし、過去の依頼者の事件を遂行した時に知った秘密に関連してくる場合は、守秘義務からの制限は当然受ける。懲戒事例としては、かつての顧問会社を相手に、その会社のかつての取締役に依頼されて、会社とその元取締役間の紛争に関与するようなものが結構見受けられる。

3 自己利害型（規程28条4号）

弁護士の誠実義務の中核は、忠実義務である。忠実義務の中核は、依頼者と利益相反の関係に立ってはならないということである。依頼者が同意した場合は禁止が解除されるが、その同意は真意からのインフォームド・コンセントでなければならないことは当然である。同意がある場合でも、弁護士は自己の経済的利害を顧慮してはならず、依頼者の利益のためだけに働く必要がある。設例としては、弁護士が事務所を借りている建物の家主から、別のテナントを相手に賃料の増額請求の裁判を引き受ける場合等が挙げられる。

人間は弱いもので、自己の利益と他人の利益をハカリにかければ、自己の利益が重い者が大半であろう。それゆえ、そのような立場に立たないようにすることが必要なのである。もっとも、報酬に関する限り、弁護士と依頼者は常に利益相反関係ともいえるが、弁護士も霞を喰って生きるわけにはいかないから、当然のこととして報酬を請求することは自己利害型に該当しない。しかし、報酬については基本的にはやはり利害は異なるのだから、受任にあたり合理的な範囲できちんと報酬について協議し、報酬契約書を作成して決めておく必要があり、そのように規定されているのである（規程30条参照）。

同じく報酬の問題でも、次のような懲戒例になると自己利害型そのものとなる。弁護士甲は、A社の任意整理を受任し、20％配当で整理を終えた。ところが自己の報酬を確保するため、自己の事務所の職員2名を残債権放棄済みの債権者とA社の代理人にして債務承認弁済契約公正証書を作成させて、A社の第三者に対する工事代金債権を差し押さえた。つまり、自己の報酬のため、すでに消滅している債権について公正証書を作成し、債権差押えをしたわけである。

この事例などは弁護士の公正も品位も何もあったものではない，とんでもない行為である。双方代理型であるとともに，自己利害型にも該当する。

4 親族相手型（規程28条1号）

弁護士は，配偶者，直系血族，兄弟姉妹，または同居の親族を相手方とする事件につき職務を行ってはならない。当然の規程である。この型を少し発展させると，相手方自身は他人だが，相手方の代理人弁護士が配偶者，直系血族等であったらどうするか等の類型が考えられる。上記禁止には抵触しない。しかし，職務の公正に疑問をもたれないようにそれぞれの依頼者に対し，弁護士同士の関係を開示し同意を得ておくべきである。旧倫理25条には「弁護士は，相手方と特別の関係があって，依頼者との信頼関係を損なうおそれがあるときは，依頼者に対し，その事情を告げなければならない」との規定があったが，現規程では28条が「特別の関係」を類型化して新設されたため，廃止された。しかし，上記のような場合もあるから，この規定は廃止すべきものではなかったと思われる。

Ⅶ 公務等関与型の論点

調停主任判事として関与していた者が，その調停の無効確認訴訟の代理人となった裁判例があるが，これなどが典型である（名古屋高金沢支決昭31・12・5下民集7巻12号3562頁）。公職の立場で取り扱った事件について，弁護士になった途端，その処理は不当だと主張するなど弁護士というものは何と節操のないものかと，信用，品位を疑われる。また，逆に公務在職中の処理にこだわり，弁護士としてなすべきことをなさないというのも信用を落とすゆえんである。これらのことはわかりきったことであるはずだが，裁判例は結構多い。公務在職中の事件と弁護士になってから取り扱う事件との同一性は，形式的に同一か否かではなく実質的に判断される。強盗殺人事件の刑事再審事件の裁判長だった者が，その後弁護士になり捜査官の拷問等の違法行為を理由とする民事損害賠償請求事件の訴訟代理人になった事例がある（高松地判昭48・12・25判時737号82頁）。刑事再審事件と民事損害賠償事件では形式的には同一性がないよう

にみえるが，両事件が同一の社会的事実の存否を問題にしている点において同一性ありとされた。逆に，裁判所書記官時代に執行文を付与した債務名義に関する強制執行停止決定の申立代理人になることは，形式的には同一性があるようだが，書記官として執行力の現存につき形式的要件の調査に基づく公証をしたにとどまり，何ら事案の実質に関与するものではないから，法25条4号に違反しないとしたものがある（札幌高決昭40・12・17高民集18巻1号88頁。なお，裁判例については，小島ほか編2006：99頁以下参照）。

【引用・参考文献】
大野正男（1970）「職業史としての弁護士および弁護士団体の歴史」『講座・現代の弁護士2』日本評論社
朝日純一ほか編著（1986）『弁護士倫理の比較法的研究』法政大学現代法研究所
遠藤直哉（1993）「中立型調整モデルの展望」宮川光治ほか編『変革の中の弁護士（下）』有斐閣
日弁連弁護士倫理に関する委員会編（1996）『注釈弁護士倫理〔補訂版〕』有斐閣
日弁連調査室編著（2007）『条解弁護士法〔第4版〕』弘文堂
加藤新太郎（2004）「弁護士の執務と利害相反」法学教室288号
小島武司ほか編（2006）『法曹倫理〔第2版〕』有斐閣
田中紘三（2004）『弁護士の役割と倫理』商事法務
日弁連（2005）「解説『弁護士職務基本規程』」自由と正義56巻6号〔臨時増刊号〕
宮川光治（2007）「日弁連における懲戒事件審議の実情と今後の課題」自由と正義58巻3号

【小山　稔】

第6章
共同化およびMDPと倫理

I 共同法律事務所における利益相反と守秘義務の拡張

1 はじめに

　法律事務所の共同化，大規模化は，弁護士職の大きな流れであり，依頼者の立場からも弁護士の立場からも共同化を促進する要因が存する。依頼者の立場からみれば，異なった法律の分野の相談を1つの法律事務所に案件として持ち込むことができ横断的に法的サービスを受けられることが大きなメリットとなる。弁護士の立場からみれば，依頼者の幅広い要請に応えることができることに加えて経費や収支を共同にすることにより経費負担の軽減や収益の安定を図ることができ，また法律問題について同一事務所内で弁護士間の意見交換を行うことができることが大きなメリットとなる。

　日本弁護士連合会の『弁護士白書』(2006年版)によると東京には弁護士100名を超える大規模事務所が6つほどある。これらの事務所は，渉外事務所として大規模化し国内案件も扱うようになった事務所，国内案件を扱う事務所と渉外事務所が合併することにより大規模化した事務所，国内案件を主として扱う事務所が渉外部門も拡張させて大規模化した事務所等，いずれにおいても渉外部門の拡大が大規模化の大きな要因となっている。しかし，今後は，国内案件を処理する事務所あるいは渉外事務所の国内部門の発展が日本の法化度を測るメルクマールとなるように思われる。

　共同事務所の役割は，今後ますます増大していくとともにその数も増加していくものと予測さる。そのために日本弁護士連合会は，弁護士職務基本規程（以下，「基本規程」という）の制定に際して共同事務所のための新たな章として，第7章を設け，55条から60条までの条項を置いた。基本規程55条では，共

同事務所を「複数の弁護士が事務所を共にする場合」と定義した。法律事務所の共同化は、弁護士倫理の観点からはいくつかの問題を提起する。共同事務所内で、特に配慮が求められるのは、倫理規定の遵守のための事務所内での必要な措置であり、利益相反の共同事務所内での拡張の問題であり、また共同事務所所属弁護士の秘密保持義務の問題である。

2 共同事務所における弁護士倫理遵守のための措置

共同事務所の役割が増大しその数が増加することにより、共同事務所の所属弁護士に対して基本規程を遵守させるための内部システムを構築することの重要性や必要性も増すのである。基本規程55条は、共同事務所において基本規程を遵守するための措置を構築することおよびその措置を構築する義務を所属弁護士を監督する弁護士に負わせる規定を新たに設けた。基本規程を遵守するための内部システムといっても、共同事務所の規模あるいは弁護士の経験、年齢による構成その他によってそのための措置は様々であろうが、共同事務所の実情にあった内部システム構築に責任を負うのは所属弁護士を監督する権限のある弁護士である。内部システムとしては、利益相反の防止、守秘義務の確保、依頼者の金銭や物品の管理が主たる対象となる。

3 共同事務所における利益相反の拡張

共同事務所における利益相反の拡張とは、共同事務所に所属するある弁護士がある事件につき利益相反事由に該当する場合に、共同事務所に所属する他のすべての弁護士にも当該弁護士の利益相反が拡張されて共同事務所所属の全員の弁護士が当該事件の職務を行い得なくなるということである。この共同事務所における利益相反の拡張がいかなる根拠を有するものであるかおよびその拡張の範囲の問題を以下に論じる。

（1） 利益相反の拡張の根拠

依頼者に対する忠誠義務は、弁護士の職務の本質に根ざした義務である。利益相反の禁止は、その義務から生じるものである。さらに、利益相反の禁止には、秘密保持義務を担保する制度的保障の意味もある。弁護士法や職務基本規程が利益相反に明文をもって秘密保持義務の制度的保障機能を与えていないの

は今後検討すべき課題である。利益相反には，弁護士職の公正さの確保および弁護士の品位保持の趣旨も含まれるとされている。

　弁護士が個人で職務を行っている場合には，自らの依頼者との関係で利益相反を考慮すれば足りる。それでは，共同事務所に所属する弁護士の場合には利益相反をどのように理解すればよいのであろうか。共同事務所に所属するすべての弁護士は，評判，名誉あるいは将来性といったことをお互いに共有している。さらには，共同事務所の所属弁護士は，お互いに，他の弁護士の報酬の配分を受けかつ費用を分担しあっている。共同事務所がこの利益や収支，評判，名誉あるいは将来性を共通に確保するためには，共同事務所の各弁護士が他の所属弁護士のすべての依頼者に対して忠誠義務を尽くすことが必要となる。共同事務所のすべての依頼者が一体として当該事務所の利益や収支，評判，名誉あるいは将来性の源泉となるからである。共同事務所においては，共同事務所のある弁護士の依頼者は共同事務所に所属する他のすべての弁護士の依頼者でもあるということである。共同事務所の各弁護士の依頼者も共同事務所から一体として忠誠義務を尽くされることを期待するであろう。そのためには，共同事務所においては，共同事務所に所属しているある弁護士に利益相反事由があるときには，共同事務所の他の所属弁護士すべてが一体としてあたかも自らの依頼者のごとく利益相反回避義務を負うことが共同事務所の報酬の配分，出費の分担そして評判や名声の一体的な確保につながるのである。共同事務所のある所属弁護士が当該事務所の他の所属弁護士の依頼者の利益相反の事件を引き受けることは，同一共同事務所でありながら依頼者に対する忠誠義務に差異を設けることとなり，共同事務所の一体化に反することとなる。

　また，共同事務所内では，ある事件について弁護士間で助言や協議を行うこともあり得るが，利益相反を共同事務所内で拡張し共同事務所所属のすべての弁護士が利益相反を共有することにより，同一事務所内での秘密情報の開示が可能となる。このように，共同事務所を一体のものとして同一事務所のすべての依頼者に対して利益相反回避義務を所属弁護士すべてに課すことが利益相反拡張の趣旨であり，基本規程57条は，この利益相反の拡張を明文で規定している。

（2） 利益相反の拡張の範囲

　共同事務所における利益相反の拡張には，時間軸でみると同時的拡張と異時的拡張とがある。同時的拡張とは，共同事務所に同時的に所属している弁護士間における利益相反の拡張の問題であり，異時的拡張とは，弁護士が共同事務所を移動した際の利益相反の拡張の問題である。

　(イ)　同時的利益相反の拡張（他の所属弁護士への利益相反の拡張）　先に述べたように，共同事務所における利益相反の拡張を規定した条項は，基本規程57条である。基本規程57条は，共同事務所に所属するある弁護士が基本規程27条各号または28条各号の利益相反に該当する場合には，他のすべての所属弁護士も職務を行い得ないと規定する。基本規程27条1号に即していえば，共同事務所に所属する弁護士Lがその依頼者Cから協議を受けて賛助し，またはその依頼を承諾した場合には，弁護士Lが当該事件につきCを相手にしてはならないことは基本規程27条1号で規定する個人自らの利益相反の結果であり，弁護士Lが共同事務所に所属しているか否かを問わない。しかし，弁護士Lが共同事務所に所属している場合には，弁護士Lのみではなく依頼者Cからいかなる協議も受けていない同一共同事務所に所属する他のすべての所属弁護士も，基本規程57条により，弁護士Lの利益相反の拡張を受けて，Cを相手とする当該事件を引き受けてはならないこととなる。共同事務所の所属弁護士は，他の所属弁護士の依頼者にも同一の忠誠義務を一体として尽くすべきであることを理由とする。共同事務所所属の弁護士は，他の所属弁護士の利益相反の拡張を受けて他の所属弁護士の利益相反事件の依頼者を相手方とする訴訟を引き受けることも解決交渉をすることも禁止されるのである。これが同時的利益相反の拡張である。

　先に述べたように，基本規程57条は，共同事務所所属のある弁護士の基本規程27条および28条の各号すべての利益相反事由につき他の所属弁護士への拡張を規定している。基本規程27条1号・2号・4号・5号および28条3号の利益相反事由を共同事務所の他の所属弁護士に拡張させることについては特に問題はない。

　検討すべきは，基本規程27条3号および28条3号以外のすべての号の利益相反事由につき，基本規程57条の解釈として，これらの利益相反の拡張を認

めるべきか，認めるとして依頼者の同意による拡張の放棄を認める余地があるか否かである。基本規程57条は，依頼者の同意による利益相反の拡張の放棄を認めていないが，利益相反の拡張の主たる根拠を依頼者に対する忠誠義務と理解する立場からは，依頼者の同意による利益相反の拡張の放棄を認めるべきである。特に，基本規程27条3号および28条のすべての号は，自らの利益相反の場合に依頼者の同意による禁止を解除していることに照らしこれらの利益相反の拡張の放棄も依頼者の同意によって認められると解する。

次に，留意すべきは，基本規程57条が共同事務所所属弁護士Lが受任している事件の相手方が当該弁護士の配偶者，直系血族，兄弟姉妹または同居の親族である場合（基本規程28条1号）や弁護士Lの依頼者の利益と弁護士自らの個人的利益が相反する場合（基本規程28条4号）といった親族関係や個人的利益に基づく利益相反についてもそのような親族関係や個人的利益に基づく利益相反のない共同事務所所属の他の所属弁護士にも利益相反を拡張させていることである。

(ロ)　異時的利益相反の拡張（弁護士が所属共同事務所を移動する際の利益相反の拡張）　利益相反の拡張の問題は，弁護士が共同事務所を移動する場合にも生じ得る。この異時的利益相反の拡張は，共同事務所に所属していた弁護士がその共同事務所を離脱した後の離脱共同事務所における利益相反の拡張の問題，共同事務所を離脱した離脱弁護士の利益相反の拡張の再拡張の問題，共同事務所を離脱した弁護士が他の共同事務所に移籍する場合の移籍先共同事務所における利益相反の拡張の問題とがある。それぞれに分けて検討する。

(a)　離脱共同事務所における利益相反の拡張　共同事務所に所属しているある弁護士が当該共同事務所を離脱した後の離脱共同事務所における利益相反の拡張については，同時的利益相反事由が自らにある弁護士が離脱する場合と同時的利益相反の拡張を受けた弁護士が離脱する場合とに分かれる。後者の場合には，自らに利益相反事由のある弁護士が共同事務所に所属したままであるから離脱共同事務所における他の所属弁護士への利益相反の拡張は継続するので，離脱共同事務所における利益相反の拡張については格別の問題は生じない。検討すべきは前者である。

弁護士法あるいは職務基本規程においては，利益相反事由が自らにある弁護

士が共同事務所を離脱した場合の離脱共同事務所における利益相反についての規定として，基本規程57条がある。同条の「他の所属弁護士（所属弁護士であった場合を含む。）」の「（所属弁護士であった場合を含む。）」という文言が依拠すべき文言となる。そこで共同事務所の利益相反事由のある所属弁護士が離脱した後の離脱共同事務所における利益相反の拡張につき，基本規程57条，27条および28条の各号を念頭においていくつか例を挙げて検討する。

> 【例1】　共同事務所Aに所属していた弁護士L_1は，依頼者C_1から相談を受けC_2に対する不法行為に基づく損害賠償請求事件（X事件）を受任していた。X事件を受任したのは弁護士L_1のみであり，弁護士L_1は，共同事務所A所属の弁護士L_2を含む他のいかなる所属弁護士にもX事件につきいかなる秘密情報も開示していなかった。その後，弁護士L_1は，引き続きX事件を受任したまま共同事務所Aを離脱して独立し自らの事務所を開設し，その後，C_2に対しX事件の訴訟を提起した。共同事務所A所属の弁護士L_2は，偶然，C_2からX事件の応訴の依頼を受けた。共同事務所A所属の弁護士L_2は，X事件につきC_2を依頼者として訴訟を受任することができるか？

　弁護士L_1は，C_1とX事件についての協議をなしX事件を受任している以上，自らはC_2から依頼されてC_1を相手とするX事件を受任することはできない（基本規程27条1号）。弁護士L_1が共同事務所Aに所属している場合には，弁護士L_1がC_1を相手とするX事件を受任できない以上，同一共同事務所に所属している弁護士L_2もC_1を相手とするX事件を受任できない（基本規程57条）。基本規程57条によれば，弁護士L_1が共同事務所Aに所属している間のみならず共同事務所Aを離脱した後も，所属弁護士であった者として，共同事務所Aに所属している間に他の所属弁護士に自らの利益相反を拡張させる。したがって，基本規程57条を文字通り解釈すれば弁護士L_2は，C_2を代理してX事件を受任することはできないこととなる。

　以上が現行の基本規程57条の文字どおりの解釈であるが，弁護士L_1がC_1のX事件を引き受けて離脱した以上，C_1は共同事務所Aにとっては過去の依頼者であり，現在では，共同事務所Aとして一体として忠誠義務を負う依頼者ではもはやなく，利益相反の拡張の根拠を喪失している。弁護士自らの依頼者の場合においても，事件の同一性がない限りは事件の受任期間を要件としてお

り現在の依頼者に対する忠誠義務のみを問題としている（基本規程27条3号・28条2号参照）。一方，弁護士自らの場合の基本規程27条1号・2号の利益相反事由については事件の受任期間という限定は存在しない。しかし，利益相反の拡張は，必ずしも，より厳格であればより倫理的であるというものではない。弁護士の事務所選択の自由や依頼者の弁護士選択権も配慮すべき要素であるからである。本例の場合のように，利益相反事由が存在する弁護士が当該事件を引き受けた上で共同事務所を離脱した場合には，共同事務所にとっては過去の依頼者であり，同一の忠誠義務を尽たすべき依頼者ではもはやなく，離脱弁護士の利益相反事由は，離脱共同事務所の他の所属弁護士には拡張されないとする考えも考慮に値する。そのような考え方に立てば，弁護士L_1が共同事務所Aを離脱した後は，同事務所に現在所属する弁護士L_2は，C_1を相手とする事件を受任することは許される。この点につき，ドイツ連邦憲法裁判所2003年7月3日決定は，異時的利益相反の拡張につき職業選択の自由，依頼者の意思をも考慮した判断となっている（福井2005：51頁）。

なお，本例について基本規程57条の本文が適用されるとしても，同条但書である「職務の公正を保ち得る事由」によって利益相反の拡張を遮断し事件の受任を認めるという解釈が「解説職務基本規程」によって示唆されている。しかしながら，「職務の公正を保ち得る事由」の漠然さはさておくとして，本例のような場合において，基本規程57条の但書の適用の余地を認めることの妥当性については疑問が残る。

> 【例2】 共同事務所Aに所属していた弁護士L_1は，特許権者である依頼者C_1を代理してXに対する特許権侵害訴訟（X事件）を受任していたが，X事件については共同事務所A所属の弁護士L_1のみが担当し他の所属弁護士はX事件に一切関与せずいかなる情報の開示も受けていなかった。その後，弁護士L_1は，依頼者C_1のX事件を受任したまま共同事務所Aを離脱して独立した。共同事務所A所属の別の弁護士L_2は，C_2からC_1を相手とするX事件と無関係な家屋明渡請求事件（Y事件）を依頼された。弁護士L_2は，C_1を相手とするY事件を受任することができるか？　弁護士L_2がXからX事件とまったく無関係なZに対する名誉毀損に基づく損害賠償請求事件（Z事件）を依頼された場合はどうか？

まず，弁護士L_1が共同事務所Aに所属していたままであるとすると，弁護

士L_1は，自らC_1を相手とするY事件（基本規程28条2号）も相手方Xからのを Z事件（基本規程27条3号）も受任し得ないのであるから，同一事務所に所属する弁護士L_2も基本規程57条の利益相反の拡張によりC_1を相手とするY事件も相手方XからのZ事件も受任し得ない。

それでは，本例のように，共同事務所A所属の弁護士L_1がX事件を引き受けたまま共同事務所Aを離脱した後に，離脱共同事務所A所属の弁護士L_2がC_2からC_1を相手とするY事件を依頼されたときは受任できるのであろうか。また，弁護士L_2は，XからのZ事件の依頼を引き受けることができるであろうか。

弁護士L_1は，共同事務所Aを離脱したとしても，共同事務所Aに所属していたのであるから，基本規程57条の「（所属弁護士であった場合を含む。）」の文言どおりに解釈すれば，共同事務所A所属の他の弁護士L_2は，弁護士L_1が離脱した後もC_1を相手とするX事件もXからのZ事件の受任もできないこととなる。しかし，弁護士L_1が依頼者C_1のX事件を引き受けたまま共同事務所Aを離脱した以上，もはや共同事務所Aからみれば，C_1は，基本規程28条2号の「受任している他の事件の依頼者」という利益相反の拡張事由たる要件は欠くのである。同様の議論は，基本規程27条3号の「受任している事件」にも該当する。このように，離脱弁護士の利益相反事由が「受任している事件」という時間的限定を要件としている場合（基本規程27条3号・28条2号）には，所属共同事務所を離脱した以上，基本規程57条の適用を限定して，利益相反の拡張はないと解すべきである。

さらに，共同事務所所属の弁護士との個人的親族関係（基本規程28条1号）や個人的利益相反の場合（基本規程28条4号）の場合にまで当該弁護士が共同事務所を離脱した後に利益相反の拡張を認めて共同事務所に残ったいかなる弁護士もC_1を相手とする事件やXからのZ事件を受任し得ないというのも利益相反の拡張の趣旨を超えた制約となる。

「受任している事件」という時間的限定がある場合や個人的理由による利益相反の場合には，離脱した弁護士の利益相反事由を離脱共同事務所に所属する弁護士に拡張を及ぼす理由に乏しい。一方で，弁護士の事務所移動の自由や依頼者の弁護士選択権といった保護に値する利益が大きく阻害されることにもな

る。基本規程27条3号および基本規程28条1号・2号・4号に該当する場合には，基本規程57条の適用を類型的に限定して，離脱弁護士の利益相反は離脱共同事務所に所属する他の弁護士には及ばないと解すべきである。利益相反事由の性格を問わず一律に利益相反の拡張を行うことに一定の制約を課そうとする実際的配慮によるものであるが，同条の解釈論としても可能なものと思われる。

> 【例3】 共同事務所Aに所属していた弁護士L_1は，依頼者C_1から相談を受けC_2に対する不法行為に基づく損害賠償請求事件（X事件）を受任していた。X事件を受任したのは弁護士L_1のみであったが，弁護士L_1は，共同事務所A所属の弁護士L_2にもX事件につき秘密情報を開示し協議を行っていた。その後，弁護士L_1は，引き続きX事件を受任したまま共同事務所Aを離脱して独立し，C_2に対しX事件の訴訟を提起した。共同事務所A所属の弁護士L_2は，偶然，C_2からX事件の応訴の依頼を受けた。弁護士L_2は，X事件につきC_2を依頼者としてX事件の応訴を受任することができるか？

弁護士L_1が共同事務所Aに所属していたままであるとすると，弁護士L_1がX事件につきC_1と協議をなしかつX事件を受任している以上，同一事務所に所属する弁護士L_2もC_2からのC_1に対するX事件を受任し得ない（規程57条・27条1号・2号）。本例においては，共同事務所A所属の弁護士L_2がC_2からX事件を受任したときは，弁護士L_1はすでに共同事務所Aを離脱して自らX事件を受任したまま独立しており，C_1はもはや共同事務所Aの依頼者ではない。しかしながら，本例の場合には，【例2】と異なり，事件に同一性があり，かつ弁護士L_2は，弁護士L_1からX事件につきC_1に関する秘密情報の開示を受けている。弁護士L_2は，開示を受けたC_1の秘密情報を守秘義務によりC_2のために利用できない。そのため，弁護士L_2は，C_2のための効果的な代理活動が制約されC_2のための最善の代理ができない。よって，弁護士L_1がX事件を受任したまま共同事務所Aを離脱した後といえども，共同事務所Aに現在所属する弁護士L_2は，X事件につきC_2の依頼を受けてC_1を相手とする訴訟の応訴は受任できないと解すべきである。これは守秘義務，特に秘密の不使用義務（基本規程23条）の効果である。

本例の場合には，基本規程57条本文の「所属弁護士であった場合を含む」

の文字どおりの解釈によっても弁護士L_2はX事件を受任し得ないこととなり、実際的には同一の結論を導く解釈となるが理由づけは異なる。

　以上、共同事務所所属の弁護士が当該共同事務所を離脱した後の離脱共同事務所の所属弁護士への利益相反の拡張につき離脱弁護士がその共同事務所に所属していたその期間内に利益相反事由が生じている場合には、離脱弁護士の利益相反事由が基本規程 27 条・28 条の各号のいずれの利益相反事由に該当するかを問わず、離脱弁護士の利益相反が離脱事務所所属の他の弁護士へ一律に拡張されるというのが基本規程 57 条本文の文言どおりの解釈となる。しかし、離脱弁護士の利益相反事由が基本規程 27 条 1 号・2 号・4 号・5 号および基本規程 28 条 3 号に該当する場合を除き、離脱弁護士が、基本規程 27 条 3 号・28 条 1 号・2 号・4 号に該当する場合には、事件の個人的性格および「受任している事件」という時間的限定により、基本規程 57 条の適用が類型的に限定され、離脱共同事務所の所属弁護士は、離脱弁護士の依頼者を相手方とした事件を受任し得ると解する。

　立法論としては、自らに利益相反事由のある共同事務所の所属弁護士が離脱した場合には、離脱共同事務所での利益相反の拡張の理由は喪失し、離脱共同事務所の弁護士は、離脱弁護士の依頼者を相手方とした同一事件を受任し得るとすることも検討すべきである。離脱弁護士が基本規程 27 条・28 条のいずれかの号に該当する事件を受任していたとしても当該弁護士が当該事件を受任したまま離脱した後には、離脱共同事務所にとってかかる依頼者は過去の依頼者であり共同事務所としてもはや一体として忠誠義務を尽くすべき依頼者とはいえない一方で、弁護士の事務所移動の自由および依頼者の弁護士選択権の確保も配慮すべき価値であるからである。

　いずれにしても、基本規程 57 条の適用に際して基本規程 27 号・28 条各号毎の性格の相違に考慮して離脱共同事務所における利益相反の拡張の有無を明確化することの検討が望まれる。なお、共同事務所の弁護士が守秘義務を負って離脱した場合には、守秘義務の効果を受けるべきこと何度も述べたとおりである。

　(b)　離脱弁護士の利益相反の再拡張　　共同事務所に所属している、ある弁護士が当該共同事務所を離脱した後の離脱共同事務所ではなく、離脱弁護士の

利益相反の拡張については，同時的利益相反事由が自らにある弁護士が離脱する場合と同時的利益相反の拡張を受けた弁護士が離脱する場合とに分かれる。前者の場合のように，利益相反事由が自らにある弁護士が共同事務所を離脱する場合には自らの利益相反事由が存在したままであるので離脱弁護士については特段の検討すべき問題は生じない。検討すべきは後者である。共同事務所に所属することにより利益相反の拡張を受けた弁護士が当該共同事務所を離脱した場合には，離脱後にも当該利益相反の拡張の再拡張があるか否かの問題である。弁護士法も基本規程57条を含めた弁護士職務基本規程もこのような共同事務所離脱後の利益相反の再拡張を認める規定を置いていない。設例をいくつか挙げて検討する。

> 【例4】 共同事務所Aに所属する弁護士L_1は，依頼者C_1を代理してC_2に対する特許侵害訴訟事件（X事件）を受任していた。共同事務所Aに所属する弁護士L_2は，X事件にはまったく関与せずいかなる情報の開示も受けていなかった。その後，弁護士L_2は，共同事務所Aを離脱して独立し自らの事務所を開設したが，事務所開設後，C_2からX事件の応訴の依頼を受けた。この場合，弁護士L_2は，C_2を代理してX事件を受任することができるか？

本例において，弁護士L_2が共同事務所Aに所属している間は，弁護士L_1の規程27条1号の利益相反が弁護士L_2に拡張され，弁護士L_2は，基本規程57条の規定により，C_1を相手とするX事件を受任することはできない。

それでは，共同事務所に所属することにより利益相反の拡張を受けた弁護士が当該共同事務所を離脱した場合にも，当該利益相反の拡張が離脱弁護士に再拡張されるのであろうか。基本規程57条は，利益相反事由が自らにある弁護士が共同事務所を離脱した場合に，他の所属弁護士への利益相反の拡張が存続することを規定している。しかし，同条は，利益相反の拡張を受けた弁護士が共同事務所を離脱した後のことについては沈黙しており，その他，弁護士法にも弁護士職務基本規程の他の条項にも利益相反の拡張を受けた弁護士が共同事務所離脱後に利益相反の拡張の再拡張についての規定は存在しない。

共同事務所に所属していたことにより利益相反の拡張を受けた弁護士が当該共同事務所を離脱した以上，当該共同事務所の依頼者は離脱弁護士にとっては過去の依頼者となっており同一事務所に所属しているがゆえに他の所属弁護士

の依頼者に対して同一の忠誠義務を果たすという利益相反拡張の理由は失われる。共同事務所のすべての依頼者に対して同一の忠誠義務を尽くすという観点からは，離脱弁護士に共同事務所離脱後も利益相反の拡張の再拡張を認める理由はない。離脱後は，むしろ弁護士の移動の自由および依頼者の弁護士選択権を重視すべきである。本例においては，弁護士L_2は，共同事務所Aに所属している間，X事件に関与したり，秘密情報の開示を受けているわけではなく，共同事務所Aを離脱することにより，利益相反の拡張の再拡張はなく，弁護士L_2は，C_2からのX事件の応訴の受任は認められると解する。

【例5】 共同事務所Aに所属している弁護士L_1は，依頼者C_1のXに対する不法行為に基づく損害賠償請求事件（X事件）を受任している。弁護士L_2は，共同事務所Aに所属していた間，X事件を受任してはいなかったが，X事件につき弁護士L_1から秘密情報の開示を受けて協議を行っていた。その後，弁護士L_2は，共同事務所Aを離脱して独立したが，独立後，XからC$_1$を相手とするX事件の応訴の依頼を受けた。弁護士L_2は，XからのX事件の応訴を受任することができるか？

弁護士L_1は，基本規程27条1号・2号により事件の同一性があるX事件につき依頼者C_1を相手とする事件を受任できない。弁護士L_2は，X事件につき受任はしていないものの基本規程57条により弁護士L_1の利益相反が弁護士L_2に拡張される。よって，弁護士L_2は，共同事務所Aに所属する限り，X事件につき依頼者C_1を相手とするXからの依頼の事件を受任することはできない。

先に述べたように，利益相反の拡張を受けた弁護士が共同事務所を離脱した後は，利益相反の拡張の再拡張はなく，弁護士L_2は，離脱後はC_1を相手とするX事件の受任はできると一応解される。

しかしながら，本例においては，事件に同一性があり，弁護士L_2はX事件につき弁護士L_1からC_1についての秘密情報の開示を受けている。同一事務所での弁護士間の秘密開示および協議は基本規程56条の趣旨から認められているが，その反面，同一共同事務所内で秘密の開示を受けて協議を行った弁護士は，基本規程56条により守秘義務を課せられる。この義務は，共同事務所離脱後も存続する。そのため，弁護士L_2は，共同事務所に所属している間に取得したC_1の秘密情報を離脱後もXのために利用できない。弁護士L_2は，

秘密情報をＸのための利用できない以上，Ｘのために効果的な代理活動が制約されＸのための最善の代理ができない。よって，弁護士L_2は，共同事務所Ａから離脱した後といえども，Ｘ事件につきＸの依頼を受けてC_1を相手とする訴訟の応訴の受任はできないと解する。利益相反の拡張の再拡張は認められないが，基本規程56条の秘密の不使用義務の効果によって弁護士L_2は，Ｘ事件の受任はできないこととなる。利益相反の拡張の効果ではなく，守秘義務／秘密の不使用義務の効果である。

【例6】 共同事務所Ａに所属している弁護士L_1は，依頼者C_1のＸに対する不法行為に基づく損害賠償請求事件（Ｘ事件）を受任している。当時，弁護士L_2は，共同事務所Ａに所属していたが，Ｘ事件にはまったく関与せず弁護士L_1からいかなる秘密情報の開示も受けていなかった。その後，弁護士L_2は，共同事務所Ａを離脱して独立したが，独立後，C_2からC_1に対するＸ事件とはまったく無関係な貸金請求事件（Ｙ事件）を依頼された。弁護士L_2はこの貸金請求事件を受任できるか？ また，弁護士L_2が，ＸからＸ事件とまったく無関係なＺに対する名誉毀損に基づく損害賠償請求事件（Ｚ事件）を依頼された場合はどうか？

弁護士L_1は，基本規程28条2号により事件の同一性がなくても自らの現在の依頼者C_1を相手とする事件を受任できない。また，弁護士L_1は，基本規程27条3号により事件の同一性がなくても受任している事件の現在の相手方からの依頼を受けてはならない。弁護士L_2が同一共同事務所Ａに所属する限り，弁護士L_1が基本規程28条2号または規程27条3号により受任できない事件については基本規程57条により利益相反が弁護士L_2に拡張される。よって，弁護士L_2は，依頼者C_1を相手とする事件または相手方Ｘからの依頼の事件を受任することはできない。

いままでに論じたように，共同事務所に所属することにより利益相反の拡張を受けた弁護士の場合には，当該弁護士が当該共同事務所を離脱した以上，同一事務所の依頼者に対して同一の忠誠義務を果たすという利益相反拡張の理由は喪失する。特に，本例においては，共同事務所所属の弁護士の利益相反事由である基本規程27条3号および28条2号が「受任している事件」を要件としているのであり，当該弁護士が所属共同事務所を離脱した以上，利益相反の拡張の再拡張はないと解される。したがって，弁護士L_2が共同事務所を離脱し

た場合には，C_2から依頼されたC_1を相手とするY事件の受任は可能である。また，弁護士L_2は，Xから依頼されたZに対するZ事件の受任も可能である。

> 【例7】 共同事務所Aに所属する弁護士L_1およびL_2は，依頼者C_1からC_2に対する特許侵害訴訟事件（X事件）を共同で受任し依頼者C_1から秘密情報の開示を受けていた。その後，弁護士L_2は，X事件を辞任した上で共同事務所Aを離脱し1人で自らの事務所を開設した。X事件については共同事務所Aに所属したままの弁護士L_1が引き続きC_1代理をして訴訟提起の準備をしている。弁護士L_2は，共同事務所Aを離脱後，C_2からX事件の応訴の受任を依頼された。弁護士L_2は，X事件の応訴をC_2から受任できるか？

　弁護士L_2は，C_1から協議を受けC_1を代理してX事件を受任していたのであるから，C_1を相手方とするX事件でC_2を代理することは基本規程27条1号に該当する。弁護士L_2がX事件を辞任したとしても基本規程27条1号に該当する。弁護士L_2が独立しようと他の事務所に所属しようと同様である。したがって，弁護士L_2がX事件を辞任した上で共同事務所Aを離脱して独立したとしても弁護士L_2は，C_1を相手とするX事件を受任できない。これは，利益相反の拡張の問題ではなく，自らの利益相反，すなわち，自らが基本規程27条1号に該当することの結果である。

　それでは，共同事務所Aでの依頼者C_1が弁護士L_2がC_2を代理してX事件の受任に同意した場合はどうであろうか？　この点につき，基本規程27条1号は同意を利益相反禁止の解除事由としていないのであるから，弁護士L_2は共同事務所Aを離脱後もC_1を相手とするX事件の受任はできないと解される。

　以上，共同事務所に所属することにより利益相反の拡張を受けた弁護士が当該共同事務所を離脱した場合には，弁護士法にも職務基本規程にも受任を禁止する利益相反の拡張の再拡張を規定して受任を禁止する根拠条文が存在しない以上，離脱後は，利益相反の拡張の再拡張はないと解される。実質的にも，同一事務所に所属しているがゆえに他の所属弁護士の依頼者に対して同一の忠誠義務を果たすという利益相反拡張の根拠が失われる以上，再拡張を認めるべきではない。利益相反の拡張の再拡張を認めれば，弁護士の事務所移動は著しく制限されかつ依頼者の弁護士を選択する権利も阻害される結果となるからでもある。

しかしながら，離脱共同事務所で秘密情報を取得している場合には，守秘義務／秘密の不使用義務により，離脱後に当該秘密を使用する事件を受任することはできない。

(c) 移籍先共同事務所における利益相反の拡張　共同事務所に所属するある弁護士が当該事務所を離脱して，離脱共同事務所の所属弁護士が受任していた事件の依頼者を相手方として受任している他の共同事務所に移籍する場合には，移籍先事務所において利益相反の拡張の問題が生じ得る。その場合には，離脱弁護士が当該事件を受任したまま移籍する場合と離脱事務所において利益相反の拡張を受けた離脱弁護士が移籍する場合とに分けられる。共同事務所を離脱した離脱弁護士の移籍先共同事務所における利益相反につき，職務基本規程27条・28条および57条をもとにそれぞれの事例ごとに検討する。

> 【例8】　共同事務所Aに所属する弁護士L_1は，依頼者C_1を代理してC_2に対する特許侵害訴訟事件（X事件）を受任していた。共同事務所Aに所属する弁護士L_2は，X事件にはまったく関与せずX事件につきいかなる情報の開示も受けていなかった。X事件のC_2を代理していたのは共同事務所B所属の弁護士L_3であった。その後，弁護士L_2は，共同事務所Aを離脱して共同事務所Bに移籍しようとしている。弁護士L_3が所属している共同事務所Bは，弁護士L_2を受け入れることができるか？

本例において，弁護士L_2が共同事務所Aに所属している間は，弁護士L_1の規程27条1号の利益相反が弁護士L_2に拡張され，弁護士L_2は，基本規程57条の規定により，C_1を相手とするX事件を受任することはできない。それでは，弁護士L_2が共同事務所Aを離脱して共同事務所Bに移籍しようとした場合，共同事務所Bは，弁護士L_2を受け入れることができるであろうか。

いままでに述べたように，弁護士法も職務基本規程も弁護士L_2の利益相反の拡張を共同事務所離脱後にも再拡張させる条項を置いていない。よって，共同事務所に所属していることにより利益相反の拡張を受けていた弁護士が当該共同事務所を離脱した以上，守秘義務の制約のない限り，利益相反の拡張の再拡張はないと解される。したがって，本例においては，弁護士L_2は，共同事務所BにX事件についての利益相反の拡張を再拡張させることなく共同事務所Bに移籍することが可能であり，共同事務所BはX事件につきC_2を代理したま

ま弁護士L_2の移籍を受け入れることができると解する。また、弁護士L_2は、共同事務所においてX事件を受任し得ると解する。

> 【例9】 共同事務所Aに所属する弁護士L_1は、依頼者C_1を代理してC_2に対する特許侵害訴訟事件（X事件）を受任していた。X事件のC_2を代理していたのは共同事務所B所属の弁護士L_2であった。その後、弁護士L_1は、X事件を受任したまま共同事務所Aを離脱して共同事務所Bに移籍しようとしている。弁護士L_2が所属している共同事務所Bは、弁護士L_1を受け入れることができるか？

本例は、移籍先共同事務所における基本規程57条の適用の問題である。弁護士L_1は、C_1を代理してX事件を受任している。弁護士L_1がX事件を受任したままで共同事務所Aを離脱して共同事務所Bに移籍したとすると、共同事務所Bは、弁護士L_1とL_2が同一事件につき利益相反の関係（基本規程27条1号）となり、弁護士L_1は、X事件につき自らの利益相反を基本規程57条によって共同事務所Bの所属弁護士L_2に拡張させることになる。同時に、共同事務所Bは、その所属弁護士L_2がX事件につきC_2を代理しているがゆえに、弁護士L_2は、X事件につき自らの利益相反を基本規程57条によって弁護士L_1に拡張させることになる。弁護士L_1と弁護士L_2とがX事件につき相対立する当事者を代理している限り、弁護士L_1は、共同事務所Bに移籍することはできない。移籍先共同事務所で基本規程57条が適用される結果である。

> 【例10】 共同事務所Aに所属する弁護士L_1およびL_2は、依頼者C_1を共同で代理してC_2に対する特許侵害訴訟事件（X事件）を受任していた。X事件のC_2を代理していたのは共同事務所B所属の弁護士L_3であった。その後、弁護士L_1は、X事件につきC_1の代理を辞任した上で共同事務所Aを離脱して共同事務所Bに移籍しようとしている。弁護士L_3が所属している共同事務所Bは、弁護士L_1を受け入れることができるか？

本例の場合は、弁護士L_1が共同事務所Bへ移籍するにあたってX事件につきC_1の代理を辞任している。弁護士L_1がX事件につきC_1の代理を辞任したとしても基本規程27条1号により弁護士L_1がX事件につきC_1を相手にすることはできない以上、結論は【例9】と同様である。それでは、C_1が弁護士L_1に対して共同事務所Bへの移籍を認めることに同意した場合はどうであろうか。基本規程57条が依頼者の同意を利益相反の拡張の放棄事由としていな

いことからすれば，依頼者の同意にもかかわらず，共同事務所Bは，弁護士L_3がC_2を代理してX事件を受任している限り弁護士L_1を受け入れることができないと解すべきである。しかしその場合でも，基本規程57条但書を適用して「職務の公正さを保ち得る事由」に該当するようないわゆるチャイニーズウォールを設定することにより共同事務所Bへの受け入れが可能となる余地はある。

> 【例11】 共同事務所Aに所属する弁護士L_1は，依頼者C_1を代理してC_2に対する特許侵害訴訟事件（X事件）を受任していた。共同事務所Aに所属する弁護士L_2は，X事件を受任してはいなかったがX事件の情報の開示を受けX事件につき弁護士L_1から相談を受けていた。X事件のC_2を代理していたのは共同事務所B所属の弁護士L_3であった。その後，弁護士L_2は，共同事務所Aを離脱して共同事務所Bに移籍しようとしている。弁護士L_3が所属する共同事務所Bは，弁護士L_2の移籍を受け入れることができるか？ 共同事務所Bは，弁護士L_2の移籍を受け入れることができるとして，弁護士L_2は，X事件を受任することができるか？

弁護士L_2が共同事務所Aに所属している間は，弁護士L_1の基本規程27条1号の利益相反が弁護士L_2に拡張され，弁護士L_2は，基本規程57条の規定により，C_1を相手とするX事件を受任することはできない。本例では，弁護士L_2は，利益相反の拡張を受けている弁護士であり，共同事務所Aを離脱することにより利益相反の拡張の再拡張はなくなる。したがって，弁護士L_2が共同事務所Bに移籍することの障害はない。基本規程57条は，あくまで基本規程27条または28条に該当する場合の利益相反の拡張であり，弁護士L_2がX事件を受任していなかった以上，共同事務所Bは，基本規程57条の関係では弁護士L_2の移籍を受け入れることができると解する。

しかし，本例において弁護士L_2は，X事件を受任はしていないものの弁護士L_1からX事件の情報の開示を受けて弁護士L_1と相談を行っている。弁護士L_2は，共同事務所Aで弁護士L_1から秘密情報の開示を受けており基本規程56条により弁護士L_2も秘密の不使用義務を課せられ，共同事務所Bに移籍したとしてもこの秘密不使用義務は存続する。弁護士L_2は，X事件の秘密を利用できない以上，共同事務所Bに移籍しても自らはX事件を引き受けることはできないと解する。このように弁護士L_2が守秘義務の制約を受けている

場合には，守秘義務の効果として弁護士L_2の共同事務所Bへの移籍自体が認められないと解する。ただし，依頼者の同意とチャイニーズウォールの設定によって移籍禁止を解除して移籍を認めるということも考慮に値するであろう。

移籍先共同事務所における利益相反の拡張を要約すると，共同事務所に所属するある弁護士が当該事務所を離脱して，離脱事務所が受任していた事件の依頼者を相手方として受任している他の共同事務所に移籍する場合に，離脱弁護士が当該事件を受任したまま移籍する場合と離脱事務所において利益相反の拡張を受けた離脱弁護士が移籍する場合とに分けられる。前者の場合には，基本規程57条により，離脱弁護士自らの利益相反と移籍先事務所における利益相反が相互に拡張されるために移籍先共同事務所は，離脱弁護士を受け入れることはできない。しかし，後者の場合には，離脱弁護士の利益相反の拡張の再拡張はなく，移籍先事務所は，離脱弁護士との利益相反の衝突を生じることはなく離脱弁護士を受け入れることができると解する。しかし，離脱弁護士が離脱事務所において当該事件の秘密情報の開示を受けていた場合には，移籍可能であるとしても（スクリーニングの措置は必要である），移籍先事務所で当該事件を受任することはできないと解する。

（3）利益相反の拡張と秘密不使用義務

共同事務所における利益相反の拡張は，同一共同事務所に所属することを理由として共同事務所に所属するすべての弁護士に共同事務所のすべての依頼者に対して共通の忠誠義務を課すことを特に求めるものである。先に論じたように，利益相反の拡張を受けた弁護士が共同事務所を離脱した後には利益相反の拡張の再拡張はない。一方で，共同事務所内で他の所属弁護士から実際に秘密の開示を受けた弁護士の守秘義務は，離脱後も存続するため，離脱弁護士の守秘義務については利益相反の拡張の問題とは独立した考慮が必要となる。

異時的利益相反の拡張の場合には，同一事務所の依頼者に対する忠誠義務よりはむしろこの守秘義務，特に，秘密の不使用義務が問題となる。基本規程57条は，同一条文で同時的利益相反の拡張と異時的利益相反の拡張とを適用対象としている。文言上は，守秘義務自体を保護法益とはしていない。しかし，離脱共同事務所を離脱した弁護士が所属当時，他の所属弁護士からある依頼者（直接依頼者からではなくても）に関する秘密の開示を受けた事件については忠誠

義務は遮断されても秘密の不使用義務は存続する。利益相反の拡張を受けた弁護士が当該共同事務所を離脱した場合には，利益相反の再拡張はないが，この秘密の不使用義務の効果として離脱弁護士は，離脱事務所が受任していた事件の当該依頼者を相手方とする事件の受任は禁止されるべきである。また，離脱事務所が受任していた事件の依頼者を相手方として受任している共同事務所に当該事件に関する秘密情報の開示を受けた離脱弁護士が移籍する場合には，離脱弁護士は，この秘密の不使用義務の効果として，移籍先共同事務所において当該事件の受任は禁止されるのみならず，かかる離脱弁護士は，スクリーニングの措置をとらない限り，移籍先共同事務所へ入所することが認められないと解すべきである。

（4） スクリーニング（チャイニーズウォール）

基本規程57条は，「職務の公正を保ち得る事由」によって利益相反の拡張を遮断する効果を与えている。しかし，「職務の公正を保ち得る事由」についての例示も条件も示していないためその内容は明らかではない。解釈基準とするにはあまりに漠然としており，実効性を伴う表現ではない。この点につき，「解説職務基本規程」によると，いわゆるチャイニーズウォール（情報遮断措置）と呼ばれるスクリーニングを講じていれば利益相反の拡張が遮断され，職務の公正を保ち得る事由となる場合があることを示唆している。チャイニーズウォールは，情報遮断措置であり守秘義務の確保の措置である。依頼者に対する忠誠義務とは次元を異にする。チャイニーズウォールは，共同事務所内における秘密情報の遮断の措置を評価するものであり，忠誠義務を遮断する効果は有しない。

そこで，留意すべきは，共同事務所における同時的利益相反の拡張の場合には，いわゆるチャイニーズウォールによって利益相反の拡張が遮断されることはないということである。基本規程57条は，共同事務所における同時的利益相反の拡張と異時的利益相反の拡張とを同一の条文の中で規定している。しかし，共同事務所における利益相反の拡張は共同事務所のすべての依頼者に対して同一の忠誠義務を尽くすべきことを根拠とする。スクリーニングによって共同事務所に所属する弁護士の情報の他の所属弁護士への伝播を遮断する効果は期待できても，共同事務所の依頼者に対する忠誠義務に差異を設けることを正

当化することはできない。ABAのモデルルールにおいても，スクリーニングによって共同事務所での同時的利益相反の拡張を解除する効果は認めていないのである。基本規程57条の解釈としても，スクリーニングの設定によって「職務の公正を保ち得る事由」に該当させ，その結果として同一共同事務所の依頼者に対する忠誠義務に差異を設ける効果を与えるべきではない。

　次に，共同事務所における異時的利益相反の拡張の場合に，スクリーニングを設定することによって，基本規程57条の「職務の公正を保ち得る事由」に該当し異時的利益相反の拡張を遮断する効果を認め得るかである。

　ＡＢＡモデルルールは，スクリーニングによって利益相反の拡張の遮断を認めているが，それは，政府関係の職にあった弁護士あるいは裁判官等の役割を果たした弁護士が共同事務所に加入する場合にのみでありかつ異時的利益相反の場合のみである（MR 1.11または1.12）。その理由は，弁護士が政府関係等の職務に就くことを促進するための政策的配慮からくる。このように，留意すべきは，ある共同法律事務所で弁護士業務に携わっていた者が他の共同事務所に加入する場合にはスクリーニングを認めていないことである（MR 1.11参照）。しかし，アメリカの数州の倫理規定では弁護士がある共同法律事務所から他の共同法律事務所に移動する場合にもスクリーニングを認める規定を置いている。日本では，「解説職務基本規程」によるとこのような区別は意図していないようである。しかし，先に述べたように日本の場合においてもスクリーニングに同時的利益相反の拡張を遮断する効果は認める理由はない。

　アメリカにおける判例を参考にすると，スクリーニングの要件としては，移籍先事務所における当該事件の書類やコンピュータファイルの分離，移籍弁護士に対して秘密を開示しないことの指示，移籍先の他の弁護士に移籍弁護士と当該事件についての話をしないこと，依頼者に移籍弁護士が移籍事務所に移動したことの通知（かかる依頼者に当該事件の秘密が移籍先事務所において遵守されているか否かを注視させるため），遮断を遵守する旨の宣誓書といったことが必要となる。加えて重要なことはスクリーニングが弁護士が共同事務所に加入する以前か同時に行われることである。上記はすべて移籍先事務所においてなされることが必要である。

　利益相反の拡張の遮断のためには，スクリーニングに加えて当該事件から得

られる報酬のいかなる部分の分配も移籍弁護士が受けないことをも要件としている。報酬の分配は，守秘義務とは直接関係はなく，忠誠義務に対する配慮であろうか。日本においても大いに参考となる規定である。

（5） ＡＢＡモデルルールにおける利益相反の拡張

ＡＢＡモデルルールによると，共同事務所での所属弁護士の利益相反は他のすべての所属弁護士に拡張されることは日本の基本規程と同様である（ＭＲ 1.10（a））。

次に，ある共同事務所に所属していた弁護士が当該事務所を離脱して自らの利益相反事由となる担当していた依頼事件を引き受けたまま他の事務所に移動した場合には，離脱事務所での利益相反の拡張は遮断され離脱共同事務所は離脱弁護士の依頼者と利益相反する事件を受任することができることとなる。ただし，離脱事務所が受任する事件が移動した弁護士の受任事件と同一で，かつ離脱共同事務所の弁護士がかかる事件の本質的な秘密情報を取得していた場合が例外となる（MR 1.10（b））。

さらに，共同事務所に所属することにより利益相反の拡張を受けた弁護士が当該共同事務所を離脱した場合には，利益相反の拡張の再拡張はない。したがって，離脱弁護士が，離脱共同事務所の依頼者を相手とする事件を受任することは可能である。しかし，離脱弁護士が離脱後引き受ける事件が離脱事務所の依頼者と利害が実質的に対立する事件であってかつかかる事件の秘密情報を取得していた場合には，かかる依頼者が書面でインフォームド・コンセントを与えた場合でない限り，かかる依頼者を相手とする事件の受任はできない（ＭＲ 1.9（b））。

利益相反の拡張については，依頼者の書面による同意がある場合には，利益相反の拡張を放棄する効果を与えている（MR 1.9（b）・1.10（c）・1.11（a）・1.12（a）参照）。スクリーニングに関しては先に述べたとおりである。

（6） 利益相反の拡張の要約

共同事務所の利益相反の拡張につき基本規程57条を中心に場合分けをして検討してきたが，ここで今までの議論を要約してみる。

① 基本規程57条は，同時的利益相反と異時的利益相反とを同一の条文で規定している。しかし，異時的利益相反の拡張と同時的利益相反の拡張とを同

一の条文で同一の要件で規定することが適切であるか否かは検討課題である。

② 同時的利益相反の拡張に関して、基本規程57条は、共同事務所所属弁護士の利益相反事由すべて（基本規程27条・28条）に利益相反の拡張を認めている。しかし、基本規程27条・28条の各号ごとの具体的な趣旨を考慮して拡張の範囲を限定すべきである（以下③および④を参照）。

③ 同時的利益相反の拡張に関して、基本規程57条の解釈として、共同事務所所属の所属弁護士の基本規程27条3号・28条2号の利益相反事由については、同27条3号・28条2号で要求されている依頼者の同意（同条での同意は弁護士自らの場合の利益相反の同意であり、共同事務所所属の他の弁護士への拡張の放棄ではない）を類推して依頼者の同意による利益相反の拡張の放棄が認められると解する。

④ 同時的利益相反の拡張に関して、基本規程28条1号・4号は弁護士の個人的理由による利益相反であり他の所属弁護士への利益相反の拡張を及ぼすべき性格のものではなく、依頼者の同意による利益相反の拡張の放棄を認めるべきである。

⑤ 基本規程57条は、同時的利益相反の拡張に「職務の公正を保ち得る事由」によって利益相反の拡張を遮断する効果を認めている。しかし、同時的利益相反の場合にはすべての依頼者に対する忠誠義務をまっとうする趣旨から情報遮断による利益相反の拡張の遮断を否定すべきである。むしろ、影響を受ける依頼者のインフォームド・コンセントに利益相反の拡張の放棄を認めるべきである。

⑥ 異時的利益相反の拡張に関して、基本規程57条の「他の所属弁護士（所属弁護士であった場合を含む。）」の「（所属弁護士であった場合を含む。）」により、自らに利益相反事由が存する弁護士が共同事務所を移動した場合の離脱共同事務所での利益相反の拡張につき、利益相反事由すべて（基本規程27条および28条）に一律に利益相反の拡張を認め離脱共同事務所のいかなる弁護士も当該事件を受任することはできない。しかし、基本規程27条・28条の各号ごとの具体的な趣旨を考慮して拡張の範囲を定めることが必要である（以下⑦から⑩までを参照）。

⑦ 基本規程27条3号および28条2号は、「受任している事件」が要件と

なっており異時的利益相反の拡張にはなじまず，これらの各号に該当する事件については基本規程57条の解釈として離脱共同事務所での所属弁護士への利益相反の拡張の適用を否定すべきである。加えて，基本規程28条1号・4号は弁護士の個人的理由による利益相反でありこれらも異時的利益相反の拡張にはなじまずこれらの各号に該当する事件についても基本規程57条の解釈として離脱共同事務所での所属弁護士への利益相反の拡張を否定すべきである。

⑧　異時的利益相反に関して，基本規程27条1号・2号・4号・5号および28条3号の利益相反事由が自らにある弁護士が共同事務所を離脱した場合には，離脱弁護士の離脱後といえども離脱共同事務所のいかなる弁護士も当該事件を受任することはできない。しかし，基本規程28条3号の利益相反の拡張については依頼者の同意による拡張の放棄を認めるべきである。

⑨　異時的利益相反の拡張に関して，弁護士法も職務基本規程も同時的利益相反の拡張を受けた弁護士が共同事務所を離脱した場合に，離脱弁護士に離脱共同事務所での利益相反の拡張を離脱後に再拡張して受任を禁止する規定は存在しない。離脱共同事務所においてある事件につき同時的利益相反の拡張を受けた弁護士が共同事務所を離脱した場合には，離脱弁護士は利益相反の拡張の再拡張を受けることなく当該事件を受任し得ると解する。また，離脱弁護士は，離脱共同事務所が受任していた事件の依頼者を相手方として受任している他の共同事務所に移籍することも可能であり，移籍先共同事務所で当該事件を受任することもできる。しかし，離脱弁護士が当該事件についての秘密情報を取得していた場合には守秘義務の制約により移籍できない。離脱弁護士は，当該事件の受任はできないがチャイニーズウォールを用意すれば移籍可能であるという議論も可能ではあろう。いずれにしても検討すべき課題である。

⑩　共同事務所所属のある弁護士が所属事務所で受任していた事件を受任したまま離脱して当該事件の相手方を依頼者として受任している他の共同事務所に移籍することは，離脱弁護士と移籍先事務所において基本規程57条が適用されることにより利益相反の拡張が相互に生じ移籍先共同事務所は離脱弁護士を加入させることはできない。

⑪　基本規程57条は，共同事務所所属弁護士が当該事務所を移動する際の要件を課していない。しかし，離脱する弁護士の依頼者宛てに共同事務所から

当該弁護士が当該事件を受任して離脱するか共同事務所の他の所属弁護士に事件を委ねるかの選択の通知を発することを義務づけることも考慮に値する。依頼者の弁護士選択権の確保を異時的利益相反の拡張の有無を考慮する要素とするためである。

⑫　基本規程57条は,「職務の公正を保ち得る事由」があるときに利益相反の拡張の遮断を認めているが,異時的利益相反の場合にこそこの要件は必要である。しかし,職務の公正を保ち得る事由についての例示がないためその要件が明確ではない。情報遮断を意味するのか情報遮断以外の概念をも含めるのかの検討が必要である。

⑬　基本規程57条は,利益相反の同時的拡張および異時的拡張の場合において拡張を受ける所属弁護士が秘密の開示を受けたことを利益相反の拡張の要件としていない。同条の趣旨が守秘義務とは独立した忠誠義務を問題としているからである。しかし,基本規程57条の解釈にあたっては,利益相反の拡張に守秘義務を担保する機能があることも念頭におくべきである。

⑭　利益相反（利益相反の拡張を含む）を守秘義務,特に不使用義務との関係でどのような位置づけにしてどのような内包,外延を設定するかは今後より緻密な議論が必要である。

⑮　基本規程57条は,利益相反の拡張について共同事務所の弁護士間の報酬の共有,収益の比例的分配を要件とはしていない。報酬の共有,収益の分配のないことが「職務の公正さを保ちうる得る事由」の要素となり得るのかも論議すべきである。

⑯　基本規程57条は,依頼者の同意によって利益相反の拡張を放棄することを認めていない。利益相反の拡張を「職務の公正さ」の維持を主たる趣旨として捉えていることによる。しかし,「職務の公正さ」という曖昧な概念はその内容次第で,むしろ依頼者の意思に反して利益相反の適用を狭めてしまうおそれもある。利益相反の拡張を依頼者の意思を越えた弁護士の職務の公正さを根拠とすることの妥当性はあらためて検討されてよい課題である。依頼者の意思を弁護士倫理の中に取り込む一環でもある。しかし,依頼者の同意は,実体法における同意と異なり,弁護士倫理の観点からの考察が必要であり,同意の質を問題とすべきである。また,個人,法人,本人の判断能力等の依頼者の属

性，同意の書面化といった点も要件として考慮すべきである。

4 共同事務所における守秘義務の拡張

　弁護士は，職務上知り得た依頼者についての秘密を保持する義務を負う（基本規程23条）。共同事務所においては，弁護士が自らの依頼者の事件につき共同事務所に所属する他の弁護士に秘密情報を開示して他の所属弁護士の助言を求めたり協議しあったりすることは多い。そこで，基本規程56条は，共同事務所のすべての所属弁護士が，他の所属弁護士の依頼者について意図的であれ偶然であれ執務上知り得た情報を秘密に保持し，不当に利用しない義務を負う旨を規定している。基本規程23条は，弁護士に対して自らの依頼者についての秘密保持を義務づけている規定である。一方，基本規程56条は，共同事務所に所属する弁護士に他の所属弁護士の依頼者についての秘密保持を義務づけている。共同事務所に所属する各弁護士の依頼者を一体として扱うことを定めた規定である。基本規程56条の妥当性は十分認められるところである。

　守秘義務には，異時的利益相反の拡張の場合のような遮断はなく共同事務所を移動した後も当然に守秘義務を負い続けることとなる（基本規程56条）。依頼者から特に別段の意思表示がない限り，この基本規程56条により共同事務所内での弁護士間においてそれぞれの依頼者の受任事件につきお互いに情報を開示することが認められていると解すべきである。

II　MDP（異業種共同事業）

　MDP（Multidisciplinary Practices 異業種協働）とは，弁護士と他の業種，たとえば，公認会計士，税理士，弁理士，司法書士等の非弁護士との協働形態をいう。弁護士と非弁護士とが完全に統合された共同組織として法律事務および非法律事務を行う形態が典型的なMDPであるが，弁護士が非弁護士と契約関係によって提携したりすることを含めていろいろの協働形態が考えられる。このように，MDPといっても各種の形態があり得るが，共通してMDPが提起する問題とは，弁護士と非弁護士との協働を認めるべきであるか否か，認めるとしてその条件，範囲をどのように設定するかである。この問題を考えるにあ

たっては，MDPの対象である業務の内容および協働の形態のあり方の双方の視点からの検討が必要となる。

　MDPを認めることは，弁護士の立場からは，非弁護士と提携することにより依頼者により広範なサービスを提供することができるわけであるし，依頼者にとってもMDPを通じて総合的な専門的サービスを受けられる利便性，いわゆる one-stop shopping の意味をもつ。

　わが国でのMDPの議論は，弁護士法および弁護士職務基本規程が前提となる。すなわち，MDPは，弁護士法72条の趣旨を逸脱するものであってはならず，また，弁護士法や職務基本規程が定めた弁護士の判断の独立性，守秘義務，利益相反の禁止といった弁護士職のコアバリューを毀損するものであってはならない。MDPを認めるべきか否かあるいはその条件設定について，弁護士法および弁護士職務基本規程に照らして検討すべき項目を挙げるとすれば以下のようになるであろう。

（1）　独立性

　弁護士職務の独立性は，弁護士職の本質である（日弁連会則15条，基本規程2条）。MDPの導入は，弁護士の職務の独立性を確保し，維持するものでなければならない。MDPは，弁護士と非弁護士との業務提携であり，したがってMDPの職務内容としては法律業務のみの場合と法律業務と非法律業務を含む場合とがある。弁護士が司法書士，税理士，弁理士とMDPを組む場合においては，そのMDPの業務内容は弁護士法3条の法律事務に包摂されると解されるのであろうが，弁護士と会計士がMDPを組む場合には，法律業務と非法律業務との提携となる。このようにMDPの業務内容において非法律業務を含む場合に，非弁護士が法律業務をも行うMDPを所有し管理することになれば，弁護士の職務が非弁護士の干渉を受けプロフェッションとしての弁護士職の独立性を害するおそれがある。そこで，MDPが法律事務以外の業務を行うとしても法律業務をも行う以上，非弁護士がMDPを所有し管理することにつきいかなる意味でも弁護士職の独立性の侵害のおそれのない条件設定が必要であり，それなしにはMDPを認めることはできないであろう。

　さらに，弁護士は，弁護士法72条に違反する者から事件の周旋，依頼者の紹介を受け，これらの者に自己の名義を利用させることが禁止されている（弁

護士法27条)。ＭＤＰの形態にはいろいろなタイプがあり得るであろうが、ＭＤＰを組む非弁護士が法律業務を弁護士に紹介してかつ弁護士報酬部分の利益を得るとしたらそのようなＭＤＰの形態は、弁護士法72条の趣旨に違反し、わが国においては認められないと解釈されるべきであろう。

（２） 報酬の分配

弁護士法は、非弁護士が報酬目的で法律事務を行うことを禁じている（弁護士法72条）。また、基本規程12条は、法令、日弁連会則、所属弁護士会会則に定めがあるかその他の正当な理由のない限り、職務に関する報酬を弁護士または弁護士法人以外の者と分配することを禁じている。したがって、弁護士が非弁護士と協働してある業務を提供した場合には、弁護士報酬部分は非弁護士の報酬請求とは区分される形で別途に依頼者に請求することが要求される。また、弁護士報酬は弁護士としての職務の対価でなければならず、弁護士は非弁護士の業務のサービスによる利益を弁護士報酬として得てはならず、一方非弁護士の業務のサービスとして弁護士報酬を得させることも禁じられる。なお、基本規程12条は、正当な理由がある場合には、非弁護士との報酬の分配を可能とする規定を有しているが、基本規程12条は、弁護士の判断の独立性を確保するという重要な目的に奉仕しており、「正当な理由」の事由は、会則、会規で定められるべき事項であり、その例外は、極めて限定される。ＡＢＡモデルルールにおいても弁護士と非弁護士との報酬の分配は禁止されており、例外も認められてはいるものの極めて限られており、実質的には非弁護士との報酬分配は許容されていない（MR 5.4（ａ）参照）。

以上から判断すると、弁護士が非弁護士とＭＤＰを組むとしても、ＭＤＰとして報酬を一本化して弁護士報酬を実質的に非弁護士と分配する結果となるような請求はできないと解される。

（３） 利益相反

他業種協働のＭＤＰにおいては、各種の協働の形態があり得、また協働者のすべてが弁護士ではないため、弁護士倫理をそのまま非弁護士に適用し得るか否かが検討されなければならない。特に、利益相反は、他職とは異なる弁護士特有の倫理規範の側面があり、ＭＤＰを認める場合に、この利益相反およびその拡張をＭＤＰ協働内で、非弁護士にどのように適用するのかという問題が生

じる。MDPには，執務場所の共同を含めていろいろな形態があり得るのであり，それぞれの形態ごとに利益相反およびその拡張の有無を検討する必要があるが，概略をいえば，①MDP内で弁護士が非弁護士とともに法律業務のうちの法律で認められた一定の業務（司法書士による登記等関連事務，税理士による所得税，法人税の申告等）を共同で受任した場合は当該非弁護士業界の倫理規定に従うべきことであり，あえて弁護士が非弁護士とMDPを組むことを理由として弁護士の利益相反の倫理規定の適用を求める必要もないであろう。弁護士が協働するMDPの業務についてはすべて弁護士の倫理に従うべきであるという考え方もありうるであろうが，依頼者に対する説明は必要であるとしても非弁護士に対して弁護士倫理としての利益相反の適用を強いる理由はなさそうである。②非弁護士が弁護士とともに法律業務と非法律業務を共同で受任した場合には，非弁護士にも弁護士倫理と同一内容の利益相反回避義務を課すか，少なくとも非弁護士には弁護士倫理と同一内容の利益相反の適用はないことを依頼者に説明して同意を得ることは必要となろう。

（4）守秘義務

弁護士と非弁護士とがMDPを組むとして，MDP内において弁護士および非弁護士にどの範囲で守秘義務を認めるべきか，業務の内容が法律業務と非法律業務とで結果が異なるのかという問題が生じ得る。対応は，MDPの形態によって異なるであろうし，提携の契約条項にもよるであろうが，MDPを組む弁護士と非弁護士とで守秘義務の内容，権利に差異がある場合には，依頼者に対して十分な説明と理解が必要である。特に，法律上の守秘義務の範囲，内容，守秘義務を担保するための権利の内容あるいは懲戒手続に差異が生じる場合には，MDPを組む以上それらの差異を事前に説明することが必要になる。なお，ABAモデルルールでは，弁護士が法律関連サービスを提供する場合には依頼者保護のために一定の条件の下で当該サービスにつきモデルルールに服するものとする旨の規定を置いている（MR 5.7（a）参照）。

III　共同法律事務所およびMDPの方向性

本章は，共同法律事務所の利益相反・守秘義務およびMDPを中心として論

第6章 共同化およびMDPと倫理

じてきた。弁護士の職務は，依頼者が個人であれ，企業であれ，政府であれ，依頼者なしには語れない。弁護士像は，実は依頼者をどのように描くかという依頼者像でもある。依頼者としての企業の多様な要請に応えるためには法律事務所の共同化，大規模化は避けがたい1つの方向であると思われる。たとえば，企業買収1つをとってもそのためには買収先の企業調査，すなわち過去の膨大な議事録，帳簿，各種契約書，資産，負債等の内容の検討が必要となる。デューデリジェンスといわれるプロセスである。そのためには時間的な制約のなかで多くの弁護士や会計士の関与が必要となり，法律事務所の大規模化や他業種との協働なしに企業の要請に応えることは困難である。一方，薬害や公害事件等自らの生命への危害につき訴訟上の救済に頼らざるを得ず必死の叫び声を上げている個人の依頼者像を描くときには，依頼者の集団訴訟の形をとる例が多く，このような分野で活躍しようとする場合においても法律事務所の共同化，大規模化の要請が生じる。弁護士のあり方は，必要性すなわち社会の要請を基盤とする。社会的な要請に応じて弁護士の法律事務所が共同化，大規模化していくことは理由のあることである。逆に，個人弁護士としてあるいは小規模な共同化に法律事務所をとどめておいて，依頼者との人的交流の密な手作り的な職務のあり方を意識的に追求していくことも新たな方向であろう。今後，法律事務所をどのような方向に向かって組織し運営していくのかは，新たな今後の法曹に課せられた大きな課題である。

【引用・参考文献】

加藤新太郎（2006）『コモンベーシック弁護士倫理』有斐閣
日本弁護士連合会「弁護士職務基本規程」（職務基本規程）
日本弁護士連合会（2005）「解説『弁護士職務基本規程』」自由と正義56巻6号〔臨時増刊号〕（解説職務基本規程）
福井厚（2005）「弁護士の法律事務所の移籍と利益相反——ドイツ連邦憲法裁判所2003年7月3日決定の紹介」法政法科大学院紀要1巻1号
藤倉皓一郎監修・日弁連訳（2006）『〔完全対訳〕ＡＢＡ法律家職務模範規則』第一法規

【柏木俊彦】

第7章
民事訴訟と倫理

I 「訴訟引延し」論争

 (1) 1995（平成7）年夏から暮れにかけて，民事訴訟法分野の指導的な研究者と綱紀・懲戒問題に詳しいベテラン弁護士との間で，1つの論争が行われた。発端となったのは，高橋宏志教授（東京大学）の論文「民事訴訟引延しと弁護士倫理・懲戒」（NBL 575号8頁）だった。

 不法占拠の建物でスナックを経営している者が，建物所有者から明渡請求訴訟を提起され，勝訴の見込みがないことが明らかなのに，「2, 3年は商売を続けたいので，その間訴訟を引き延ばして欲しい」と弁護士に依頼してきた。弁護士はその訴訟につき被告側の代理人を受任してよいか（第1の問題），「立退先がみつかるまで引き延ばしてほしい」と依頼された場合はどうか（第2の問題），代理人を引き受けた上で，虚偽と知りつつ賃貸借が成立している旨の主張をしたり，その立証のための証人申請をすることは許されるか（第3の問題）。

 高橋論文は，上のような設例を提示した上で，「弁護士倫理」と呼ばれるものが「理想としての弁護士倫理」，「業界慣行としての弁護士倫理」および「懲戒実体法としての弁護士倫理（最低限度の弁護士倫理）」の3つに区分できると指摘して，「理想としての弁護士倫理」からみれば，訴訟引延しも，真実に反する主張・証拠申請も許されず，弁護士はこれを避けるべきであることについては「異論が少ないと思われる」との見解を示した。

 当時の「弁護士倫理」（平成2年日弁連臨時総会決議）は，「弁護士は，怠慢により，又は不当な目的のため，裁判手続を遅延させてはならない」と定めていた（55条）。さらに「弁護士は，偽証若しくは虚偽の陳述をそそのかし，又は虚偽の証拠を提出してはならない」とも定めていた（54条）。したがって，上

記設例における引延しが不当な目的に当たると判断される限り（実は，この点が1つの問題であることについては，後述する），弁護士倫理（「理想としての弁護士倫理」）上はいずれも「許されない」ことが明らかであった。

（2）問題は，懲戒実体法上の懲戒事由にあたるかどうかだった。懲戒は，弁護士会が内部の規律を維持するために行う，自治的な制裁処分であって，発動の要件は「この法律又は所属弁護士会若しくは日本弁護士連合会の会則に違反し」たとき，「所属弁護士会の秩序又は信用を害し」たときおよび「その他職務の内外を問わずその品位を失うべき非行があったとき」の3つに限定されていた（弁護士法56条）。

一方，当時の「弁護士倫理」は日本弁護士連合会の臨時総会決議によるもので，正式な会規や会則とは異なる，一種の「宣言」に近いものだった。それ自体として強制的な効力を有するものではなかったから，「弁護士倫理」に違反するというだけでは懲戒事由として不十分なことが明らかだった。懲戒事由は，弁護士法56条の定め自体によって判断すべきであって，弁護士倫理の条項を解釈する方法により決することはできないことと理解されていたのである。

高橋論文は，弁護士倫理と懲戒に関する以上の関係を踏まえた上で，訴訟引延しが「理想としての弁護士倫理」に反するだけなのか，そもそも「業界慣行としての弁護士倫理」は実際上どうなっているのか，さらに「懲戒実体法としての弁護士倫理」に反し懲戒の対象となることもあり得るのではないか，との問題を提起したのであった。

（3）当時の民事訴訟規則は「裁判所は，審理が公正かつ迅速に行われるように努め，当事者その他の訴訟関係人は，これに協力しなければならない」と定めていた（民訴規則3条）。

訴訟を迅速に進行させることは，多くの場合，依頼者の信頼に応えることにつながる。これに対し，被告からみた場合，訴訟を迅速に進行させることで不利益を被るとして，訴訟の迅速化に消極的な姿勢を示す意見も弁護士を中心にして根強く残っていた。しかし，訴訟が遅延している場合の原因を具体的に検討してみると，原告の提起した請求ないしその理由づけ，証拠等に問題があって，被告が進行を望んでも原告側がこれに応じないケースが案外多い。

また，被告の敗訴が予想される場合でも，審理が長引くのが被告の利益にな

るとは限らない。金銭請求や家屋明渡請求事件の場合，遅延損害金が付されるのが通例であるが，低金利時代には訴訟が長引くと，利息・遅延損害金の負担が無視できないものとなる。負ける事件は，早く結論が出たほうが，傷が浅くてすむ場合もある。

さらに，訴訟を遅らせることについて被告が利益となる典型例としては，実定法から判断すれば敗訴の可能性があるが，判決が早期に出されず，いずれは和解勧告がなされて，結局は足して2で割る式の解決が見込まれる場合がある。このような場合は，粘れば粘るだけ有利だということにもなる。しかし，実定法が解決の基準として機能せず，訴訟が迅速な解決を保障しないことが恒常化されていること自体，正常とは言いがたい。

上記論争が行われた1995（平成7）年は，民事訴訟法の改正作業が大きく進展した時期で，それまで民事訴訟規則（3条）で公正かつ迅速な裁判への当事者の協力義務が定められていたものを，民事訴訟法（2条）に格上げし，その内容も「信義に従い誠実に民事訴訟を追行」する義務に高める方針が固まりつつあった。

これらの事情の下で，前述の民事訴訟規則3条および弁護士倫理55条・54条の各規定を併せて考えれば，訴訟引延しのみを目的とする代理人受任が法令の許す範囲を超え許されないとの結論は容易に導き出せた。それが依頼者の正当な利益を守るものではなく，社会正義の実現に資するものでもないと判断することも不合理とはいえない。そう考えるほうが社会の常識に合致しているようにもみえた。

（4）　高橋教授は，以上のような事情を考慮してのことであろう，2〜3年の訴訟引延し「のみ」を依頼内容とする依頼は明確に断らなければならず，これを受任して訴訟引延しを実行することは，単なる倫理の問題を超え，品位を失う非行として懲戒事由になるとの見解を示した。同様にして，引き受けた後に訴訟遅延で抵抗して相手方を疲れさせた上で和解に持ち込むことや，立退き先獲得までの引延し依頼に応じること，あるいは，成り立たないことを知悉しながらの無益な主張や証拠申出をすることは訴訟引延しとなり，やはり懲戒事由になると説いた。

（5）　高橋論文が公表されると，これを追いかけるようにして，田中紘三弁

護士（後に中央大学法科大学院教授）から，「訴訟の引延しは弁護士懲戒処分の対象になるか」という批判的な立場からの意見が公表された（NBL583号11頁）。

　同弁護士は，民事訴訟を引き延ばすために不当な策を弄することは，弁護士の職務に込められた社会的使命に沿う行為とはいえず，弁護士倫理上の問題となることもあるとの基本的な立場を明らかにしつつも，懲戒につき高橋論文のような考え方をとると，「敗訴必至の事件を受任した弁護士は，結局のところは，よほどの注意をしないと，いつなんどき懲戒請求の申立を受けるのかわからなくなってしまう」との懸念を表明した。そして，引延しの事情がやむにやまれないものであるのか，手段方法に不当違法がないかどうかを個別に検討して結論を出すべきであり，「敗訴必至の弁護士の訴訟活動の中にその苦労と苦悩をみてとるならば，その弁護士の訴訟活動を安易に懲戒の視座で分析する姿勢には躊躇を感じられる」と述べて，引延しを一律に懲戒事由とする考え方を批判した。

　同弁護士は，弁護士懲戒処分については，犯罪処罰と同様に他の代替的本来的方法があるのでから，安易に口に出すべきものではなく，「少なくとも現在の職場感覚からいうかぎり，弁護士の職務態度は，弁護士懲戒制度に支えられてようやくたっているというあやうい状態にはない。むしろ，迅速にして適正な裁判の実現に努める弁護士ではないという弁護士がいるとしても，そのような弁護士を住みにくくさせる業務慣行はかなり確立されてきており，昔のイメージでいまの弁護士を語るのは許されない」とも主張した。

（6）　高橋教授と田中弁護士との論争は鋭く対立しているようにみえるが，よく検討すると共通している部分が少なくない。

　第1に，弁護士倫理（高橋教授のいう「理想としての弁護士倫理」）の視点からすると，引延し行為が倫理違反となることがある点については一致している。高橋教授が引延しを目的とする訴訟依頼に応じることは基本的に弁護士倫理に反するとの見解をとるのに対し，田中弁護士は，民事訴訟を引き延ばすために「不当な策を弄する」ことや，「引延しの手段方法に不当違法がないかどうか」を重視して個別具体的に検討し，そこに非難すべき点があれば弁護士倫理違反となるとする。両者に差があるとしても，アプローチ手法の違いによるものであるか，引延しに対する評価の程度の差に帰する部分が多いように思われる。

第2に，引延しが懲戒対象となるかどうかについて，高橋教授も，引延し「のみ」を目的とする受任が弁護士法56条の定める「品位を失う非行」にあたるとしているだけで，これを超えて新たな懲戒事由を認めるべきだと主張しているわけではない。田中弁護士も引延しを一律に懲戒対象にすることに反対し，引延しの手段方法に不当違法がないか等の各論的分析をせよというのであるから，最終的には「品位を失う非行」該当性の見地から判断することになる。両者の判断の枠組み自体に大きな相違はない。ただ，「引延し」に対する評価の程度が，高橋教授は厳しく，田中弁護士は緩やかであるというにすぎない。

　それにもかかわらず，この論争が注目されたのは，指導的な立場の民事訴訟法学者が正面切って弁護士実務のあり方に切り込みをかけ，綱紀懲戒に詳しいベテラン弁護士がこれを受けて強く反論したということもさることながら，両者の議論の背景をなす訴訟観およびそこに活動する弁護士像に大きな差があることがあらためて確認されたことが1つの原因になっている。以下，両者が示す訴訟観と弁護士像に焦点を絞って若干の検討を進めてみたい。

II　弁護士の「司法機関的性格」と「代理人的性格」

　(1)　高橋論文は，訴訟引延し問題を検討するにあたり，弁護士には「司法機関的性格」(「公益的性格」とも呼ばれる) と，「代理人的性格」との両面があることを指摘した。前者を重視すると，法的に負けるべき者に必要以上の手助けをすることを不当だと考え，むしろ権利者の権利実現を積極的に妨害してはならないと考えることになる。後者を重視すると，自己の依頼者の利益の党派的な最大主張が，むしろ司法の活性化をもたらすという哲学に立ち，「被告は追い込まれた立場なのであるから被告の利益の擁護，被告の立場に立っての徹底抗戦は，それ自体から首肯される」，「建物明渡では，ともかくもその時期を少しでも遅らせること，貸し金請求事件であれば少しでも支払金額 (例えば利息) を少なくさせることはそれ自体としてよいこと」などと考え，実定法を外れることがあっても，弁護士は究極的には自己の正義感によって仕事をせざるを得ないと考えることになる。

　教授は，以上のように分析した上で，弁護士の性格・役割を「法律の許す範

囲内で依頼者の最大の利益を図るべきもの」と要約した。

　（2）　田中論文は高橋論文の右弁護士の役割に関する見解について，正面から異議を述べていないが，以下の記述からみて，より弁護士の代理人的性格を重視する立場に立っていることがわかる（田中1995：12～13頁）。

　「弁護士は法律的主張を貫きたいと願う依頼者に助力する。しかし，その究極的目的は，そのように法律的主張をしたいと願うようになった依頼者が巻き込まれている法的緊張関係の解消にある」。

　「弁護士としては，あくまで黒白をつけることこそが最善の方法だとして一途に判決取得に邁進するのが社会正義にかなうのかどうかの判断に窮することがある。……民事裁判手続きというのは，機能的には，判決という最終的判断を終着点にした紛争の解決手続きと理解してよく，弁護士の職務も基本的には，その視座にたって理解されてよい。しかし，このような理解は，事件の処理をめぐる依頼者との呼吸のすりあわせに苦しむ原因にもなりかねない」。

　田中弁護士はまた，「『『泥棒にも三分の理』があると言われる場合の『理』が実は『情』の問題であるのではないかということは，日常的によく感じることである……日本人のなかには，法律制度というものは，極論すれば，何世紀かにもわたりはぐくまれてきた『情の世界』を外部的に制御する外来的人為的制度なのだ，という思いからいまだ脱却できない者の方が圧倒的に多い……権利濫用，信義則及び公序良俗というのは『情の世界』を『理の世界』に組み込んだ論理であって，もともと『理の世界』では勝ち目のないはずの主張を勝ち目のあるものに転化させることもある」という表現で，日本の法律制度が外来的人為的制度で，国民の「情の世界」とは必ずしも合致していない傾向があることをも指摘した。

　（3）　両者の訴訟観，弁護士像の違いをどう考えるべきか。弁護士を長くやっていると，民事訴訟の手続が単に事実を確定し，これに既存の法をあてはめて結論を出すような機械的・形式的な作業ではないことをしみじみと感じることがある。通常の場合は，既存の法に事実をあてはめることで妥当な結論が得られ，しかもこれを利用することが迅速かつ充実した紛争解決につながる。中には，しかし，既存の法律や判例を適用しただけでは落ち着きのよい結論を得ることができず，実定法を外れた当事者の言い分の中にこそ真の正義が潜ん

でいるように思えることもしばしばある。

　そのような眼でもう一度弁護士の「代理人的性格」といわれるものを見直すと，本来弁護士の仕事は当事者の個人的な正義感や真実感を汲み上げ，これを相手方や裁判官に投げかけ，説得する点にこそ特徴があることに気づく。既存の実体法の体系はそのような作業の指標となり外枠となるものにすぎないのではないか，とも思えてくる。ただ，通常の場合は，指標であり外枠である法律や判例の枠組みに従って判断していればおおむね妥当な結論に到達することから，思考経済上これを利用しているにすぎないと考えることもできる。この考え方を推し進めると，弁護士が法律や判例に依拠して手早に事件を処理することは便宜的な仮の姿であるか，そうでなくとも弁護士の一面を示すにすぎないとの考え方にたどり着く。

　このことは弁護士だけでなく，裁判官についても多かれ少なかれあてはまる。たとえば，2001（平成13）年6月に発表された司法制度審議会の意見書は，裁判所（司法部門）が，国会・内閣（政治部門）と並んで，「『公共性の空間』を支える柱」として位置づけられ，「ただ一人の声であっても，真摯に語られる正義の言葉には，真剣に耳が傾けられなければならない」と説かれている。これも，上述のような弁護士や裁判官の役割を十分に認識した上での提言であると理解することができる。

　このような司法像を前提にすると，弁護士はただ単に多数決原理によって定立された法律や規則を下請的に適用して既存の法秩序を維持するだけでなく，少数異端の意見をも対論的訴訟手続の中で汲み上げ，より高次の正義を構築し，これを社会の中に組み込んでゆくために，重要な役割を果たすことを期待されているということになる。憲法を頂点とする自由主義，民主主義の制度はこのような形の社会変革をも当然に想定し，これを司法部門の機能の中に組み込んでいるともいえる。その場合，弁護士の「司法機関的性格」は，裁判官と同じ役割を果たすことではなく，法廷で一方当事者の代理人としてその私的利益を最大限に汲み上げ擁護することによって達成可能となる。

　ことに，弁護士は依頼者との間で訴訟遂行に関する委任契約を締結して，その代理人として活動する。当然その活動のためには報酬の授受が予定されている。依頼者は，何をさておいても弁護士が依頼者の代理人として，その利益を

最大化してくれることを念願し，そのためにこそ着手金や成功報酬を払うのだと考えているはずである。弁護士としては，依頼者のその期待を裏切るわけにはいかない。少なくとも，報酬授受の基本となった訴訟委任契約の内実をなす限度では，依頼者の利益実現を図り，その意向を尊重し，経過を報告する等，誠実に行動する必要がある。依頼者の利益を図ることを第1としないような弁護士が報酬だけはしっかりと受け取るということでは，依頼者の信頼をつなぎ止めることも難しい。

してみると，弁護士に2つの側面があることは事実であるが，そこには自ずから主従の差があって，弁護士の代理人的性格が中核にあり，その行き過ぎや逸脱を防ぐための外枠がいわゆる司法機関的性格ないし公益的性格といわれるものだということになる。

司法機関的性格を重視することを自認する高橋教授が，「弁護士は法律の許す範囲内で依頼者の最大の利益を図るべきもの」と述べ，同じく加藤新太郎判事が「弁護士の当事者の代理人的役割の限界を画するものが，公益的役割である」と説くのも，同じ趣旨であろう。

重要なことは，この司法機関的性格と代理人的性格のバランスをどうとるかであるが，これは一義的に定めることのできる事柄ではない。各弁護士が自らの職業観にしたがって，各自の裁量と責任の下に，選択し実践していくべきものである（那須2003：207頁）。

III 尋問準備と真実尊重義務

（1） 2004（平成16）年に「弁護士倫理」に代わるものとして制定された弁護士職務基本規程では，「弁護士は，真実を尊重し，信義に従い，誠実かつ公正に職務を行うものとする」（5条）とされ，さらに「弁護士は，偽証もしくは虚偽の陳述をそそのかし，又は虚偽と知りながらその証拠を提出してはならない」（75条）と定められている。

これらの倫理規定の下で，弁護士の多くは，証人尋問，当事者尋問に備え，尋問を受ける者と打ち合わせ等の事前準備を日常的に行っている。それは，具体的には，陳述書の作成，尋問事項の整理，あるいは尋問のリハーサルという

形をとる。この場合，弁護士は依頼者との協議の中で，尋問を受ける者の答え方について，かなり立ち入った助言や指導をする。この助言や指導が尋問を受ける者の陳述に影響を与えているのではないか，ということが裁判官や学者からしばしば指摘されてきた。これを「証人汚染」と呼び，その適法性ないし妥当性に疑問を投げかける論者もいた。

　そんな中で，日弁連法務研究財団が2001（平成13）年に「民事訴訟における証人尋問の研究──弁護士調査」を実施した。

　「自己申請証人に対する尋問の準備段階（打ち合わせ）において，証人が不利な証言をしようとしている場合，より有利な証言（たとえば「知らない」「忘れた」など）に変えるように，証人にアドバイスすることがありますか」。

　この質問に対する答えとして，「よくある」が4.4％，「時々ある」が24.8％（合計29.2％）という結果が出た（同財団編『法と実務3』132〜134頁，226頁〔商事法務，2003年〕）。

　もちろん，「あまりない」，「まったくない」と答えた者のほうがはるかに多く70.8％で，弁護士からみるとこの分布状況はほぼ実情を反映したもので驚くには足りないと思えた。しかし，研究者や裁判官の中には，「よくある」，「時々ある」が29.2％もあることこそ問題だと指摘する意見が強かった。

　一体，弁護士は証人尋問の準備段階で，証人や当事者本人と打ち合わせを行う際に，どこまで証言内容に立ち入って関与することが許されるのであろうか。

　(2)　民事訴訟制度は，請求を基礎づける事実主張とこの主張事実を裏づける証拠の提出を不可欠の要素としている。判決の正当性も，主張された事実の中から，裁判官が証拠によって正しいと認められた事実を選び取って，これに実体法を適用して結論を出す仕組みの下でこそ確保される。

　この仕組みの中で，裁判所の判断が事実に根拠を置かない事態が頻繁に生じるようなことがあれば，裁判の正当性は失われ，国民から支持されなくなる。

　他方で，近代諸国における民事訴訟は，対論的訴訟制度ないし当事者対立構造（アドバーサリーシステム）を採用している。そこでは，当事者は，自らの有利な点を主張し，有利な証拠を提出すれば足り，進んで不利な事実を認めたり，不利な証拠を自発的に提出する義務を負わない。代理人として当事者の利益を擁護する弁護士の場合も，同様な趣旨で，進んで不利な事実を認めたり，不利

な証拠を提出する義務を負わない。

　民事訴訟法上，弁護士は職務上得た秘密につき証言を拒絶する権利を認められている（197条）。弁護士法も，弁護士に対して秘密を守る義務を課し，同時にそれが権利でもあることを明らかにしている（23条）。弁護士職務基本規程でも，弁護士は，依頼者について職務上知り得た秘密を他に漏らしてはならないこととされている（23条）。

　この守秘義務は弁護士の職業の中核を成す特色であって，これなくしては依頼者は弁護士に安心して真実を打ち明けることができず，弁護士も心おきなく依頼者から事情を聴きとることが難しくなる。それは，弁護士という職業の存続条件に深くかかわることでもあり，また，訴訟の中で証言を求められても拒否できる程の強力なものであるから，弁論その他の中で，裁判所から要求されたからといって，弁護士が安易に開示するべきものでもない。証人尋問やその準備の中でも，弁護士は依頼者に不利な事実を進んで裁判所に開示すべきことを助言する義務を負うものではなく，かえって正当な理由なく開示をさせることは，委任契約に基づく善良な管理者としての注意義務や弁護士法上の誠実義務違反となる可能性もある。

　この守秘義務は，しかし，依頼者に積極的に虚偽の主張をすることを助言したり，弁護士自ら虚偽の主張をしたり，事情を知りながら虚偽の証拠を提出することまで容認するものではない。虚偽主張や虚偽証拠提出は，弁護士の守秘義務の埒外の問題である。

　(3)　以上検討したところによれば，尋問の準備段階（打ち合わせ）において，証言予定者が不利な証言をしようとしている場合に，より有利な証言に変えるようにアドバイスすることは，民事訴訟法2条の定める信義誠実義務に反するだけでなく，職務基本規程5条の真実尊重義務および同75条の偽証のそそのかし禁止規定にも抵触することになる。前記弁護士業務の実態は速やかに是正されなければならない，と一般的には考えるべきであろう。

　ただし，この考え方をとるためには，何をもって「不利な証言」といい，何をもって「より有利な証言」というか，さらに突き詰めた検討が必要となる。たとえば，「不利な証言」といっても，客観的な証拠と突き合わせると，実は本人の記憶違いである可能性が強い場合がある。その場合には弁護士はそのこ

とを証言予定者に指摘し，必要に応じ証拠も示して再検討を促し，もし誤りがあることが明らかになれば，正しい内容に改めるように助言することは当然のことである。逆に，当初「有利な内容」の証言をしようとしていたが，客観的な証拠からみたら誤りである疑いが強い場合にも，同様の作業が行われる。尋問準備や打ち合わせはまさにそのような作業をするためにある。打ち合わせ段階での証言予定者の発言を鵜呑みにして，他の証拠との整合性等を批判的に検討することを忘れ，法廷で漫然と証言させるのは弁護士として無能のそしりを免れないし，依頼者に対する誠実義務の点からも問題がある。

　さらに，「真実」は1つだとしても，その表現方法には様々な態様があり得る。1つの静物を描くにも細密画のようなものから，一筆書きのようなものまであるのと似て，いずれが真実をよりよく表現しているかを判断することは，それほど簡単なことではない。ときには，思い切った省略（不利な事項については尋問自体を避けるというのはその応用である）や，あるいは重要な部分を強調することも必要な場合もある。弁護士の助言がそのような表現の点にも及ぶのは当然のことである（高橋宏志ほか「座談会　民事訴訟における証人尋問」判タ1109号14～18頁中の那須発言等参照）。

　「不利な証言」を「有利に変更させる」ことはいけないという原則の下でも，尋問準備という実践の場での対応となると，一筋縄ではいかない難しさが残るのである。

Ⅳ　誠実義務と弁護士の「良心」

　（1）　民事弁護をめぐる諸々の法曹倫理の中で，日常の業務と最も密接な関係をもつのは「誠実義務」である。依頼者のために誠実に業務を履践し，その信頼に応えること以上に重要な弁護士の徳目はないといってよい。

　弁護士法1条は，第1項で弁護士の使命が基本的人権の擁護と，社会正義の実現にあることを宣言した上で，第2項で「弁護士は前項の使命に基づき，誠実にその職務を行い，社会秩序の維持及び法律制度の改善に努力しなければならない」と定めている。1994（平成6）年11月に制定され2005（平成17）年3月まで弁護士の倫理の基準として機能していた「弁護士倫理」第4条でも，

「弁護士は，信義に従い，誠実かつ公正に職務を行う」と定め，この規定は現行の弁護士職務基本規程5条「弁護士は真実を尊重し，信義に従い，誠実かつ公正に職務を行うものとする」に引き継がれた。

　このような意味での「誠実」義務が弁護士に課されるに至ったのは，沿革的にみると，昭和8年制定の旧弁護士法に「弁護士ハ誠実ニ其ノ職務ヲ行ヒ職務ノ内外ヲ問ハズ其ノ品位ヲ保持スベシ」と規定したことに始まる。この規定は，ドイツ帝国弁護士法の28条の「弁護士はその職務を誠実に実行し，且つ，職務の内外を問わず職務の要求する尊敬に値する行動を為すの義務を有す」という規定に倣ったものだとされているが，日本各地の弁護士会では，明治時代の早い時期から同様の趣旨の規定を置いていた。「弁護士倫理」が会則などから独立して制定されるはるか前から，弁護士が誠実に業務に取り組むべきことの重要性は強く認識されていたのである。

　（2）　民事訴訟業務において弁護士がどうふるまえば「誠実」と評価されることになるのか。

　日本弁護士連合会が毎月発行する機関誌『自由と正義』の末尾近くに，弁護士の懲戒事案が「公告」という形で毎回掲載されている。

　「遺産分割請求事件を受任し，着手金を受け取ったのに，その後病気になったため，登記簿謄本の取り寄せ等若干の資料収集を除き，1年以上事件処理を行わず，依頼者に対して事情説明，辞任等の適切な処置を行わなかった」。

　「医療事故調査事件を受任し，病院の診療録等必要書類の証拠保全及び保全資料に基づいた事実調査による民事賠償責任追及の見込みについての報告を約束したが，1年以上証拠保全の申立を行わなかった」。

　「土地建物明渡し等の事件につき，被告である転借人の委任を受けたが，転借人の地位は相被告の転貸人の地位がどうなるかによって左右されるという認識の下に，訴訟進行中は専ら転貸人に進行状況を報告し，さらに依頼者の意向を直接確認することもなく，転貸借契約の解約・建物明け渡しの和解を成立させてしまった」，……。

　これらの懲戒事由の相当部分は，弁護士懲戒事件としてはよくみられる事案であるが，いずれも依頼者との委任契約上，善良なる管理者としての義務を尽くしたとはいいがたく，弁護士として誠実な行動とはいえなかったり，弁護士

としての技量不足をうかがわせる事案である。

　以上からわかるとおり，弁護士が，「誠実」であると評価されるためには，まず訴訟委任契約上の義務を充足させることが肝要であり，それが依頼者に満足してもらえる第一歩である。訴訟委任契約に関する地道な義務履行なくして，「誠実」義務の充足はあり得ない。

　（3）　それでは，弁護士は，訴訟委任契約上の善管義務を尽くせば足りるかというと，そうではない。

　「誠実」という用語は「まめやかさ」とか「良心」などという言葉を伴って説明されることがしばしばある。弁護士は，その専門的知識を動員して，実質的に依頼者のために最善の途を選び，最善の技術を用いて実行し，最善の結果を上げることが期待されている。

　ただ，何が最善であるかは，担当弁護士の専門家としての判断に委ねられ，客観的・一義的には決めかねるものがあるが，それにもかかわらず，弁護士の内面の問題，主観の問題としては，最善を尽くしたか，それとも適当なところで「お茶を濁した」かは，自ずから判断できることであって，そこに弁護士の「良心」が機能する場がある。

　弁護士各人はそれぞれに個人のレベルでそれぞれの職業上の良心をもち，この良心と矛盾しないような行動をとることを理想としている。これらの一部は，弁護士職務基本規程の中にも顔を覗かせている。たとえば，規程21条は「弁護士は，良心に従い，依頼者の権利及び正当な利益を実現するように努める」と規定している。

　弁護士は，民事訴訟を遂行する際に，弁護士法および職務基本規程だけを考慮し，委任契約に反しないように行動していればそれですむというものではなく，それぞれが自らの内部化された職業倫理をもち，それぞれの良心を働かせながら，日々の業務を遂行している。

　これら個々の弁護士の内部化された行動規範は，法律や弁護士会規によって強制される性質のものではなく，個々の弁護士が自ら育み，形成してきた「良心」のあり方とも関連して，弁護士それぞれによって異なる面がある。このため，内部化された行動規範ないし弁護士の「良心」は法曹倫理を語る際に軽視されがちであるが，しかし反面で「倫理」と呼ぶのに最もふさわしいものでも

ある。

 (4) 弁護士が誠実に行動することは，依頼者との関係だけではなく，相手方当事者および代理人，そして裁判所との関係でも必要である。これは，民事訴訟法2条が「信義に従い誠実に民事訴訟を追行」することを「当事者」（弁護士も含む）に求め，弁護士法（1条2項）が弁護士に「前項の使命に基づき，誠実にその職務を行う」こと，そして職務基本規程5条が「信義に従い誠実かつ公正に職務を行う」ことをそれぞれ求めている。その規定の仕方からも明らかなことである。それは，弁護士が「代理人的性格」だけでなく「司法機関的性格」をもあわせて有することから生じる当然の帰結でもある。

 Ⅲでとりあげた尋問準備における助言の問題も，結局はこの意味での相手方や裁判所への誠実義務の問題に帰着する。しかし，その誠実義務の範囲も一義的ではなく，広狭の幅がある。そこで，各弁護士は証言予定者にどう助言すべきか思い悩みつつも，最終的には自らの良心（職務基本規程21条参照）に照らして自らの責任で決断し，実践していくほかない。そこに弁護士業務の難しさもあるが，面白さもある。

【引用・参考文献】
高橋宏志（1995）「民事訴訟引延しと弁護士倫理・懲戒」NBL575号8頁
田中紘三（1995）「訴訟の引延しは弁護士懲戒処分の対象になるか」NBL583号11頁
那須弘平（2003）「弁護士の理想像」『法曹養成実務入門講座Ⅰ』信山社，207頁

【那須弘平】

第**8**章

法律相談・交渉・民事保全・民事執行と倫理

I　はじめに

　法律相談，交渉，民事保全，民事執行における法曹倫理も，民事訴訟における法曹倫理と同じくらい多くの問題を抱えている。判例や弁護士会の懲戒事例，弁護士賠償責任保険事例でよく目にするのは，民事保全においては，事実を曲げて主張を構成し，書証を捏造して保全決定を得るといういわゆる保全制度の濫用，保全決定手続におけるプライバシーの侵害などであり，民事執行に関しては，配当要求の失念，転付命令の効力の誤解に基づく債権の不回収，強制執行停止決定の執行裁判所への不提出による執行手続の続行など，民事執行手続の無理解によるものがほとんどであるが，法曹倫理に関しては自力救済の問題が多い。本章では，民事保全，民事執行における法曹倫理について，上記の問題に触れるとともに，近時問題となっている「法律相談」，「交渉」における法曹倫理問題にも言及し，読者の問題意識を喚起したい。

　なお，私は，平成 19 年 3 月まで教鞭をとっていた一橋大学法科大学院の「法曹倫理」の授業においては，パーヴェイシヴ・メソッド[1]を採り入れていた。この「法曹倫理」の授業は，日本におけるパーヴェイシヴ・メソッドの紹介者であり，その教授法の第一人者である村岡啓一教授が刑事弁護倫理を，私が民事弁護倫理を各々分担して行った。私の民事弁護倫理の授業は，民法，会

---

1)　パーヴェイシヴ・メソッド　　法曹倫理の教授法として，アメリカ合衆国のロースクールにはパーヴェイシヴ・メソッド（Pervasive Method）なるものがある。Pervasive とは，「広くあまねく行き渡る」の意味であり，倫理教育におけるパーヴェイシヴ・メソッドとは「法曹倫理」がすべての実定法科目の中で実務と関連づけられて教えられるべきことを主張する教育方法論のことである（村岡 2005：143 頁。内容は筆者が要約している）。

社法,民事手続法などの最高裁の判例事案をもとに,その解説と,そこから派生する弁護士の活動の是非を含めた法曹倫理問題を検討するというものであった。したがって,本章も,具体的事実に基づいて民事弁護に関する法曹倫理を考えるというスタイルにした。

II 弁護士倫理の思考の枠組み

具体的事案を検討するに際して,法曹倫理(弁護士倫理の立場から)の思考の枠組みをどのように考えたらよいかについて述べておく。

1 職業倫理としての職務基本規程の体系

弁護士倫理は,職業倫理すなわち弁護士制度の維持,発展のための倫理であるから,アリストテレスやカントなどがいう一般倫理とは観点が違う。それを踏まえた上で,個々の弁護士に対する職務基本規程の体系を私は下図のように考える。

職務基本規程の体系

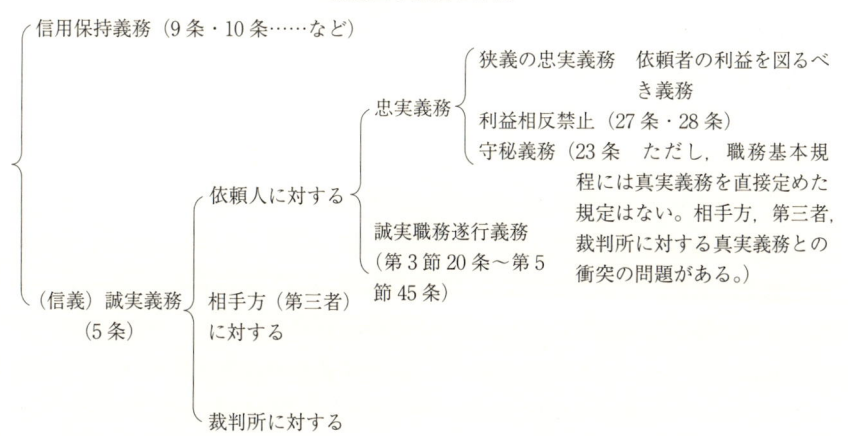

```
                                            ┌ 狭義の忠実義務　依頼者の利益を図るべ
                                            │                き義務
                              ┌ 忠実義務 ──┤ 利益相反禁止(27条・28条)
                              │             │ 守秘義務(23条　ただし,職務基本規
            ┌ 信用保持義務(9条・10条……など)  程には真実義務を直接定めた
            │                                 規定はない。相手方,第三者,
            │                                 裁判所に対する真実義務との
            │ 依頼人に対する ─┤               衝突の問題がある。)
            │                 │
(信義)誠実義務┤                 └ 誠実職務遂行義務
  (5条)    │                   (第3節20条～第5
            │ 相手方(第三者)    節45条)
            │ に対する
            │
            └ 裁判所に対する
```

2 義務の衝突

上図における信用保持義務と(信義)誠実義務の間において,また,(信義)誠実義務の中においても,依頼人に対する忠実義務と相手方(第三者)に対する誠実義務が衝突する場合がある。かかる場合の解決規範ないし解決の理論は

一般化されていない。その理由としては，法曹倫理に関する学問がまだ若いため，研究者の研究がいまだ不十分であること，弁護士会が懲戒に付するときは，弁護士法56条1項の「品位を失うべき非行」としてひとくくりの解決を図ってきたこと，懲戒事例，判例が少ないこと，などが挙げられる。とりあえずは，弁護士制度，弁護士の理念型[2]（在野精神，プロフェッション論，法サービス提供者などをどう捉えるか）により，解決を図ることになろう。

3 職務基本規程の義務と法律上の義務との関係

具体的事案においては，先に述べた職務基本規程上の義務に加え次の法律などにおける義務・権利などを考慮して，弁護士がどのような行動をとるべきかを考えなければならない。特に，以下の4点が弁護士職務基本規程の義務とどのような関係になるかが問題となる。

①弁護士法
②代理人（委任契約）ないし弁護人選任による義務
③民事訴訟法（2条・230条・209条など）　当事者の義務と代理人としての義務の関係
④刑事訴訟法上の義務　被告人・被疑者の権利と弁護人としての権利・義務との関係

弁護士職務基本規程上の義務と法律上の義務が重複する場合や，義務の範囲に広狭がある場合および義務の程度に違いがある場合などにおいては，その適用について複雑な問題が生ずる。刑事事件においては，弁護士倫理としての真実義務が，憲法，刑事訴訟法における人権保障との関係で深刻な問題を提起する。弁護士職務基本規程はその点に関して明快な解決基準を与えていない。また，刑事訴訟手続，民事訴訟手続における真実義務の内容は各々どのように違うのか，ひいては真実とは何なのか，という基本的観点からの解明が未だなされていない状況にある。

このように，法曹倫理規範としては，法律上の規範（弁護士法，民事訴訟法など）と職務基本規程上の規範があるが，両規範の規範性の違い，重複適用の場

---

[2] 弁護士の理念型については，永石2003：210頁参照。

合の取扱いなど，まだ未解決の問題が山積している。

　平成18年10月に，フランスの司法修習制度における法曹倫理教育について話しを聞く機会があった[3]。それによると，法曹倫理科目についてはわが国の司法研修所より授業時間数がはるかに多いことがわかった。注目すべきは，インターネットでクイズ形式で問題が出され，それに解答する課題が多いことである。ということは，答えは画一的に判定できるものということである。つまり，フランスでは，ここで述べたような難しい問題に関して司法修習期間中に指導していないことを意味する。このようなフランスの状況と比べると，わが国のロースクールの教材，授業内容は高いレベルにあるといえる。

Ⅲ　法律相談に関して

1　事例1

　医者が，顧問弁護士ではないが古くからの付き合いのある弁護士の事務所に予約の上相談に来た。その内容は，「裁判所から訴状が届いたがどうしたものか」というものであった。弁護士は医者からその訴状をみせてもらったところ，医者が経営していたすでに倒産した会社に対する貸金返還請求と，代表取締役である医者に対する連帯保証債務履行請求事件であった。弁護士は医者に対して，「連帯保証したのか」と尋ねたところ「連帯保証している」という返事であった。弁護士は，「じゃ，仕方がない，ほっとけ」と回答し，時間も2～3分ですんだので，相談料も受け取らなかった。そこで，医者は弁護士から「ほっとけ」といわれたので，自分でもそういうものかと判断し，第1回期日に出頭しなかったところ擬制自白したものとみなされ敗訴し，判決は確定した。実際は，医者は「確認書」と題する書面に署名捺印をしていたので，この事実について「連帯保証した」ものと素人なりの判断で弁護士に答えたのであるが，連帯保証のための署名捺印と解されるかどうか微妙な記載の仕方であった。当該訴訟の原告代理人は医者の財産を徹底的に調べ上げ，強制執行を行い，かな

---

3)　平成18年10月18日，ロースクールにおいて法曹倫理の授業を担当している更田義彦教授（上智大学）と村岡啓一教授（一橋大学）と私の3人が，更田・河野法律事務所においてフランスの司法修習生から説明を受けた。

り高額の貸金債権，遅延損害金全額を回収した。もし，相談を受けた弁護士が，弁護士職務基本規程37条（法令等の調査）の「事実関係調査義務」を尽くし，当該「確認書」をみていたならば，当然連帯保証の成否を争うことにより事件はかなり有利に展開したはずである。しかし，それを怠ったために，相談者である医者に，連帯保証債務の成否を争う機会を失わせたものといえる。かかる場合，相談を受けた弁護士が，法律相談委任契約における善管注意義務違反を理由とする損害賠償請求を受ける立場にあるかどうかは微妙な問題であろうが，弁護士職務基本規程上，このような弁護士の対応には，37条2項の「事実関係調査義務」懈怠を理由とする同項違反の問題が出てこよう。

2 事例2

相談者が経営する零細企業が手形の不渡りを出したので，知り合いのある弁護士にその対処方法につき相談をした。弁護士は，相談者の会社の状況から判断して，破産手続開始申立て以外に選択の途はないとアドバイスし，相談料1万円を受け取り，好意で，「会社入口に，私の事務所の電話番号を記載して，○○弁護士が近々破産手続開始申立てをする予定です，との張り紙をしておきなさい。そうすれば私のところに電話があればそのように答えておきます。」とアドバイスした。相談者はそのアドバイスどおりにして，債権者の追及を免れたが，結局，弁護士に破産手続開始申立ての依頼をしなかった。弁護士は問い合わせのあった債権者に対しては，「破産手続開始申立ての依頼が来なかった」という理由で破産手続開始申立てをしなかったと応答し，その間，相談者は売掛金合計50万円を回収し，当座の生活費に使ってしまっていた。そこで，この弁護士のとった行為が弁護士職務基本規程違反となるのかどうかが問題となる。相談者は破産手続開始申立てをするといって時間を稼ぐことができたために売掛金を回収し，生活費の補填ができたのであるから，弁護士は相談者に対する誠実義務，忠実義務を尽くしたともいえる。しかるに，この弁護士の行為は法律上の責任はともかくとして，弁護士倫理上，許されるべきではない。では，許されないとすると何が根拠となるのであろうか。

近時，法曹倫理の教材において，「弁護士の公共的責任」という言葉が散見される。たとえば，章末参考文献の森際康友編2005：第13章「弁護士の公共

的責任」222頁以下は，弁護士の公共的責任について，アクセスの保障，プロボノ活動，政策形成への寄与を掲げている。しかし，私は，弁護士の公共的責任は，まず，社会に対する責任という観点から考えるべきではないかと思料する（このことを社会的責任と称するか公共的責任と称するかは言葉の問題であろうが）。すなわち，弁護士は，国民の権利を守るための法律業務を伝統的に担う社会的に信頼された制度・職業であり，いわば，社会的公器としての公共的存在である。それがゆえに，弁護士の名前で張り紙をすれば，その内容について関係者はその貼り紙の内容を信用するのである。当該弁護士は，この弁護士の信用を逆手にとって相談者（依頼者）の利益をはかったものといえる。弁護士は，当然依頼者の利益を擁護しなければならないが，本事例においては，弁護士の相談者（依頼者）に対する誠実義務ないし忠実義務よりも，弁護士の公共的責任，つまり，第三者（取引先）に対する誠実義務を優先させるべきであったものと解する。したがって，弁護士が好意で相談者（依頼者）にアドバイスして，その結果，相談者（依頼者）の利益が図れたとしても，第三者に対する誠実義務を果たしていないことになる。その義務は，相談者（依頼者）に対する誠実義務より優先されるべきものである。なぜなら，弁護士とは，弁護士という職務の信用を保持する義務があるからである。すなわち，当該弁護士のアドバイスは，第三者に対する誠実義務違反として弁護士職務基本規程違反となるものと解する。同様の事案による懲戒処分事例がある。

Ⅳ 交　　渉

　甲弁護士は，顧問先のメーカーA社から特許侵害問題の相談を受けた。A社の有する特許権は工事方法に関する特許権である。A社のライバル会社，B社は，A社の特許権を侵害している疑いがあるので，A社の意向は，B社が現在行っている工事を中止させることおよびB社にユーザーから工事を受注させないことであった。A社とB社はこれらに関して交渉したが，B社はA社の要求に応じなかった。甲弁護士は，B社の言い分にも相当の理由があるが，A社の言い分にももっともな点があり，侵害が認められる可能性はある程度はあると考え，裁判による解決は得策でないと判断し，交渉で解決することとした。

そして，そのためにはB社に相当なプレッシャーをかける必要があると考えた。甲弁護士は，A社に対し，「B社の工事方法はA社の特許権を侵害するものであり，裁判において侵害が認められれば，得意先企業や官公庁も責任を免れず，さらには刑事責任の問題にもなるので直ちにB社への発注はやめられたい。それでも要求に応ぜずB社に発注したら御社を訴える。」という趣旨の内容証明郵便を，B社の取引先と考えられる企業・公共団体数十箇所に発送するよう指示した。その結果，この通知を受けた得意先はB社への発注を躊躇したというような事情があって，A社はB社との交渉を有利に進めることができた。甲弁護士のA社に対する指示行為に弁護士職基本規程上問題はないか。

　特許侵害訴訟を提起しようとする場合，相手方に対して訴訟提起前に警告書を発送することはよく行われているところである。また，訴訟を前提としない場合においても，相手方に侵害行為をやめさせるために警告書を発送することは広く行われている。このこと自体は，依頼を受けた弁護士として非難される行為ではない。しかし，かかる行為は必ずしも許されるわけではない。必要性と手段の相当性および内容いかんによっては違法となる場合があり得るし，違法でなくとも法曹倫理上問題となり得る場合も生じる。警告書の送付先を考える場合，侵害対象者と思われる者に直接送付する場合と，それ以外の者に送付する場合とでは異なる。侵害者対象者以外の者には必要性・相当性の判断が厳しくなろう。したがって，侵害対象者およびそれ以外の者に対して警告書を送付した後，A社，B社間の特許侵害訴訟でA社が敗訴した場合，侵害対象者に対する警告書の送付について損害賠償責任が認められない場合でも，侵害対象者以外の者に対する警告書の送付については，B社に対する名誉・信用毀損等の理由により，民法上，不正競争防止法2条1項14号（信用毀損行為）に基づく損害賠償責任が課されることがあり得る[4]。かかる責任が裁判上認められない場合でも，弁護士倫理違反にあたるものと考えられ，弁護士職務基本規程5条（前記165頁の図の相手方・第三者に対する信義誠実），14条（違法行為の助長），

---

[4] 大阪地判平成12・12・26（LEX/DBインターネット TKC法律情報データベース：情報提供者第一法規：文献番号28060065），大阪地判平成13・3・1（LEX/DBインターネット TKC法律情報データベース：情報提供者第一法規・TKC：文献番号28060451），東京地判平成13・9・20（判時1801号113頁・判タ1115号272頁）。

21条（正当な利益の実現），31条（不当な事件の受任）の該当性が問題となる。すなわち，本事例においては，B社の特許権侵害が明白でないにもかかわらず，第三者に対して警告書を発送している点において当該弁護士に倫理違反の可能性が出てこよう。このことは，「キルビー半導体事件」判決（最判平成12・4・11判タ1032号120頁）以後は，特許の無効審決が確定する以前であっても，特許権侵害訴訟を審理する裁判所は，特許に無効理由が存在することが明らかであるか否かについて判断することができると解されており，審理の結果，当該特許に無効理由が存在することが明らかであるときは，その特許権に基づく差止めおよび損害賠償等の請求は，特段の事情がない限り，権利の濫用にあたり許されないと解される。したがって，知財事件においては差止請求者代理人に，より厳しい法曹倫理が要求されることになったものと考えられる。すなわち，従来は，特許権は無効審判によって判断されない限り有効と扱われたが，この判決により無効審判によらずとも裁判で無効を判断できる，つまり，特許権に基づく差止め請求において，被告は特許権の無効（新規性，進歩性がない）を理由として権利濫用の抗弁を提出できることとなったのである。このため，この種の訴訟においては原告の勝訴率は50％を切ったといわれるほどになり，知財弁護士に「原告側の代理人受任は断っている」とまでいわしめるほど影響が大きな判例となった。要するに，クライアントから相談を受けた弁理士，弁護士が，当該特許の「新規性」，「進歩性」に若干の疑問を抱いた場合は当然として，特許権があるといっても，現在の特許権審査のあり方からみて，無効理由は潜在的に存在しているものとしてその権利の行使については慎重であるべきであるという倫理規範が，従来に増して法曹に課せられることとなったと解さなければならない。このように，判例により法解釈の変更はもちろんのこと，法曹倫理のスタンダードも変わってくる，すなわち，実際の事案において，事実関係，解釈論のあり方などを鑑みた上でなければ，法曹倫理の問題は解決できないのである。なお，「キルビー半導体事件」判決を受けて，特許法は104条の3を追加し，平成17年4月1日から上記解釈の立法的解決を図っている。

したがって，相手方との交渉段階における相手方に対する文書の送付等においても，弁護士倫理上，その内容，相手先等，充分検討して慎重に行わなければならない。

V 民事保全に関して

1 事例1——民事保全命令手続とプライバシーの侵害

　弁護士が，民事保全事件（面会強要禁止の仮処分）で，疎明資料として当該事件とは関係のない別個の（面会強要禁止の）仮処分命令書および家事調停申立書の写しを裁判所に提出したが，同文書には第三者のプライバシーに関する事項の記載（第三者の国籍，第三者が特別養子である事実等）があった。この事案において，弁護士に第三者に対するプライバシー侵害の不法行為が認められた（東京高判平成11・9・22判タ1037号195頁，加藤2001：82頁）。同事件で，弁護士が別件の仮処分命令書および家事調停申立書を疎明資料として提出したのは，同仮処分が無審尋で発せられた事実を疎明したかったという理由・動機からであるが，上記判決は，「債務者無審尋発令の事例を裁判官に説明することが広くは保全の必要性の疎明としてその必要性を肯定できるとしても」，第三者の「プライバシー保護のために本件文書への相当な修正を施す等の配慮もせず，そのまま提出する必要性，相当性は認めがたい」とした。そして，「訴訟活動によるプライバシー等の侵害が当事者間において生じる場合には，正当な訴訟活動の自由を根拠に違法性が阻却されることが少なくないであろうが，訴訟行為による当事者以外の第三者に対するプライバシー等の侵害については，訴訟活動の自由を理由に違法性が阻却されるかどうかの検討は，当事者間における場合よりも厳格であるべきものと考えられ，当該訴訟行為をすることが，これによって損なわれる第三者のプライバシーの保護を上回る必要性，相当性等について首肯できる特段の事情がない限り，違法性を帯びるというべきである」と判示しており，これは，民事保全手続が公開性を有していないとしても，大いに参考にすべきである。弁護士倫理上は，第三者に対する誠実義務（第三者のプライバシー保護義務）違反が問題となろう。

2 事例2——法令等調査義務・守秘義務と保全執行

　東京弁護士会紛争解決センターが平成18年3月4日に開催した「専門家団体との意見交換会」[5]において，税理士会から次のような報告がなされた。税

理士法38条違反として紛議調停が申し立てられた事案である。税理士法38条は,「税理士は,正当な理由がなくて,税理士業務に関して知り得た秘密を他に漏らし,又は窃用してはならない。税理士でなくなった後においても,また同様とする。」と規定している。この規定に関して紛争は次のような形で現れた。税理士と顧客との間において,顧客が税理士報酬を支払わなかったので,税理士は弁護士に取立てを依頼した。債権回収においては,まず,仮差押えが必要であり,弁護士は,そのために顧客の財産として何が,どこにあるか,と税理士に問うたところ,税理士は顧客の税務申告を行っているのであるから職務上顧客の財産の所在,内容を知悉しており,弁護士にその内容を答えた。そこで,弁護士は税理士の回答にしたがってその財産に対して仮差押えを申し立てた。これに対し,債務者である顧客から,当該仮差押えは税理士法38条違反であり,懲戒事由にあたるということで紛議調停が申し立てられたものである。すなわち,税理士法38条違反は,民事保全法上は仮差押決定に対する異議事由(民事保全法26条)となり,刑事上は2年以下の懲役または100万円以下の罰金(税理士法59条)を課せられる行為に該当し,また,債権者代理人弁護士は税理士38条違反という違法行為に基づく仮差押えを行ったのであるから,仮差押決定に対する異議申立てにより仮差押えは取り消された上,さらには,税理士も弁護士も違法な仮差押えを行ったとして,顧客から共同不法行為に基づく損害賠償請求を追及される立場となるのである。このように,税理士,弁護士両者とも顧客から民事責任を追及されるのであるが,最終的には,税理士は,弁護士に対して,委任義務違反を理由に顧客から追及された民事損害賠償を求償できることになる。また,税理士が刑事責任を追及されたら,慰謝料をはじめとする損害賠償を弁護士に求めることができるであろう。なぜなら,弁護士は税理士法38条の存在を看過して仮差押手続を行い,結果的に税理士に民事・刑事の損害を与えたことになるからである。弁護士は,事件の依頼を受けたら,その事件に関する「法令等の調査」を行う義務があり,本件におい

---

5) 当日の「専門家団体との意見交換会」には,東京三弁護士会(東京弁護士会,第一東京弁護士会,第二東京弁護士会),東京税理士会,東京建築士会,日本産婦人科医会,日本技術士会,家庭問題情報センター,東京都不動産鑑定士協会から各出席の下,弁護士会以外の団体からの紛争解決に関する報告と,質疑応答という形で行われた。

ても，弁護士が税理士法を調べていたら38条の存在に気づき，そのような財産に対しては仮差押えができないことを説明し，仮差押手続は行わなかったであろう。すなわち，法令等調査義務を看過した弁護士は，弁護士職務基本規程37条違反により懲戒の対象となるとともに，弁護士の法令等調査義務は，弁護士と依頼者である税理士との間の委任契約においても善管注意義務の内容として含まれているから，民事上の責任も負うことになるである。弁護士職務基本規程37条1項で，法令の調査義務を規定し，同2項で事実関係の調査義務を規定しているから，弁護士は事件を受任したら，まず，法律および事実の調査を行うことが依頼者に対する誠実義務履行の第一歩である。

　幸い当該事案は，税理士と顧客との間で仮差押えを取り下げるということで調停（和解）が成立し，税理士に対する懲戒処分，弁護士に対する懲戒手続は行われなかったようであるが，弁護士に対しては大いなる警鐘となる事件であったといえる。

　税理士法38条の解釈通達38－3は，「法38条に規定する『窃用』とは，自ら又は第三者のために利用することをいうものとする。」と記載しているので，税理士が顧客に対する報酬請求権を保全するために仮差押えを行うときに，職務上知り得た情報を用いることはできないとしている。しかし，税理士法38条の「秘密を守る義務」を上記のように厳格に解すること，税理士からの依頼において弁護士に税理士法までの調査義務を課すこと，さらには，それを怠ることにより弁護士が弁護士職務基本規程37条違反，ないし委任契約上の善管注意義務違反として，懲戒処分ないし民事損害賠償責任まで追及されることは酷ではないか，との疑問が残る。また，弁護士が依頼者との間で，報酬債権を被保全権利として，職務上知り得た依頼者の財産に対して仮差押えをすることも同様に違法性（弁護士職務基本規程23条「秘密の保持義務違反」）を問われることになりかねない。上記解釈通達は平成14年4月1日から施行されているとのことであるので，新しく設けられた解釈基準といえるが，上記事案は，その再検討も必要ではないかという問題を提起している。

　アメリカ法曹協会（ABA）のモデルルール1.6（b）（5）は，「法律家と依頼者間の紛争において自己の請求もしくは答弁を立証するため，または自己に対する刑事告訴もしくは民事請求で，依頼者が関係した行為にもとづくものに対

し、自己の答弁を立証するため、または依頼者の代理に関する何らかの手続における主張に応ずる」場合は、秘密保持義務は解除されるとしている。本事案はそれに該当するものではないが、依頼者が対価の支払義務を尽くさない場合には、自己の権利の確保のために税理士、弁護士の秘密保持義務は解除されるものと解することはできないであろうか。つまり、依頼者が報酬支払義務を尽くさない場合などは、税理士、弁護士の守秘義務は解除されると解するのである。Rotunda, Krauss, 2006, p.98 は、理由は明らかでないが、判例を引用して、弁護士は、弁護士報酬回収のためには依頼者から知り得た財産に対して強制執行できるとしている。すなわち、弁護士は依頼者の業務遂行上知り得た情報については守秘義務が解除されるとしている。The Law Governing Lawyers, 2001, p.486 は、弁護士の守秘義務の解除が認められる場合として、「Lawyer's Self-Defense（自己防衛）の必要があるとき」という表現を用い、自己防衛（報酬請求権行使）のためには、依頼者の任務遂行の過程で知り得た依頼者の財産に関する守秘義務が解除されるとしている。

かかる観点からすると、税理士法 38 条および解釈通達 38－3 は、税理士、弁護士の守秘義務について問題のある規定といえる。

ともあれ、弁護士は事件を受任したら事実調査義務に加えて法令調査義務を十分に行うこと、そして、守秘義務の問題を常に念頭において事件を遂行するということを肝に銘じなければならない。

なお、本事案に関連して、訴提起前の交渉過程において、債権者が突然仮差押えの申立て、訴えの提起を行うこと、債務者に財産を移転するよう各々弁護士が指導することは、弁護士倫理上許されるのかという問題があることを付言しておく。ともに、弁護士の相手方に対する誠実義務と依頼者に対する忠実義務との衝突の問題であるが、忠実義務より、相手方に対する誠実義務が優先されるべきであろう。

VI 民事執行に関して

1 事例 1──自力救済について

自力救済に関しては、家屋明渡しの場合の債権者による立退実施行為や、債

務者の財政状況が悪化した場合の債権者による納入商品の取戻し行為等が懲戒事例として現れる。たとえば，長らく賃料不払いで所在不明となった借主に対して，貸主が合鍵で部屋に入って荷物を処分することや，行方不明の借主が戻ってきても部屋に入れないように貸主が鍵を勝手に換えることなどがよくある事例である。そのような行為を行った弁護士あるいはそのような指導を行った弁護士は，弁護士倫理に反するとされ，懲戒申立ての対象となったり損害賠償責任を追及されたりしている（自力救済に関しては文献が多いので本稿では触れないが，章末参考文献の安木健 1999：795〜800 頁が参考となる）。筆者は，店舗明渡事件において借主の代理人として関与した際に，貸主の代理人弁護士が，債務名義もないのに，先頭に立って店舗のショーウインドーをハンマーで壊し，その姿を記念写真に撮るというような信じられない行動により自力救済を図ったという衝撃的な事件を経験している。もちろん，当該代理人弁護士は懲戒処分を受けた。

2 事例2——強制執行を免れるために詐害行為取消しの対象となる行為をするようアドバイスすることは，弁護士職務基本規程 14 条「違法行為の助長」にあたり，懲戒処分の対象となるか

弁護士職務基本規程 14 条は，「弁護士は，詐欺的取引，暴力その他違法若しくは不正な行為を助長し，又はこれらの行為を利用してはならない。」と規定している。「助長」とは，違法・不正であることを知りながら，これを第三者に推奨したりすることによって，違法・不正の実現に手を貸したり，その存続または継続を支援したりすることであり，「利用」とは，違法・不正な行為によって，弁護士が自らの事件処理を有利にしたり，またはそれに便乗して利益を得たりすることである（注釈弁護士倫理，1996：59 頁）。これらは，故意であることを要件とし，弁護士に対し結果責任を負わせるものではない。

「違法行為」とは，どの法規違反が問題となっているかによりその成否は異なる。民法 709 条の不法行為における違法行為とは損害賠償の対象となる行為をいうものであって，刑法法規違反行為にならない行為でも，権利ないし法的保護に値する利益侵害があれば違法行為となる。ところが，債権者の共同担保となるべき積極財産の減少行為や，消極財産の増加行為である民法上の詐害行

為（特に離婚に際しての財産分与や離婚慰謝料が問題となる[6]），また，倒産法上の否認対象行為は，取引法上，取り消されたり否認されたりはするが，かならずしも不法行為における違法行為または刑法上の違法行為とはいえない（倒産法上犯罪行為になる場合は別である）。しかるに，取引法上「違法行為」でなければ弁護士職務基本規程14条の「違法行為」にはあたらないとは直ちにはいえない。たとえば，取引法上，違法行為とはいえないが債権回収行為を阻害することもあろうから，相手方，第三者に対する誠実義務違反として弁護士倫理上望ましい行為といえない場面も出てこよう。また，詐害行為が成立しても弁護士倫理違反とならないケースや，詐害行為が成立しなくても弁護士倫理違反となるケースもあり得る。要は，その際の四囲の状況により，弁護士倫理違反となるかどうかが判断されるのである。したがって，詐害行為にあたるような行為をするよう弁護士が依頼者に対してアドバイスすることは，場合によっては弁護士職務基本規程5条（第三者に対する）「信義誠実」，同21条「正当な利益の実現」規定に抵触する場合も出てくる。この場合，債権者が高利の金融業者か通常の取引先かによって，すなわち債権者の個性によって，弁護士倫理違反の成否の結論を異にするかは今後の検討課題であろう。刑法上の違法行為を認容する趣旨のアドバイスすることは，当然，弁護士職務基本規程14条違反とな

---

6) (a) 詐害行為取消権の成否
　　　金融機関に保証債務を負っていた夫が自宅の土地・建物をその妻に贈与した場合の詐害行為取消権の成否（積極：東京地判平成16・5・24金判1231号51頁）。
　(b) 財産分与，離婚慰謝料の不相当過大の場合の詐害行為取消権の成否
　　ⅰ) 財産分与
　　　ア) 不相当に過大であり，財産分与に仮託してされた財産分与であると認められる特段の事情がない限り債権者取消権の対象足り得ない（最判平成12・3・9判時1708号101頁）。
　　　　不相当過大な部分について，その限度において取消しが認められる。
　　　イ) 財産分与の全部が詐害行為に当たるとされた（東京地判平成16・10・25金判1230号22頁）。
　　ⅱ) 離婚慰謝料
　　　相当額を超えた部分について，詐害行為取消しの対象となる（上記最判平成12・3・9）。
　　　以上から判断すると，不相当過大の場合であっても一部ないし全部が取り消されるにとどまり，違法な行為とまでは評価されていない。

る。なお，強制執行妨害罪の成否に関しては，強制執行を免れるため銀行預金を隠匿したとして，民事再生会社「某デパート」の元代表者に対してその成立が認められ，平成18年8月31日上告棄却により確定した事案（公刊物未掲載），弁護士某に対する強制執行免脱罪の共同正犯の成立が認められなかった第1審判決事案（判時1908号47頁）が参考となる。

また，平成19年当時マスコミを賑わした朝鮮総連本部土地建物の売買事件は弁護士倫理を考える上で格好の教材といえる。

【引用・参考文献】
加藤新太郎（2001）「弁護士の疎明資料とプライバシー侵害」判例タイムズ1054号
加藤新太郎（2006）『コモン・ベーシック弁護士倫理』有斐閣
小島武司ほか編（2006）『法曹倫理〔第2版〕』有斐閣
髙中正彦（2005）『法曹倫理講義』民事法研究会
塚原英治ほか編著（2006）『法曹の倫理と責任（上・下）〔補訂版〕』現代人文社
永石一郎（2003）「ある，日弁連弁護士倫理研修」林屋礼二ほか編『法曹養成実務入門講座1』信山社出版
日本弁護士連合会・弁護士倫理に関する委員会編（1996）『注釈弁護士倫理〔補訂版〕』有斐閣
日本弁護士連合会（2005）「解説『弁護士職務基本規程』」自由と正義56巻6号〔臨時増刊号〕
村岡啓一（2005）「連載 アメリカ合衆国のロースクール教育第1回『パーヴェイシヴ・メソッド ワシントン大学ロースクール』」季刊刑事弁護43号
森際康友編（2005）『法曹の倫理』名古屋大学出版会
安木健（1999）「自力救済と弁護士の関与」日弁連編『現代法律実務の諸問題平成10年版』（日弁連研修叢書）第一法規出版
　倒産処理における弁護士弁護士倫理に関しては，安木健（2007）「倒産と弁護士の倫理」永石一郎編集代表『倒産処理実務ハンドブック』中央経済社，889頁以下，が参考となる。

Restatement of the Law Third, The Law Governing Lawyers, 2001, TheAmerican Law Institute

Ronald D.Rotunda, Micael I.Krauss, 2006, Legal Ethics, 2nd Ed., In a Natshell（Natshell Series）

【永石一郎】

第9章
企業法務と倫理

I　事業利益をとるか，法の正しい適用をとるか

　弁護士Aは，20年の法律事務所における実務経験を有していたが，1年前に，B社のトップから誘われて，同社の取締役法務担当兼ゼネラルカウンセルとして同社に入社した。B社は，東証第一部上場の委員会等設置会社である。入社してしばらくして，B社がある県の事業団から下水道の工事の入札に呼ばれているが，そこでは，事業団の了解のもとに入札業者の間で談合がなされているということがAの耳に入った。こうしたことは他の県でもなされているらしく，部下に聞きただすと，前任のゼネラルカウンセルは，ばれないようにうまくやれといっていたという。地方公共団体や同業者を敵に回すことには，激しい抵抗が社内にあり，単に談合は違法だからよしなさいとアドバイスしても，聞き入れてもらえないおそれが強い。Aは，どのような行動をとるべきか。
　最近の調査によると，大手企業の60％において法務の専門の部または課があり，資本金500億円を超える企業においては，70％が部レベルの組織を有している。法務の担当者は，1000社で，6500名となる。しかし，このうち，日本の弁護士資格を有する者は，数十名，外国の弁護士資格を有する者が300名に届いていないという状況である（商事法務研究会ほか編2006）。
　したがって，上記の設例は，現在ではまだあまり現実化していないものである。しかし，これからの弁護士5万人時代には，このように，弁護士経験をかなり積んだ人が取締役法務担当として企業に移って活躍するというケースも増えてくるものと思われる。法科大学院を卒業して，弁護士になってすぐに企業にはいるというケースは，より多くなるであろうし，これこそ司法改革のねらいの1つである経済社会に法の支配を浸透させるということへの近道であると

考えられる。

　そして，こうした企業の法務部員として活躍する弁護士が，日常の活動の中で企業の違法行為に巡り合わせ，企業の利益を第1とする動きとのコンフリクトに悩まされるということは，これから多発するであろう。しかし，ゼネラルカウンセルの場合と若干違うのは，その若い法務部員は，こうしたときにその問題を上司である別の弁護士に訴え，相談することができる。それに比べると，上記の新任の取締役法務担当は，企業の利益を上げるという目的を役員としてより強く感じる一方で，コーポレートガバナンスやコンプライアンスを実現することも自らの役割と考える。そして，もし新入社員の時からこうした板挟みを何度か経験していれば，こうした事態への対処方法もその間に心得ができていたであろうところ，そのコンフリクトに，いま，役員として直面して，対応に苦しまされることになるのである。こうした状況において，まず，その違法な，または違法となる可能性を有する事態に対して，それを止めるとか，そうなる可能性を極度に小さくするように周囲を説得するのが第1になされるべきであることは，いうをまたない。しかし，そういう危険なことの先には利益がみえるので，経営トップは，何とかそれを「うまくやって」実行させたいと希望するであろう。その時にどうすべきかについて，1つだけの正解というものはない。別の言い方をすれば，その時々の，その周囲の事情によって回答が異なってくるというのが実のところであろう。

II　アメリカの裁判所はどう判断したか

　上記の設例のような事態がまだ多くないわが国では，裁判所の判断を受けるケースもまだ出ていない。そこで，企業内法務部門に大勢の弁護士がいるアメリカにおいて，どのように扱われているかを見てみたい。アメリカでは，上記のような事態が生じたときに，典型的には，企業内弁護士が，自ら正しいと思うことを実行し，それが会社の意に反するということで解職された場合の損害賠償事件という形で裁判所で判断されてきた。

　2つの流れがあり，1つは，Balla v. Gambro, Inc.（Supreme Court of Illinois, 1991）事件で代表されるものである。この事件は，腎臓の透析装置を輸入販売

していた会社の内部管理部門で，行政当局からの許認可等をもあわせて担当する法務部長相当の立場にいた弁護士が，欠陥のある透析装置を会社が販売しようとしていたことに気がついて経営者に注意したところ，突然解雇された。それに対して，この社内弁護士から，この解雇が正当な指摘をしたことに対する報復的なものであるとして，不法行為に基づいて損害賠償請求をしたものである。イリノイ州最高裁判所は，この訴えについて，社内弁護士には，経営者の意に沿うように行動して，結果として「職務責任規範」に違反することになって，自らの弁護士という職業上の立場を懲戒などによって失うか，その意に沿わずに，トップ経営者に対して意見をして，会社における地位を失うかという選択肢があるわけではない。裁判所が適用する「職務責任規範」に従えば，そのような人命に影響が出るような装置を会社が売ろうとしていることを関係当局に報告することは，彼の義務なのである。つまり，市民の生命や財産を保護するという公共の秩序の維持は，弁護士を報復的解雇から守ることによって可能になるといった性格の問題ではないのであり，弁護士たる者は，その職業上の責務として，そのような場合には，その報告をするという行動をとらねばならない。一方で，このような損害賠償を認めるということになると，依頼者である会社は，社内弁護士に対して率直に物事を述べたり，問題のありそうな行動について質問することを躊躇するようになるなど，依頼者が相談したことについての守秘義務に裏づけられた弁護士─依頼者間の信頼関係に悪い影響を及ぼすことになる。こうした事態に立ち至った弁護士に残された道は，雇用関係，または少なくとも事案の担当から，身を退くことしかないと判示したのである。

　他の流れは，General Dynamics Corp. v. Superior Court（Supreme Court of California, 1994）事件で代表される。この事件では，ある事業部の法務部長が，社内での麻薬の使用，防衛産業における警備部門の盗聴問題，給料の過剰な支払いなどの事態につき上司に指摘したところ，解雇された。それに対して，この社内弁護士は，事実上の，暗黙の雇用契約があるのに，それに違反した解雇であり契約違反になるという点と，正当な指摘をしたことに対する報復的な解雇であるから不法行為になるという点の2点を指摘して，損害賠償を請求したのである。カリフォルニア州の裁判所は，この訴えのうち，まず，契約違反の点を認めたが，これでは契約違反としての賠償額にしかならないので，次に，

不法行為の点についても判断した。つまり，会社の違法な行為を防止しようとしたために解雇されたような場合には，その防止しようとしたことが市民の生命，財産を守るためといった，弁護士と依頼者との間の守秘義務を免除するような弁護士倫理規範や証拠法の規定があるなどの事情が認められるならば，(たぶん懲罰的なものも含む) 損害賠償を認めるとしたのである。そして，こうした司法的救済を認めないと，ある程度の経歴を積んだ社内弁護士の場合には，このようなジレンマに直面したとき，せいぜい黙っているのが関の山ということにさせてしまい，これでは，社内弁護士のプロフェッショナルとしての立場を低くさせてしまうと述べている。

　なお，この両事件に共通して，依頼者が弁護士を選ぶ権利は絶対的なものであるから，会社は社内弁護士をいつでもどんな理由でも解雇できるとしており，解雇を無効にするか否かという点は争われていない。

Ⅲ　エンロン事件以降——サーベンス・オクスレー法の成立

1　事件の概要

　1985年の設立から15年で，エネルギー業界のトップ企業となったエンロンは，一時期日本でも電力事業を開始するというアイデアをもって経済産業省などにもアプローチをしてきたことがある。そのエンロンが，財務上の不正をきっかけとして，1年で経営破綻をし，アメリカの経済界において，大きな経営管理面での反省をさせるきっかけとなった。約3000の特定目的事業法人であるＳＰＥ (Special Purpose Entity) を用いて，多額の簿外債務を活用した事件であり，こうした仕組みを発案し，仕上げていく過程では，トップ経営者の意思が働いたことはもちろんであるが，同時に，投資銀行や，会計事務所，社内，社外の弁護士がそれを推し進めたのである。その意味では，そこでの弁護士は，上記Ⅱで説明したような，公共の利益に反するような行動をとろうとする経営陣に対して，いかにそれを止めさせるか，止めさせようとして，自らの会社における地位を失ったらどうするかというコンフリクトの問題に悩んだ者が，ごく例外的に，一部にはいたのかもしれないが，全体としては，顧問弁護士事務所とその出身者が実質的に支配していた法務部門が，投資家を誤らせるような

不正な財務を行うことに積極的に協力したという、いわば、法曹倫理では、やってはいけない典型的なことを犯してしまっているのであり、その面ではあまり参考にならない。

しかし、事件の広がりは、株主および従業員からの大型のクラスアクション2件を含む、証券取引法等に基づく詐欺による損害等を請求したり、株主代表訴訟であったりの、70数件の民事訴訟、同じく証券詐欺等に基づく30件に上る刑事訴訟という、全米の法律家を巻き込むところまで拡大している。また、エンロンの会計事務所であったアーサー・アンダーセンは、エンロン関係の書類を破棄したことが訴訟妨害にあたるとされ、結果的には、ビッグファイブにかぞえられ、公認会計士数万名を擁した監査法人が、短い期間の間に、消滅してしまったのである。こうした事態を前にして、ハーバード・ビジネス・スクールのディーンが卒業式の挨拶で、自分たちが教育してきた経営管理システムは、アメリカ経済を繁栄に導くことに成功したと思っていたが、エンロンのような事件が起きてみると何を教えてきたのかと深く反省すると嘆き、経営倫理の再確立が求められていると訴えるような場面もみられたのであるが、その一方で、アメリカは、強い回復力をみせ、短時日のうちに、いくつかの対応策を打ち出したのである。その1つが、本事件が主として証券法、証券取引法に関係する事件であったため、企業会計の不正を防止するという目的で成立したサーベンス・オクスレー法である。

2　サーベンス・オクスレー法307条「弁護士のプロフェッショナルとしての責任」

2001年12月に、エンロンがチャプター・イレブンの会社更生手続を申請して、翌2002年7月には、同法が議会の圧倒的な支持を受けて成立した。企業財務をめぐるコーポレートガバナンスの確立をめざすもので、監査委員会の独立性の強化をめざす301条、財務報告にCEO、CFOの署名を求め、責任を負わせる302条および906条、同一企業に監査業務とコンサルタント業務の双方を提供することを制限する201条、監査法人のローテーションを求める203条、内部告発者の保護をめざす1107条などがある。

そして、その307条は、「本法成立後、180日以内に、SEC（証券取引委員

会）は，公益および投資家の保護をめざして，証券発行企業を代表してＳＥＣで活動しようとする弁護士の，最小限のプロフェッショナルとしての責任に関するＳＥＣ規則を制定する。その規則においては，①証券法についての重要な違反や忠実義務の違反などが行われようとしている場合には，それを知った弁護士は，その会社の法務部長かＣＥＯに対して証拠を示してそのことを報告すること，②もし，その法務部長やＣＥＯがそれらの違反を正すとか罰するといった適正な対応をとらない場合には，その弁護士は，その会社の取締役会に設置された監査委員会や独立性の確保された社外取締役によって組成される他の委員会または取締役会自体に対して，証拠を示して報告することが規定される。」としており，企業内の組織階層を上って順次上級機関に報告することを義務づけるコーポレート・ラッダー・レポーティング方式とか，エスカレーションと呼ばれる方式を定めているのである。

3 ＳＥＣ規則205条

ＳＥＣは，上記のサーベンス・オクスレー法307条に従って，その規則205条の案を2002年11月に発表した。この内容は，大きく2つに分かれる。まずその1は，企業内報告についての規定である。上記のコーポレート・ラッダー・レポーティング方式を定めた通常ルートのほかに，法務部長やＣＥＯに報告しても彼らが問題となる計画を主導したりしていて，その報告が無益と思われる場合に，直接監査委員会や取締役会に報告してよいバイパス・ルートおよび監査委員会のメンバーおよび独立性のある社外取締役で構成する法律遵守委員会（Qualified Legal Compliance Committee）に報告すれば，その委員会が調査し，是正措置を決め，またＳＥＣへの違反行為の報告もするというルート（ただし，このルートは，まだ各企業においてこの委員会設置の経験がなく，またそれにはコストがかかる可能性もある）が提示されており，これに従っている限り，守秘義務違反が問題となることはない。また，これに従った報告を怠れば，その弁護士は，ＳＥＣ規則違反を問われることになる。この部分の規則は，2003年8月から実施に移されている。

その2は，議論を呼んだ部分であり，企業外への報告についての，レポーティング・アウトと呼ばれるものである。Noisy Withdrawal（騒々しい辞任，

つまり，企業外に聞こえるようにして担当を退くこととでも訳すのであろうか）と呼ばれる提案であり，会社が担当弁護士からの証券法についての重要な違反等が行われようとしているとの指摘に対して適切な対応をとらなかったとき，①社外の担当弁護士の場合には，会社との依頼関係を辞任し，その辞任した旨およびSECに提出した文書を否認する旨をSECに届け出る。②社内弁護士の場合には，その案件の担当から手を退き（必ずしも退職することには直結はしないであろう），その上で，SECに提出した文書を否認する旨をSECに届け出ることを義務づける。そして，こうした際の，SECへの届け出は，弁護士の守秘義務違反にあたらないと規定している。こうすることで，経営陣に問題をあらためて知らせ，また，利害関係者による調査を期待することを目的とするものである。しかし，この提案は，サーベンス・オクスレー法の委任の範囲を超えているなどの批判が強く，実施されるに至っていない。

4 アメリカ法曹協会（ABA）の弁護士職務に関するモデル規程

　弁護士による犯罪行為等を知った場合の報告義務の問題については，わが国でも，ゲートキーパー問題として大いに議論を呼んでいる事項であるが，ABAにおいても，以前から大きな問題として議論されてきた。従来は，弁護士の守秘義務を緩和すべきでないという意見が有力であったが，エンロン事件を受け，サーベンス・オクスレー法が成立した後に，あらためてABA内部で議論されることになり，2003年に改訂の提案がなされ，それが承認されたのである。しかし，ABAのモデル規程は，各州の弁護士会がそれぞれ職務規程を定める際のモデルとなるものであって，その採択は，各州に任されており，必ずしもどの州でも同じような規程があるというわけではない。
　ABAのモデル規程1.6条は，弁護士の守秘義務について，当然のことながら，まず守秘の原則を規定し，人の生命，身体に危害が加えられることや，財産に重要な侵害を与えるような犯罪，詐欺行為がなされようとしていることを防止するため等の限られた場合に，例外的に，それを外すと規定する。そして，2002年末で，弁護士の裁量で外部への報告を認める州は37州，外部への報告について弁護士の裁量を認めず，それを義務づけるもの4州，外部への報告を禁ずるもの10州となっている（高柳2005：210頁）。

また，規程1.13条は，組織（企業等）を依頼者とする弁護士（社内弁護士か社外かを問わず）の行動について，企業の不正行為を知った場合に，それを組織の階層に従って上層部に報告することを義務づけている。これは，サーベンス・オクスレー法やＳＥＣ規則205条に準拠したものであるといえる。そして，こうした報告を上げたにもかかわらず，組織のトップが適切な行動をとらない場合には，上記1.6条に規定する場合に限らず，この弁護士は，組織に被害が及ぶのを阻止するために必要な限度で，外部にその情報を提供してよい。また，この弁護士がそうした行動をとったがために，解任されたり，辞任したというような場合には，そのことが組織のトップに報告されているかを確認することができるとしている。ここでも，あくまでも，外部への報告は，弁護士の任意の判断によるものであり，違反した場合に制裁措置が予定されているような強制的な報告義務ではなく，その点がＳＥＣ規則で提案されたNoisy Withdrawalと違うところである。

　規程1.16条は，企業を代表することからの辞任について規定し，顧客企業が，犯罪行為や詐欺的な行動を弁護士が注意したにもかかわらず行おうとしたり，弁護士が考えていることと重要な食い違いがあるようなことを実行するといって固執するような場合に，辞任してよいと規定する。ただし，必要な場合には，その辞任について，裁判所に報告することが求められる。これも，任意の辞任であって，ＳＥＣ規則のNoisy Withdrawalの提案にあったような，強制的なものではない。

Ⅳ　わが国の場合

1　組織内弁護士の規律

　日本弁護士連合会は，2004年11月に，弁護士職務基本規程を制定し（施行は2005年4月），企業内弁護士に関して，その第5章「組織内弁護士における規律」の中で，

　「第50条（自由と独立）　官公署又は公私の団体（略）において職員若しくは使用人となり，又は取締役，理事その他の役員となっている弁護士（以下「組織内弁護士」という。）は，弁護士の使命及び弁護士の本質である自由と独立を

自覚し，良心に従って職務を行うように努める。」

「第51条（違法行為に対する措置）　組織内弁護士は，その担当する職務に関し，その組織に属する者が業務上法令に違反する行為を行い，又は行おうとしていることを知ったときは，その者，自らが所属する部署の長又はその組織の長，取締役会若しくは理事会その他組織内における上級機関に対する説明又は勧告その他のその組織内における適切な措置をとらなければならない。」
と規定する。この51条の規定は，サーベンス・オクスレー法に規定するコーポレート・ラッダー・レポーティング方式と同趣旨である。

また，弁護士の守秘義務に関しては，この基本規程23条は，正当な理由なく，依頼者について職務上知り得た秘密を他に漏らし，または利用してはならないと規定し，その解説（日弁連2005：36頁）において，秘密の開示が許される場合として，依頼者の犯罪行為の企図が明確で，その実行行為が差し迫っており，犯行の結果がきわめて重大な場合で秘密の開示が不可欠の場合を例示している。しかし，そうした場合に，関係当局等に報告する義務があるかということになると，上記50条の「自由と独立を自覚し，良心に従って職務を行う」ためにはどのように行動するべきかは弁護士の自主的判断にゆだねられているのである。なお，組織内弁護士の場合の雇用主がここでいう「依頼者」に該当することは当然である。

守秘義務に関連して，微妙だったのは，ゲートキーパー問題である。これは，マネーロンダリングおよびテロ資金供与防止のために，政府間の会議として設置された「金融部会」（FATF）の勧告として，弁護士が不動産の売買，法人等の設立運営などの一定の範囲の取引に関与する場合，顧客の本人確認および記録の保存をするよう求め，その資金が犯罪収益またはテロ関連であると疑われるときは，これを金融監督機関に報告することを義務づけようとするものである。ただし，微妙な表現であるが，守秘義務または依頼者の秘密特権の対象となる状況に関連する情報はその報告義務の対象とならないとされている。2005年11月に，政府の国際犯罪組織等・国際テロ対策推進本部がこの金融監督機関として警察庁を考えていることを明らかにしたため，日弁連が強く反発することとなった。従来，日弁連は，弁護士会でまず各弁護士からの報告を受け，そこで守秘義務の範囲にあるか否かを一次的に判断をして，必要なら，その上

で金融庁に通報するという方法を検討してきたのである。しかし，2007年4月から施行された犯罪収益移転防止法においては，この問題の対応は日弁連の会則に委ねられた（8条）。そして，同年7月から施行される日弁連の「依頼者の身元確認及び記録保存等に関する規程」においては，弁護士による顧客の本人確認および記録の保存が求められているが，その依頼の目的が犯罪収益の移転に関するものであるときは，弁護士はその依頼を受けてはならず，また，受任後にそのことがわかったときは，辞任しなければならないとして，弁護士の自主的な判断と弁護士会内の規律に委ねることとされた。

2 社外弁護士の場合についての一考察

エンロンの社外の主要ローファームであったヴィンソン・アンド・エルキンスは，弁護士860名のうちエンロン担当弁護士100名，5～6名のパートナーが75％以上の時間をエンロン関係の業務にあて，エンロンへの転職弁護士20名以上（ゼネラルカウンセルを含む），事務所の収入の8％がエンロンからのものであったという深い関連があった（高柳2005：30頁）。ここまでなってしまうと，日々の営業活動に社外のローファームが深く入り込んでしまい，社外という意味での独立性に欠けてくる場合もあるであろう。

わが国の現状では，そこまで社外弁護士事務所が1つの企業に依存してしまうことは稀であろう。もし犯罪行為を会社がしようとしていたり，そこまでいかない場合であっても，違法となる可能性のあることを実行しようとしていることがわかれば，社外弁護士はそれを是正するよう指導すべきである。その場合に，弁護士職務基本規程の51条は組織内弁護士のことを規定するので，社外弁護士には直接の適用はないものの，類似の立場に立つものとして，そこの記述に従って，コーポレート・ラッダー・レポーティング方式によることが望ましい場合が多いであろう。そして，是正の指導をしても，経営トップがその指導に従わないときは，その顧問関係を辞任することが必要である。その会社への依存度が低ければ，こうしたことはさほどの問題を残さずに実行できると思われる。

弁護士が社外取締役となって，取締役会に出席もし，経営に関するコメントを常々しているときも同様である。こうした取締役を辞任したことは，何かの

きっかけで世の中の知るところとなり，弁護士を後任者として選ぼうとしても難航したりして，その会社への評価となっていずれ反映するであろう。そして，このような評価が翻って会社に反省させる材料となることが期待されるのである。こうして，時間がかかってでも，企業の不適切な行動の是正がなされるということになればよいと考えるべきなのであろう。

3 社内弁護士の場合

冒頭にも触れたことであるが，若い法務部員が弁護士である場合には，上司である別の弁護士と相談をすることができ，時間をかけて違法となる可能性のある事態を是正していく道も開けるであろう。

悩ましいのは，弁護士が取締役法務担当とかゼネラルカウンセルといった経営のラインとして位置づけられている場合に，利益を上げるためという名分のもとに不適切な行動を会社が実行しようとしていることを知ったときである。昨今，コンプライアンスということが強く求められ，企業のレピュテーションリスクが問題とされるようになっている（第二東京弁護士会 2005a：33 頁の天野，河村両弁護士の発言も同旨）。従来，総会屋とのつきあい方をどうするかという大きな問題があったが，明瞭に違法なこととされ，実際上，限られた例外を除き，ほとんど問題とならなくなっている。しかし，それ以外にも，適法か，ぎりぎり違法かどうかといえば，まあ違法ではないけれども，こういうことをするのはいかがなものかといった事態が折々発生する。よくみかける古いタイプの経営者で，行政庁の指導に従って行動してきた人が，役所がよいといっているならそれでやろうとか，他社と同じにやっていれば問題がないので，不適切かもしれないが，やり方を変更したがらないといったケースである。しかし，ひとたびそうしたことを実行したために，コンプライアンスに反していたと株主や周辺住民から訴えられたりした場合に，そのレピュテーションの低下は回復しがたくなる可能性があり，そうしたときに，役所がよいといったとか，他社も同じことをやっているということはほとんど理由にならないのである。ゼネラルカウンセルとしては，事態を是正するように，社内外の関係者の説得に努めることは当然であるが，それでも経営トップがどうしてもコンプライアンス上問題のある行為を実行するというときには，残された道としては，社内に

しかるべき声明を残して辞任するという選択肢も考えられよう。もし取締役会に社外取締役がいる場合であれば，その取締役は，経営のトップとは少し違う見方をして応援をしてくれる可能性もあろう。

特に，違法な行動がとられようとしている場合に，関係当局等にそうした事態を通報すべきかは，事情のいかんによるであろう。生計を立てていくための収入は，最小限，弁護士を開業すれば何とかなると考え，復職することを念頭に置くのではなく，やはり社会正義を求めるという弁護士本来の立場に立って考えるべきである。そして，万一，通報した場合にそのことに対して企業の側が秘密漏洩を主張して，弁護士会の懲戒手続などを求めてくるようなことがあれば，堂々とこれに立ち向かうということも必要となる（第二東京弁護士会2005b：50・51頁の河村，池永両弁護士の発言，日弁連弁護士業務改革委員会 2006：75頁の森山弁護士の見解も同旨）。

V 顧問弁護士に関する法曹倫理上の問題

1 顧問弁護士は，監査役に就任してよいか

顧問弁護士であることが，会社法335条2項（従来の商法276条）でいう「使用人」に該当するかという点については，大阪高判昭和61・10・24金融法務1158号33頁が，顧問弁護士の職務は，「受認した事件を処理しあるいは法律上の意見を述べるものであって，会社の業務自体を行うものではなく，もとより業務執行機関に対し継続的従属的関係にある使用人の地位につくものでもない」として，問題ないと判示している。しかし，日弁連の弁護士職務基本規程20条の解説では，顧問弁護士としての職務の実体が会社の業務執行機関に対し継続的従属性を有するか否かについて実質的判断をすべきとし，会社の組織機構の一員となり業務執行機関の指揮命令を受けるべき立場に置かれるに至った場合やこれに準じてその会社に専属すべき拘束を受けている場合には兼任できないとされる場合もあると述べており（日弁連 2005：31頁），慎重な判断が求められる。

これに関連して，社外監査役，社外取締役といえるかにつき，会社法2条15号・16号の「社外」性に関して，法務省令のうち，会社法施行規則の74条

4 項・76 条 4 項・124 条 7 号は，役員としての報酬以外に財産上の利益を得ているときの開示について触れており，顧問事務所への弁護士報酬の支払いに関連して，注意を要する。また，サーベンス・オクスレー法 301 条 3 項は，監査委員会の委員の独立性について，委員であることの報酬のほかに，コンサルタントに応じたり，助言することに対して対価を受領していないことを求めている点も 1 つの参考になろう。

2 監査役弁護士がその会社の訴訟代理人となることができるか

最判昭和 61・2・18 民集 40 巻 1 号 32 頁は，これを肯定し，「監査役が会社ひいては全株主の利益のためにその職務権限を行使すべきものであることは所論の通りであるけれども（略），一株主が会社に対して提起した特定の訴訟につき弁護士の資格を有する監査役が会社から委任をうけてその訴訟代理人となることが双方代理にあたるものとはいえない」としている。しかし，上記 *1* のような日弁連解説もあり，慎重に判断すべきであろう。

3 株主代表訴訟が提起された場合，顧問弁護士は被告取締役の訴訟代理を引き受けてよいか

顧問弁護士は，会社に対して誠実義務を負うとともに，その職務において公正である必要がある。一方，株主代表訴訟の場合には，会社と被告取締役との間には，利害相反があるおそれがあり，会社の顧問弁護士としては，被告取締役のための法律相談や訴訟の受任は避けるべきである。

また，会社法 849 条（従来の商法 268 条）は，監査役の同意を要件として，会社が被告取締役らへの補助参加することを認めており，会社顧問弁護士は，会社の代理人として，会社の立場で，被告取締役に補助行為をすることができるとされている。その意味からも，顧問弁護士が直接被告取締役の代理人になることは避けるべきである。

【引用・参考文献】
商事法務研究会・経営法友会編（2006）『会社法務部第 9 次実態調査の分析報告』別冊 NBL No.113

第二東京弁護士会（2005a）「シンポジウム企業内弁護士　第2回」NIBEN Frontier2005年1月号
同上（2005b）「同上　第3回」同上2005年2月号
高柳一男（2005）『エンロン事件とアメリカ企業法務』中央大学出版部
日本弁護士連合会（2005）「解説『弁護士職務規程』」自由と正義56巻6号〔臨時増刊号〕
日弁連弁護士業務改革委員会（2006）「国民が期待する普遍の弁護士像はいかにあるべきか。近未来の弁護士業務および弁護士事務所のあり方——中間報告書」

【梅澤治為】

第10章

弁護士の公益活動
――日本司法支援センター・法律扶助，弁護士過疎

I　司法改革と弁護士の変革

　3人のお年寄りが，ヤミ金の厳しい取立てに堪えかねて，鉄道の線路で無理心中した悲惨な事件が報道された。弁護士に駆け込めば法的に解決できる事案なのに。法化社会といわれるときに，多くの多重債務者が自己破産や相談窓口に関する知識や情報がなく，その場しのぎの自転車操業をくり返したり，痛ましい事件に追い込まれてしまう。このような悲惨な事件のたびに，法律専門家が，その職責をいまだにまっとうしていないことを痛感する。

　21世紀の社会で司法が果たすべき役割を明らかにし，利用しやすい司法制度等を目的として設置された政府の司法制度改革審議会（以下，審議会という）は，意見書（2001年6月12日）において，弁護士に信頼しうる正義の「担い手」として，通常の職務活動を超え，公益性を自覚し，プロボノ活動（無償奉仕活動の意であり，たとえば，社会的弱者の権利擁護活動などが含まれる），法的サービスへのアクセス保障，公務への就任，後継者養成への関与等により社会への貢献を期待し，弁護士の公益活動を弁護士の義務とすべきことを提案している。国民が統治主体として，主体的に司法にかかわっていこうとする司法改革において，弁護士も自ら変革し，何をすべきか，どのような活動をすべきか等大きな課題をつきつけられた。日本弁護士連合会（以下，日弁連という）は，基本的人権の擁護と社会正義の実現を行動目標として長年活動してきたものの，十分な活動とはいえず，1990年に司法改革宣言を行い，積極的に司法改革に乗り出した。当番弁護士制度を創設し，司法過疎地対策として，全国的に弁護士ゼロ・ワン支部の解消を目指して法律相談センターおよびひまわり基金公設事務

所の設置に着手し，さらに，法律扶助制度の改革および被疑者国選弁護制度創設の運動等積極的な司法改革の実践に取り組んできた。これらの活動は弁護士のあり方にも変化をもたらしてきたが，積極的な弁護士の司法改革活動はいまだ緒についたばかりであり，さらに市民に利用しやすい開かれた司法，市民の期待に応える司法をめざして努力していかなければならい。

　市民の，弁護士に対する批判の大きなものは，弁護士に関する情報が不足していることに加え，弁護士の敷居が高い，弁護士費用がいくらなのかわからない等，弁護士へのアクセス障害である。弁護士人口の増加や規制緩和等によっても，市民のアクセス障害は解決されず，3人のお年寄りのような悲惨な事件が起きてしまうのである。経済的な理由によるアクセス障害には法律扶助制度，国選弁護制度等不十分ながら，国の責務として施策がとられてきた。ところが，一般市民のアクセス障害として地域に弁護士がいない弁護士過疎，どこに行けば相談ができるかわからない情報過疎は，長い間放置されてきた。司法制度を改革しても，市民のアクセスを満たさなければ絵に描いた餅でしかない。審議会意見書の，司法の利用相談窓口（アクセス・ポイント）を裁判所，弁護士会，地方公共団体等において充実させ，ネットワーク化の促進により，司法に関する総合的な情報提供を強化し，司法アクセスを拡充するとの提案は正鵠を得た指摘である。この提言により司法アクセスの拡充，情報提供，被疑者国選弁護も含めた国選弁護，民事法律扶助等をまとめて制定されたのが総合法律支援法（2004年6月2日）である。その業務を担当する運営主体が独立行政法人類似の日本司法支援センター「法テラス」であり，2006年4月創設，10月2日開業した。法テラスの担い手の中心は弁護士および司法書士であり，多くの法律専門家が公益的な活動も含めて積極的に参加し，市民に身近な法的救済機関として発展させていくことが必要である。日弁連が司法改革宣言によりめざしてきた「いつでも，どこでも，だれでも，法的サービスが受けられるような社会」を実現するための制度として，弁護士も使命を負っていることを認識しなければならない。

第 10 章　弁護士の公益活動

Ⅱ　法律扶助制度と弁護士のかかわり

　1952 年設立し 55 年の歴史をもつ財団法人法律扶助協会（以下，法律扶助協会という）は，弁護士会および弁護士の公益活動の歴史でもあった。民事法律扶助法（2000 年制定）の下では，法律扶助協会は法務大臣から「指定法人」と指定され，法律扶助事業を行ってきたが，総合法律支援法の成立により，民事法律扶助法は 5 年足らずで廃止され，法律扶助協会は 2007 年 3 月に解散し，その歴史を閉じることになった。

1　法律扶助協会の推移
（1）　法律扶助とは

　法律扶助は，長い歴史をもつ全国的な制度にもかかわらず，市民にも，法曹志望の学生にも周知された制度ではない。資力に乏しい人々の裁判を受ける権利を実現するために弁護士，司法書士による援助を行い，その裁判費用等を立て替える制度である。「子どもをかかえた主婦が夫の暴力にたえかねて離婚したい」との事案の場合，資力要件に該当すれば，法律扶助協会支部（全国 50 か所）でまず無料の扶助法律相談を受ける。家裁の調停を希望し，弁護士を依頼すると，法律扶助協会は弁護士を紹介し，弁護士着手金と実費を立て替え担当弁護士に支払う。利用者の主婦は月 1 万円程度返済する仕組みである。生活困窮者の場合は，償還の猶予または将来，免除の可能性もある。利用者のメリットは，弁護士の紹介と，通常の弁護士費用より安価な費用の立替え，その分割返済および免除もあり得る等であり，年間 5 万件を超える利用がある公的制度である。全国に 6300 名の相談登録弁護士と 4000 名の相談登録司法書士が市民の援助を行いながら運営にも協力し，法律扶助協会を支えてきた。

（2）　法律扶助協会の設立と財政

　資力のない者に対する法律扶助はわが国でも，戦前から社会事業，福祉事業として，細々と行われてきたが，戦時体制でその後の発展が阻まれた。戦後の民主化政策の一環として，ＧＨＱから法務府人権擁護局にリーガルエイド実施の示唆があり，人権擁護局から要請を受けた日弁連は，1952 年，「弁護士会の

事業」として法律扶助協会を立ち上げた。日弁連は，国費を受けることによる国の介入をおそれ，国の資金を受けずに発足したが，財政難から法律扶助制度は発展しなかった。日弁連には弁護士の独立性を不安がる意見も根強かったが，国は1958年，法律扶助協会に対して補助金を交付することにした。この時点で法律扶助制度は国の社会政策の1つとして位置づけられたとはいえ，国庫補助金は扶助費（事業費）だけで，人件費等運営費が交付されないため，事業の増加は，運営費の増加につながり，常時資金ぐりに苦慮してきた。弁護士会は法律扶助協会発足以来弁護士会館の施設の無償利用，職員の援助，運営費の補助を続け，弁護士は低額の弁護士報酬から定額の寄付，贖罪寄付の徴収にも努めるほか，ボランティアで運営にもかかわってきた。国の資金の脆弱さが，弁護士会および弁護士の法律扶助協会の運営への影響力を強め，公益活動に対する弁護士の使命感，責任感を高めるためには効果的であった。

2　民事法律扶助法の制定

法律扶助事業に基本法がないまま補助金は高度経済成長期の20年間も8000万円前後で低迷し，弁護士の細々としたプロボノ活動の域を出ず，市民のための制度としては極めて不十分であった。欧米諸国では1970年代から1980年代にかけてリーガルエイドの法的整備が進み，当時イギリス（人口約6000万人）では民事法律扶助費が約1000億円（2002年には民事のみで約1500億円）と，わが国とはケタ違いの国の資金と大規模な制度構想で発展しているとの海外の情報が小島武司教授をはじめとする研究者から紹介されてきた。法律扶助協会でも国際法律扶助シンポジウムを開催するなど啓蒙に努め，わが国の法律扶助制度を国際比較することによって，法律扶助制度の将来構想を考える端緒を提起する等の運動をすすめてきた。法務省も前向きに1995年，最高裁，日弁連，法律扶助協会，学者を含めた法律扶助制度研究会（竹下守夫座長）を発足させた。研究会で世上はじめて，市民を対象にした法律扶助の需要調査を行い，その結果，潜在需要件数を年間4万2000件と分析，当時の実績法律扶助件数8000件を加えて，法律扶助件数を年間5万件と推計した。当時は夢物語とか，分析ミスとの批判もあったが，予算の制約があるにもかかわらず，法制定4年にして5万件を超える実績を上げ，市民の需要および期待が高いことを検証した。

研究会報告書（1998年3月23日）が公表され，2000年4月民事法律扶助法が国会で全員一致で成立した。国は，必要な措置を講ずるよう努めると国の責務を定め，法律扶助協会設立48年目にして，はじめて国庫補助金の根拠が法的に認められた。2005年度には国庫補助金は約45億円と増額され，実績も大幅に伸びてきたが，依然運営費交付は一部のため，物的・人的，財政的にも，弁護士会への依存度は高まり，法制定後も法律扶助協会は弁護士会の庇護の下にあり，独立しきれなかった。しかも，各地の弁護士会の姿勢および人的・物的資源の差が法律扶助の実績にも影響し，全国的に統一した均質な制度となりにくい問題点や弁護士会および弁護士の努力にもかかわらず狭い範囲での運営が市民の中に広まらず，発展性がなく法制定後も，様々な矛盾をかかえていた（大石哲夫「法律扶助協会はじめの30年」『日本の法律扶助』後掲参照）。

Ⅲ 総合法律支援法の制定

1 総合法律支援法の意義

日弁連が1992年から全国展開させた当番弁護士制度および刑事被疑者弁護援助制度の実践は，被疑者国選制度創設に向けた契機となり，日弁連は，法律扶助制度研究会においても民事，刑事も含めた総合的法律扶助制度の確立を主張してきたが，法は民事に限られた。その後審議会意見書の提言のもとに，司法制度改革推進本部顧問会議において，小泉総理大臣は，司法アクセスの拡充と刑事被疑者弁護の実現に向けて国民の理解を求めると発言し，立法に向けた急速な動きとなり，司法改革の3つの柱，法科大学院制度，裁判員制度と並んで総合法律支援法が制定されたものである。国が，総合的な施策を策定，実施する責務を有し（8条），政府は施策を実施するため必要な法制上・財政上の措置を講じなければならない（11条）と国の責任を明確に定め，法テラスの業務（30条1項）は，①新しく創設された情報提供，②法律扶助協会の事業を引き継いだ民事法律扶助，③スタッフ弁護士を配置する等の司法過疎対策，④犯罪被害者支援，⑤被告人国選弁護および新設された被疑者国選弁護である。

2　法テラスの設立

　法テラスは、法務大臣の任命を受けた理事長に権限が集中する組織と、法務大臣認可の諸規則等の規制の下におかれる独立行政法人類似の法人である。法務大臣の監督を受けながら刑事弁護の自主性・独立性を確保できるのかと、危惧する意見も弁護士から寄せられている。総合法律支援法は、職務の自主性の担保として審査委員会等特別の配慮規定をもち、また非公務員型の組織として、国からの自主性、独立性を確保し、公的弁護を実現する相当な運営主体として制度設計されている。従来の法律扶助協会のような弁護士会依存型からも脱した、独立した組織を確立し、独立した運営が求められている。弁護士は法的サービス提供者として積極的に参加することが基本とされているが、官主導の運営となるか、弁護士会および弁護士の自主性を貫いた業務を展開できるか、弁護士会および弁護士の不断の努力にかかっている。

　法テラスは、全国の地方裁判所所在地に50か所の地方事務所（所長は全員弁護士）、全国に11の支部（八王子、松戸、川越、川崎、小田原、沼津、浜松、岡崎、尼崎、姫路、北九州）、出張所として東京の既設の5つの援助センターと大阪堺援助センターが設置された。

3　法テラスの新しい情報提供

　法テラスの中心の役割は、司法のアクセス障害の解消にあり、そのために全国的に統一した情報提供業務（3条・30条1項1号）が創設された。わが国でも自治体の相談窓口や弁護士会、司法書士会等多数の相談窓口が存在しているにもかかわらず、相互の連携もなく、市民が適切な相談にたどりつくのは至難の業である。あげくの果てには、たらい回しされたり、法律情報の提供を受けることには大きな障害があった。法テラスは、全国1つのコールセンター（ＣＣ）を中野坂上に設置した。「法的トラブルで困ったときには0570－078374（おなやみなし）」の電話に一極集中させ、消費生活相談員資格者を中心にしたオペレーター約80名の情報提供専門職員の対応により、全国の市民にＦＡＱ（よくある質問と回答）を利用して法的情報の提供を行い、適切な相談場所に転送（内線電話のようにつなぐ）または紹介（電話番号を紹介）して振り分ける制度である。紛争の早期発見、早期解決には、初期の援助が必要であり、そのために、

資力に関係なくすべての市民に対して，必要な情報を提供し，適切な相談所に迅速に誘導する制度である。気の毒なお年寄りが電話1つで，迅速に適切な支援にたどり着けるように，悲惨な事件が起きないことを期待したい。10月2日の初日はＣＣに2291件の電話が集中し，パンク状態となったが，その後は徐々に落ち着き，12月以降は1000件弱となっている。東京三弁護士会はＣＣに弁護士法的アドバイザーを派遣したり，東京三弁護士会と大阪弁護士会はＣＣの振分け先として弁護士の「電話ガイド」により協力している。電話ガイドも当初はパンク状態になったが，最近は落ち着いてきている。ＣＣははじめての制度であり，見込み違いも行き違いもあるが，試行錯誤しながら情報提供のあり方を模索しているところである。市民の司法アクセスの充実という壮大な理想のもとに出発したＣＣであり，市民が有効に活用できるようなシステムとして位置づかせていかなければならない。

4 法律扶助業務と弁護士の人権救済活動

法律扶助協会が行っていた民事法律扶助業務は，ほぼそのまま法テラスの業務として引き継がれた。審議会意見書が提言した対象事件，対象者の範囲，利用者負担のあり方等の改善が積み残されたままの承継であり，今後の改善課題となっている。ここでは法律扶助にかかわる弁護士の活動と問題点を指摘する。

（1） 民事法律扶助の対象者および対象事業

法律扶助の対象者は裁判費用，弁護士費用を支払う資力がない国民もしくはわが国に住所を有し適法に在留する者と定められている。

わが国の資力要件は国民の低所得層の下から2割程度，手取り年収単身者約220万円，世帯合算で3人家族約326万円程度までを対象としているが，世帯合算のため，現実には無収入者，生活保護受給者，年金受給者等資力基準の下位の者に集中している。リーガルエイドが進んだイギリス等西欧諸国では中間層まで取り入れた約5割が対象者であり，かつ費用は給付制であり，それに比べるとわが国では利用できる者の範囲が狭く，費用を返還するという償還制であり使い勝手が良い制度ではない。

一方社会が複雑化するにつれ，市民が対応しがたい事案が増え，様々な法的支援を求めているが，法が予定する対象事件は裁判が原則である。犯罪被害者，

子どもの虐待，在留資格に問題のある外国人，高齢者・ホームレス等の生活保護等行政手続等の援助は総合法律支援法の本来事業から除外されている。従来から，法の谷間に置き捨てられた弱者に対する人権救済事件は，弁護士のプロボノ活動等が端緒となり，法律扶助協会の自主事業に次々と加えられてきたが，刑事贖罪寄付や弁護士寄付等による乏しい財源のため，十分な人権救済事業とはいえなかった。法律扶助協会の解散により，法の定める本来事業に入らなかった自主事業の去就が問題となっていたが，日弁連および法律扶助協会が資金を提供して，総合法律支援法30条2項により法テラスへ委託することが決まった。当面弁護士会および弁護士は財政面，法的サービス提供者としても協力していかなければならない。弁護士の真摯な努力が，市民の共感を得て，将来は法テラスの30条1項の本来事業に拡大していくことが期待されている。

　（2）　自己破産と弁護士

　法律扶助協会の法律扶助事業は自己破産事件の増加が著しかったが，法テラスでも，契約弁護士，スタッフ弁護士の活躍により，自己破産事件が全国的に均質な伸びを示している。2005年度の実績は，法律扶助代理援助事件は5万6318件，うち自己破産代理援助事件3万6624件，法律扶助事件全体の65％を占めている。全国地裁の自己破産事件は約19万3000件，通常訴訟が約13万2000件であり，扶助業務において自己破産事件が多いのも当然のことである。失業や賃金切り下げによる生活苦や住宅ローンの滞納，不況による自営業者の事業資金不足に対する銀行の貸し渋りによるサラ金頼りが，年29.2％の高利の借金を返済するために，次々と借りなければ返済できない悪循環の実情がある。「腎臓売れ，目ん玉売れ」の督促や，2006年4月業務停止を受けた業者の過酷な取立て等により悲惨な事件が起きる現在，弁護士は法的安定を図り，生活再建，家族崩壊をとどめる役割を果たすため多重債務者に対する高金利，過酷な取立てを人権問題と捉えて活動してきた。弁護士の活躍により弁護士介入以後は業者の取立てが止まり，裁判所の破産の運用も改善され，破産法の改正の原動力ともなっていった。

　（3）　プロボノから弁護士の業務へ

　多重債務者の弁護活動は第一次サラ金パニックの1983年以降サラ金110番，無料相談会活動等から始まったプロボノ的な公益活動であった。ところが，今

や，弁護士の業務として定着し，東京地裁の自己破産事件のうち35％は法律扶助事件であり，多くの弁護士が通常業務として受任している。少数の弁護士の公益活動が，法律扶助の中心業務，弁護士の業務として発展してきた例であり，今後も各種人権活動がこのような発展を遂げることが期待される。弁護士過疎地では，多重債務事件がいまだに公益的側面を堅持し，弁護士の受任，法律扶助の受任に難があり，救済の外におかれた多重債務者が存在している。法テラスの情報提供および相談受け皿体制を整備し，全国の市民に均質な法的サービスを提供することが求められている。すでに過疎地に配備されたひまわり基金法律事務所の弁護士や新たに配属された法テラスのスタッフ弁護士が現に大きな役割を担っている。

5　国選弁護と弁護士

　刑事訴訟法の改正により，2006年10月から新たに被疑者国選弁護制度が段階的に始まり，2009年には必要的弁護事件に拡大されることになり，あわせて被告人国選弁護制度も改正された。総合法律支援法（30条1項3号）は，国の委託により，法テラスに国選弁護人の選任業務を行わせることにした。法務大臣の監督を受ける法テラスが，国選弁護の運営主体になることにつき，弁護士の独立性が脅かされるとの危惧の声もあり，国選弁護の契約に躊躇する向きもあるが，法テラスとの契約弁護士はすでに1万人を超えた。かつて，形骸化し，弁護の価値もみえない職権的な刑事裁判に失望した弁護士の刑事弁護離れが深刻化したが，一方，冤罪を救済するために，代用監獄廃止，自白偏重，捜査可視化等を追求する弁護士たちの活動もある。日弁連は，松江人権大会（1989年）を契機に当番弁護士を創設（1990年）し，被疑者国選弁護をめざして弁護士の自覚的な努力を促し，刑事手続の改革に乗り出し，会員から月4200円の特別会費を徴収して当番弁護士等緊急財政基金を創設，法律扶助協会に被疑者弁護を委託してきた。その成果として，国選弁護制度が改正され，被疑者国選弁護が始まることになった。弁護士会が国選弁護人を確保し，制度の充実を図ることが，新しい制度を確立する鍵であり，法テラスに全面的に弁護士が協力することによって，より良い制度に構築していくことが可能である。小規模会では，全会員が国選や当番弁護士を担当しているが，東京では，当番弁護

士登録が約 25％，国選登録率約 46％と全国平均を下回るが，弁護士数が多いので事件には十分対応可能である。刑事事件の 7 割が被疑者国選となる 2009 年には，全国的に対応困難と予測されており，法科大学院で弁護士倫理を学んだ若き弁護士が，全国各地で活躍することを切に期待したい。

6 犯罪被害者支援と弁護士

　犯罪被害者の支援は，司法改革の中でも，最も遅れていた部分である。電話および面接相談，マスコミ対応，法廷傍聴付添，証人尋問付添，法的責任を明らかにする等，市民の要求を親切丁寧に把握したボランティアの弁護士活動が行われてきた。2001 年から日本財団の助成金を受けて法律扶助協会が自主事業として実施，法テラスの業務に取り入れられることを期待していたが，総合法律支援法の犯罪被害者支援は，情報提供，資料収集および被害者等の援助に精通している弁護士の紹介等（30 条 1 項 5 号）にとどまり，支援活動の進展はなく，今後も自主事業として継続していくことになる。性犯罪被害事件が多く，次いで傷害，傷害致死と続くが，突如の被害に混乱し，とまどう被害者は，適切な支援を行うことができる精通弁護士を求めている。ＣＣは 0570－079714（なくことないよ）の特別電話を設置，専門オペレーターを配置した。被害者は適切な情報を求めて，ＣＣに電話，精通弁護士を紹介してもらう等，適切な情報を得ることができれば，法テラスは評価されるが，無神経な対応や，たらい回しになることがあれば，さらに被害者を傷つけることになる。適切な法的支援を行うことができる精通弁護士の研修，育成について，弁護士会は責任をもたなければならない。今後，被害者に経済的負担を求めない，公的援助による支援弁護士制度が法テラスに期待されている。新しい人権擁護活動として若手の弁護士に期待されている分野である。

Ⅳ　司法過疎対策

1 司法過疎の現状

　日弁連の会員は全国 52 会に合計 2 万 3333 名いる。うち東京三会が 1 万 1179 名，わが国の人口約 1 割の地域に半分近くの弁護士が所属している。最

小会が函館の32名，次いで島根県が36名，鳥取県が37名，旭川39名（2007年6月1日現在）と弁護士偏在はいまだに顕著なのである。

　弁護士の大都市偏在は，かつて臨時司法制度調査会意見書（1964年）でも指摘され，弁護士会が自主的な方策を講ずることおよび国も対策を検討すること，公営の弁護士事務所を設け，常勤の弁護士による国選弁護・法律扶助事件を取り扱わせる等の具体的な提言までなされていた。日弁連の取り組みは不十分であり，1990年の司法改革宣言，1998年の司法改革ビジョンにおいて弁護士へのアクセス障害の克服を宣言して，司法過疎の解決について具体的な検討が始められた。

2　ひまわり基金法律事務所の設置

　日弁連は各地に法律相談センターの設置をめざすとともに，日弁連創立50周年の記念事業の1つとしてひまわり基金法律事務所の設置に着手した。過疎地における弁護士の定着化を図り，全国地裁支部から弁護士ゼロまたは1人を解消しようと，当面の法的サービスの提供を目的にしたものである。財源として，日弁連は2000年1月，ひまわり基金を創設，特別会費（現在月1400円）を徴収し，2000年6月島根県に石見ひまわり基金法律事務所がはじめて設立された。次いで，北海道の紋別（2001年4月），沖縄県の石垣（同年4月），岩手県の遠野（同年8月）と次々に設立された。政府の審議会意見書（同年6月）は，「国民の司法アクセス拡充」として，弁護士人口の増加，法律相談センターの設置の促進に弁護士・弁護士会のいっそうの自主的努力を期待し，同時に，国は地域への司法サービスを拡充する見地から財政的負担を行うことも提言した。日弁連は，審議会意見書を受けて，現在までに301の法律相談所と約80のひまわり基金法律事務所を設置した。公募による50期代の登録5年目までの若手弁護士を中心に任期2，3年で赴任し，地域住民や地方自治体等からの歓迎を受け，働きがいのある仕事をしている。業務の多くが多重債務関係であるが，弁護士の援助もなく，サラ金業者の過酷な取立てに払い続けていた人も多く，過払いによる返還請求が多いのも特徴である。馬の医療過誤等都会では経験できない事案（北海道・紋別），また年間500件の法律相談をこなし，地裁支部の訴訟事件が4倍になった（岩手県宮古）等の生き生きした実践活動が報告され

ており，うち10人の弁護士が任期後も地元に定着した。石見設立当初70か所あったゼロワン地域は，現在，34か所（0地域4，1人地域30）と7年で半減したが，なお弁護士過疎地域は解消されない。全国の市民に十分な法的サービスを提供するため，日弁連は財政および赴任弁護士養成のために多大な努力をしてきたが私的制度としては限界もあり，審議会意見書の提言する公的な支援を求めていた。

3 法テラスの司法過疎対策

　総合法律支援法は，司法過疎対策を法テラスの業務（30条1項4号）と位置づけた。従来わが国の民事法律業務も国選弁護も法的サービス提供者はイギリスと同じジュディケア制度として，開業弁護士が個々に事件を担当する制度を採用していた。利用者が担当弁護士を選択する自由があること，多くの弁護士が公益的業務に参加するという利点があるとされていた。これに対してアメリカは，経済的困窮者特有の専門的知識に熟練した専門弁護士により法的サービスを受けられる利点があるとしてスタッフ制度を採用していた。総合法律支援法は，従来のジュディケア制度を基本にしながら，アメリカ型とも異なる，司法過疎地対策としてスタッフ弁護士制度の採用に踏みきった。法テラスは，スタッフ弁護士を，国選・扶助のほかに有償業務も可能な司法過疎地域事務所として江差，佐渡，倉吉，須崎，壱岐，鹿屋に配置，さらに国選・扶助対応事務所として旭川，水戸，下妻，東京（2），埼玉（2），熊谷，松本，岐阜，大阪，鳥取，高松，佐世保等に配属，市民が全国どこでも法的サービスを身近かに受けられるような制度を構築した。スタッフ事務所の経費は法テラス負担，スタッフ弁護士は基本的には給与制である。日弁連のひまわり基金法律事務所の開設資金援助を受けるが，独立採算の事務所経営とは異なるまったく新しい形の弁護士活動である。法テラスによる司法過疎地域事務所は，公募によるスタッフ弁護士の数，その養成事務所の数からの制約もあり，日弁連は，当面，弁護士ゼロワン地域を解消するためには，法テラス頼みではなく，ひまわり基金法律事務所の開設も併行していく必要があると考えている。市民の需要がある限り，全国均質な法的サービスを提供することは法律事務をほぼ独占する弁護士会および弁護士の義務である。司法過疎地の市民が，弁護士偏在のために，

法的知識も得られず，高金利の消費者金融を払い続けなければならない事態は，あまりにも不公平といわざるを得ない。弁護士過疎地を解消するために，日弁連の努力，そして法テラスの努力によりお互いに協力しあい，司法過疎地域事務所を増設する必要がある。日弁連は，司法過疎地を希望する若手弁護士の確保およびその養成事務所の増加に全力を尽くしている。若手弁護士が地方に勇気をもって飛び出すことを期待したい。

V 若き法曹への期待

　弁護士は，公害事件，医療・薬害事件，消費者被害事件，労働事件，冤罪事件，社会的弱者等の人権擁護と正義による使命感をもって活動してきた。西欧諸国に比べて脆弱な法律扶助制度のもとで，弁護士がボランティア精神で取り組まざるを得ない業務も多かった。少数の弁護士のプロボノ活動から始まり，公益活動を乗り越えて弁護士の通常業務に位置づけられる業務も出てきたことは弁護士業務の宿命でもあり，弁護士が新しい人権救済活動を展開する際の原動力ともなる。最高裁は，リボルビング方式におけるカード貸付の訴訟では，超過利息の返還を求めた債務者の勝訴判決（最判平成17・12・15判時1921号3頁）を，さらに，商工ローンの「分割返済の期限を守らない場合，一括返済しなければならない」との特約付契約について，超過利息での分割返済を事実上強制したとして違法の判決（最判平成18・1・13，同1・19判時1926号17頁，23頁）を相次いで出している。多くの敗訴の山を乗り越えた上での勝訴であり，高金利，過剰融資，過酷な取立てによる多重債務者問題を解決する契機となるものとして，出資法の上限金利を引き下げる運動にも拍車をかけた。最近の弁護士は，公害やハンセン病，ドミニカ訴訟等の救済活動でも，訴訟の勝利のみの追求ではなく，行政的な解決，立法による解決等も展望して，市民運動と連携した活動をしていることも注目される。待ちの姿勢，事件には紹介者が必要，飛び込みの事件は受けないという伝統的な弁護士の姿勢はすでに崩れてきた。積極的に人権を掘り起こしつつ，活動していく姿勢へ，さらに個別訴訟から行政的・立法的な解決をめざして，運動にかかわっていく新しい弁護士像も定着しつつある。若き法曹には，法化社会に移りつつある時代だからこそ，新しい

形の積極的な弁護士活動が求められることを示唆しておきたい。

【参考文献】
（1） 司法改革について
＊「司法制度改革審議会意見書──21世紀の日本を支える司法制度」（佐藤幸治会長・2001年6月12日）
　　同審議会は，1999年7月27日から63回の会議と3回の集中審議を開催，2000年11月20日中間報告した上で，内閣に提出する最終意見書をとりまとめた。
　　それに関連して，
＊「司法制度改革と国民参加・中間報告をめぐって」ジュリスト2001年4月10日号，「司法制度改革審議会意見書をめぐって」ジュリスト2001年9月15日号
＊日弁連「司法制度改革審議会最終意見をふまえて」自由と正義2001年8月号
　　中坊公平会長当時，国民とともに司法の改革を進めること，日弁連，弁護士会，弁護士も自ら改革することを宣言したものとして，
＊日弁連「司法改革宣言」第一次宣言（1990年5月）
　　さらに「司法改革宣言その二」（1991年5月）をだし，日弁連に司法改革を推進する組織づくりに着手し，改革の具体的行動を目指した。
　　ジャーナリストの立場から，司法改革の評価と課題を論じるものとして，
＊土屋義明『市民の司法は実現したか』花伝社，2005年
　　司法改革の推移，特に日弁連の動きに詳しいものとして，
＊大川真郎『司法改革』朝日新聞社，2007年
（2） 法律扶助について
　　日本の法律扶助の歴史と問題点，展望については，
＊法律扶助協会五〇周年記念誌編集委員会編『日本の法律扶助──50年の歴史と課題──』法律扶助協会，2002年
　　外国の制度の実情については，
＊「英国・ドイツの法律扶助」法律扶助協会，1992年
＊「オランダ・イギリス法律扶助視察報告──司法アクセス・モデルを探る」法律扶助協会，2004年
　　法律扶助の課題については，
＊『リーガルエイド』10号，11号，12号
　　民事法律扶助法立化についての論点と課題などについては，
＊日弁連「法律扶助制度改革の展望」自由と正義1997年9月号），同「法律扶助制度改革の実像」自由と正義1999年6月号
（3） 日本司法支援センターについて
　　新しい日本司法支援センターの問題点と今後の課題については，
＊亀井時子「司法制度改革のゆくえ──市民のための司法」ジュリスト2004年7月15日号，同「総合法律支援法構想の実現に向けて」ジュリスト2006年2月1日号
＊日弁連「いよいよスタート日本司法支援センター」自由と正義2006年4月号57巻4号
＊『市民と司法──総合法律支援の意義と課題』法律扶助協会，2007年

第10章 弁護士の公益活動

（4） 刑事司法について
* 「刑事司法の改革」自由と正義2003年10月号
* 「刑事司法改革」自由と正義2005年3月号

（5） 人権擁護について
　　日弁連の人権擁護のたたかいの歴史については，
* 藤原精吾ほか「人権擁護のたたかい」日弁連編『21世紀弁護士論』有斐閣，2000年
* 「ハンセン病患者の人権回復」自由と正義2001年10月号

（6） 司法過疎について
　　司法過疎の克服に対する日弁連の取組みと課題については，
* 「弁護士偏在の解消のために」自由と正義1996年4月号
* 「地域司法計画」自由と正義2002年6月号
* 亀井時子「公益的役割をめぐる実践と展望」日弁連編『21世紀弁護士論』有斐閣，2000年

【亀井時子】

第11章
弁護士広告と倫理

I　依頼者の獲得と弁護士倫理

　弁護士の職務の基本的あり方は，法的サービスの提供の対価として依頼者から報酬を得て，それにより事務所を維持し生計を立てることである。よって依頼者をいかに獲得するかは，弁護士の大きな関心事のはずである。またどのような依頼者を受けもちたいと思うかは各弁護士ごとの職業観や関心に応じて様々であろうが，身も蓋もない言い方をすれば，より少ない労力で，より大きな報酬を，安定的にもたらしてくれる依頼者が，一般的にいって魅力的な存在であることは否定できない。人権擁護と社会正義のため，費用倒れに終わっても弱者のために奉仕するのが弁護士の任務だ，と論じる者もいるだろうが，そんな事件ばかり扱っていては事務所が維持できないし，そういう事件は，一方でそこそこ実入りのある「一般事件」を扱っているからこそ手掛けることも可能になるのである。他方依頼者からすれば逆に，より安価な報酬で，自己の法的問題のためにより多くの労力をかけ，かつ満足のいく解決を迅速に与えてくれる弁護士を適切に探し出し，その者に依頼したいと思うのが自然である。
　また生活の中で法的問題を抱えた者，あるいは抱える可能性のある者すべてに対して，適切な解決が与えられることが社会的正義の要請だとすれば，そうした者に弁護士をはじめとした法的専門家の支援が適切に与えられる環境にあること，また与えられることが広く知られていることは，そのための必要条件でもある。弁護士としても，自らを必要とする依頼者が確実に自己のもとにたどり着くことは，職務の維持・拡大のためのみならず，人権擁護・社会正義の実現というその公的使命のための基本条件でもある。であるから依頼者と弁護士とが適切に出会うことは，単に個々の依頼者と弁護士の生活上，経済上の

ニーズを満たすに止まらず,「正義の総合システム」が適切に機能するためのマクロな前提条件であるといえる(本書第1章Ⅳ,小島1994:120〜126頁)。

こうした両者の適切な出会いの必要性と利害の対立可能性が,弁護士へのアクセス問題を弁護士倫理の問題とするのである。

なお弁護士人口増が現実のものとなりつつある現在,特に新人弁護士にとってこの依頼者の獲得問題は,これまでになく切実さを増していくことはほぼ間違いない。その意味でもこのテーマの重要性は,今後いっそう大きくなっていくものと思われる。

本章では,この依頼者と弁護士との出会いにかかわる問題を,従来から議論の中心とされてきた弁護士広告の問題を中心に考えていくこととする。ただし広告の原則自由化が実現した現在,この問題は従来の広告是非論にとどまらない広がりを示し始めており,そうした新しい展開と論点にも触れていきたい。

Ⅱ 弁護士広告規制の歴史

弁護士が顧客を獲得するために行う業務広告の歴史は,弁護士倫理などによる自主規制の形をとって原則的に禁止されてきた伝統的状況から,近年の規制緩和の社会的背景の中にあって自由化されてきたといわれる。これは大枠としては間違った理解ではないが,正確ではない。第1に弁護士広告の規制緩和は,いわゆる新自由主義的政治潮流としての規制緩和論が有力となる以前の,1970年代から先進諸国で問われてきた問題であり,第2により根本的に,弁護士広告がどこの国でも伝統的に抑制されてきたという理解は必ずしも正しくないからである。問題の歴史的背景を俯瞰しておくことは,その本質理解に資するものであり,以下簡単に,弁護士広告規制の歴史につき,日本を中心に,他の先進国についても触れながら紹介する(中安1985:4〜10頁,大野1986:21〜30頁,神1993:242〜248頁)。

1 戦 前

戦前の日本の弁護士は,比較的自由に広告を行うことができ,また実際にも行っていた。弁護士広告それ自体を「品位を害する」とみる,後にみられるよ

うになる認識も一般的ではなかった。ただし問題のある広告や客引き行為も生じていたため，特にエリート弁護士層を中心に，そうした活動を規制すべしとの関心は比較的初期からあった。とはいえ広告の原則禁止に近いルールが定められたのはようやく1926年すなわち大正15年のことであり，それも大阪弁護士会の会則（「会員及客員ハ業務上学位称号及専門科名ヲ除ク外経歴ヲ示スヘキ文字ヲ広告若クハ標示ニ用フルコトヲ得ス」）においてのみであった。その後昭和にはいると戦時色が強まり，そもそも弁護士業務自体が衰亡し，広告云々以前の状況となってしまう。いずれにせよ戦前の日本においては，品位を欠き，また誇大あるいは虚偽の広告や勧誘を規制すべきとの考え方はあったにせよ，広告それ自体を卑しむべきものとみる認識は必ずしも一般的に共有されてはおらず，またその規制も遅々として進まなかった。

2 戦　後

　弁護士が完全な自治権を獲得した戦後になると，徐々に広告規制が進む。大阪，京都，和歌山の単位弁護士会において先の戦前の大阪弁護士会の会則と同様のものが規定されたことに続き，1955年には日弁連「弁護士倫理」が制定され，その8条において「弁護士は，学位または専門の外，自己の前歴その他宣伝にわたる事項を名刺，看板等に記載し，または広告してはならない」と定められ，これがその後30年以上にわたって維持されることになる。とはいえ本規定制定後も，広告をめぐる議論は弁護士内部でくすぶり続け，それは具体的にはこの規定が広告を原則として完全に禁止したものか，それとも「学位または専門」を除いて禁止したものか，という解釈論として問題とされた。これに対して日弁連理事会は，前者の完全禁止であるとの厳格解釈の立場を表明するが，それは1969年のことであり，その後10年もしない1978年には広告禁止の見直しの動きが日弁連内部で具体化し始め，1987年には先の弁護士倫理8条が改正され，厳しい制約付きながら弁護士広告が一部解禁されるに至る。であるから日本において弁護士広告が原則禁止されたのは，戦後の一定時期のことにすぎないといえ，またその間においてすら広告禁止に対する会内合意は必ずしも強いものとはいえなかった。

3 欧米諸国と原則自由化の流れ

　他方欧米諸国では伝統的に広告禁止が原則とされてきたとされるが，これは法律家が中世以来ギルド的な特権階層を形づくってきた欧州諸国ではある程度いえるにしても，アメリカ合衆国などでは必ずしも妥当しない。合衆国では植民地時代から法律家が不足し資格要件も長いこと緩やかであったし，19世紀中葉においてもジャクソニアン・デモクラシーの気風のもと，法律家の地位と資質も必ずしも高いものではなかった（田中 1980：251～253頁，269～272頁，310～313頁，丸田 2003：166～169頁）。そうした中弁護士広告も規制は受けておらず（そもそも規制主体たる法曹団体が当時はまだ存在しない），合衆国において広告禁止が浸透していくのは，19世紀の末からであり，アメリカ法律家協会（ABA）が広告禁止を倫理規範で定めたのが1908年である。これが1970年代には，内部からは当時の弁護士人口の急増による職域開拓を求める新興弁護士層の，そして外部からは台頭しつつあった消費者運動のそれぞれの批判の矢面に立たされ，次節でみる有名なベイツ判決でうち破られ，原則自由化につながる（柏木＝栗山 1985：16～25頁，神 1993：239～241頁）。70年代は他の欧米先進国においても弁護士人口の急増期にあたるが，広告解禁は若干のタイムラグを経て，1984年にはイギリスのソリシターが一部自由化（1990年原則自由化）に踏み切り（神 1993：239頁，日弁連ほか編 2000：12頁），1987年には当時の西ドイツの連邦憲法裁判所が弁護士会の広告禁止の法的拘束力を否定する判決を出す（1994年原則自由化）（佐藤 2003：64～65頁）など，80年代以降欧州諸国にも伝わっていく。以下に詳しくみる2000年の日本における広告の原則自由化も，こうした大きな流れの中に位置づけられる。

　ともあれ弁護士広告の禁止は，弁護士が少数のエリート特権集団としての社会的アイデンティティを築き，またそれが対外的にも承認されるところに成立したものであった。他方1970年以降，弁護士ニーズの大衆化が先進国で進む中，こうした「伝統」は変容を余儀なくされることになる。日本の場合，もともと弁護士職の認知度がそれほど高くなかった歴史的・政治的条件のもとにあって，戦後の自治権獲得と社会的地位の向上が一時的に広告禁止をある程度通用せしめたものの，近年の世界的潮流は日本を含めこうした形での弁護士職のあり方をもはや許すものではなくなっており，これは不可逆的な歴史的過程

と考えるべきものと思われる。

Ⅲ 広告規制の是非論

1 両論の概略

　広告問題については原則自由化で一応の決着がついたとはいえ，それを禁止あるいは強く規制すべきとした立場の論拠がどういうものであったかを知っておくことは，弁護士広告に求められるあり方を考える上で現在なお示唆に富む（三枝 1982：478～484 頁，日弁連「弁護士倫理」に関する委員会 1985：68 頁）。

　弁護士広告反対論の論拠は，概略以下のようなものであった。①広告は弁護士職の公共的使命・プロフェッショナリズムをおろそかにし，利益追求を目的とするビジネスに変質させ，その品位の低下を招き，司法の信頼を失わせる危険がある。②広告は虚偽，誇大，不公正なものになりがちである。③広告には費用がかかり，報酬の高額化を招く。また資力のある大規模事務所に有利となり不公平である。④広告による顧客の誘引は，不必要な訴訟の増大（濫訴）につながる。⑤弁護士会の広報など，広告以外の代替的手段によって市民への情報提供は果たせる。これに対して広告自由化論者の論拠は，次のようなものであった。①広告の解禁が必然的に品位の低下や信頼の失墜につながるわけではない。②広告禁止は市民に弁護士へのアクセスを閉ざし，その法的利益実現・権利擁護の妨げとなる。信頼できる適切な弁護士を選択することもできない。③広告による競争や依頼者増は弁護士の仕事の合理化や専門化につながり，職務の質の向上と報酬の低額化をもたらす。④広告のもたらす利益は，中小規模の事務所や新参者にとって，より大きい。⑤弁護士会の広報などによる情報提供には限界があり，広告ほどの利益をもたらさない，等々。

2 ベイツ判決

　こうした論争に世界的に大きな影響を与えたのが，先にも触れた 1977 年のアメリカ合衆国の連邦最高裁ベイツ事件判決（Bates v. State Bar of Arizona, 433 U.S. 350（1977））であった。本事件の概要についてはすでに第 1 章Ⅳ-**2** で紹介されているのでそちらを参照してもらうことにして，ここでは判決理由につき，

上記論点にかかわる限りで概略を紹介する。この判決は，事件の争点を，法的サービスの質に触れた広告や，直接的な依頼者の勧誘に関わるものでなく，「弁護士がある定型的な業務を行うにあたってその価格を広告することが，合憲的であるかどうか」についてのみであると限定した上で，5対4の僅差で上告人らの広告を禁じたアリゾナ州弁護士懲戒規則は，言論の自由を保障する連邦憲法修正1条に違反すると判決した。多数意見は州弁護士会が価格広告を禁止する理由として主張した以下の6点につき，概略次のように判断した（結論と反対意見も付す）（日弁連弁護士業務対策委員会中間報告書1980：55〜57頁，大野1986：30〜46頁，小島1994：130〜139頁）。

（1） プロフェッショナリズムに対する悪影響

価格広告は商業主義をもたらし，プロフェッションの仕事に悪影響を与えるとするのは誇張がある。そうした議論は，弁護士がその仕事を通じて生計を立てている事実を隠蔽するものである。広告をしないことは，社会に積極的に手をさしのべこれに奉仕しようとする態度が弁護士に欠けていることを示している。多くの人々は，報酬額をおそれ，有能な弁護士を探せないために弁護士に依頼しないのである。弁護士職は営業活動を＜超越＞したものだとの考えはアナクロニズムである。

（2） 弁護士広告は本来的に誤導的であるか

法的サービスは，内容と質に関して極めて個別的であって広告に適さないという主張は，理由がない。広告した価格で必要な法的事務を果たす以上，広告が必ずしも誤導的だとはいえない。広告の禁止は，利用者へ流れる情報を制限するのに役立つだけである。禁止を主張する議論は，一般人は広告の限界を理解できず，無知なままにされたほうがよい，といっているように思われ，一般人を過小評価するものである。

（3） 司法に対する悪影響

広告は濫訴をもたらすと主張される。広告は裁判利用を増加させるかもしれないが，訴訟によって解決するよりは，黙って不正に苦しむほうが常にましであるというような考えは是認できない。一定の広告を認める規則は，弁護士を適切に選択することを容易にし，法的サービスを十分利用できるようにする弁護士会の義務に適合する。

(4) 広告の望ましくない経済的影響

広告は弁護士費用を増加させ，また若い弁護士の新規参入の障害となるとする主張は疑わしい。広告は，消費者に対するサービスの価格を減じこそすれ増加させはしない可能性が大きい。また広告しなければ，弁護士は仕事を得るために地域社会との接触に頼らざるを得ない。このような接触のための時間を考えれば，広告の禁止は既存の弁護士の市場の地位を守るものであり，むしろ新規参入の障害となる。

(5) サービスの質に対する悪影響

一定のサービスを決まった費用で広告し提供することになると，依頼者の必要を無視して質の低いサービスを提供することになると主張される。しかし広告禁止は，このような質の低い仕事を防ぐ方法としては効果的ではない。仕事の質を下げるような弁護士は，広告規制の有無と関係なくそうするであろう。

(6) 広告規制の困難性

一般人は弁護士広告にだまされやすく，だまされたことにも気づかない。それゆえ広告に対する監視が必要となるがそれは困難であると主張される。しかし広告反対論者が，一方でプロフェッションの美徳と利他主義を賞賛し，他方で弁護士は誤導と歪曲を行うだろうと主張するのは矛盾している。大多数の弁護士は，広告を行うにあたっても職務の廉潔性と名誉を守るであろう。

(7) 結論

弁護士広告の全面禁止は許されず，本件広告は保護される。とはいえ弁護士広告にいかなる規制も加えるべきでないとしているわけではない。虚偽的，欺瞞的，誤導的広告は規制対象となる。また広告は，その時期，場所，方法の点において合理的な制限に服する。サービスの質に触れた広告や直接的勧誘は，誤導的になりやすく規制を要するかもしれない。また詐欺的かどうかの境界も微妙である。広告が自由かつ廉潔に行われるために，弁護士会が特別の役割を果たすことを期待する。

(8) 反対意見

多数意見は，法的サービスを市販薬と同様のものと扱っている。しかし法的サービスは標準化が難しく，いかなる法的サービスが必要になるかを事前に正確に知ることはできない。また素人は広告された事項の性質を判断する能力を

もたない。本件のような不完全な広告は人々を不可避的に誤導するものであり，弁護士と司法制度への不信を強める。多数意見は，詐欺的かどうかの区別を過小評価し，価格広告が適切になされるよう取り締まる弁護士会の役割を過大評価している。

Ⅳ 日本の広告規制の現在

1 日本における原則自由化

このようにベイツ判決は，必ずしも弁護士広告の完全自由化を認めたものではなく，慎重に射程を限定したものであったが，伝統的な禁止論の論拠を広範かつ明確に否定し，また時代の精神と要請にも合致していたためでもあろう，その射程を超えて原則自由化に弾みをつけるものとなり，その影響は合衆国を越えて他の先進国にまで波及した。日本では先にも触れたとおり，まず1987年に弁護士倫理8条が改正され，広告が一部解禁されたが，これは強力な反対論にも配慮したもので，原則禁止を維持しつつ，広告媒体を，名刺，看板，挨拶状，事務所報，名簿，職業別電話帳，新聞雑誌などの7種類，広告事項も住所，氏名，電話番号，所属弁護士会，登録年，生年月日，学位，取扱業務，執務時間，当時存在した報酬規定に定める法律相談料の額など客観情報に限定した12項目のみという，制約の強いものであった。実質これは，当時すでに行われていた弁護士の業務広告の実状を例外的に許容したものにすぎなかった（神1993：248～255頁，高橋＝高橋1999：15頁，日弁連ほか編2000：3～4頁）。しかし90年代にはいると，規制緩和要求やインターネットなど情報化社会の進展といった外部要因とともに，弁護士人口増の既定路線化や弁護士会内部からの自己改革の動きなども生じ，業務広告解禁の機運が高まる。1998年には日弁連業務対策委員会が原則自由化を求める中間答申を出し，翌年の最終答申を経て2000年に日弁連総会で原則自由化が実現の運びとなる（高橋＝高橋1999：14～16頁，日弁連編2000：6～7頁）。99年発足の司法制度改革審議会の審議の進行中のことであり，自由化は不可避の流れであった。

2 現行業務広告規定の概要

弁護士に関する広告関連規定の構造は，日弁連会則29条の2が広告自由の原則を定め，必要事項と例外としての禁止事項とを会規で定めうるものとしている。これをうけて全13条から成る「弁護士の業務広告に関する規程」（以下「規程」とする）が制定（1987年規程の全部改正）されている。さらにこの規程の解釈運用について，日弁連会長が理事会の承認を得て定める「弁護士及び弁護士法人並びに外国特別会員の業務広告に関する運用指針」（以下「運用指針」とする）があり，細部にわたる解説が加えられている。なお運用指針は2000年制定時のものがその後2006年に一部改正されている(http://www.nichibenren.or.jp/ja/jfba_info/rules/data/koukoku_unyou.pdf)。以下では，これら規程と運用指針について各条項を詳細に紹介することは解説書等（日弁連ほか編2000，高橋2001：22～29頁）に委ね，大まかな構造を示し，そこになおみられる問題点を考えてみたい。

規程は，広告の定義（2条），禁止される広告および広告事項（3条・4条），直接勧誘の禁止（5条），特定事件の関係者の勧誘の原則禁止（6条），有価物等供与の禁止（7条），必要的記載事項（9条・10条），違反行為の監視に関わる弁護士会の権限等（12条）などを定める。禁止事項や弁護士会の役割など全体として先にみたベイツ判決の示した論点を踏まえたものともみうるが，価格広告に限定するものでもなく，広告媒体なども原則的に制約を課していない。とはいえ特に運用指針や日弁連の解説書まで参照して読むと，なお問題点も浮かび上がってくる。

3 弁護士の品位？

規程は，弁護士の品位または信用を損なうおそれのある広告を禁じている（3条6号）。事実に合致しない広告（同条1号），誤導・誤認のおそれのある広告（同条2号），誇大・過度な期待を抱かせる広告（同条3号），法令等違反（同条5号）などはそれぞれ個別に禁じており，それ以外の品位・信用失墜広告一般を規制するものであるが，「品位」の捉え方次第では禁止範囲が広がりかねない（和田1998：28～29頁，高橋=高橋1999：17～19頁）。この点につき運用指針は，「当該広告が品位を損なうおそれがあるかどうかは，弁護士等の立場か

ら判断するのではなく，国民の弁護士等に対する信頼を損なうおそれがあるか否かという広告の受け手である国民の視点で判断されるものである」(3-1) として，違法・脱法行為を助長したり，もみ消しを示唆したりする表現や，奇異，低俗または不快感を与える表現等を例示している (3-2-(6))。とはいえ他の部分では，利用者の視点というよりは相変わらず弁護士のエリート意識でものを考えているのではないかと思われる点もなお散見される。たとえば品位を損なう「相応しくない場所での広告の例」として，「風俗営業店内，消費者金融業店内は，国民からみたとき，品位や信用を求められる職種の広告場所として相応しくない。他方，外科病院などの待合室，銀行のロビーにおいて管理権限のある者の承諾を得て案内書を置くことは，その案内書を手に取った国民が不快感を抱くような形態，内容等他の要素がなければ，そのこと自体が品位を損なうものとはいえない」(3-3-(1)②) とされている。しかし銀行のロビーなら広告できて，サラ金の店内では許されないというのは筆者には理解しがたい。むしろ多重債務に苦しむ庶民に手をさしのべるという意味では，後者のほうが広告の必要性は高いのではなかろうか。風俗店における弁護士広告がどの程度の現実性とメリットがあるのか不明だが，いずれにせよそれこそ「その案内書を手に取った国民が不快感を抱くような形態，内容等他の要素がなければ，そのこと自体が品位を損なうものとはいえない」のではなかろうか。それとも人権擁護と社会正義を謳う弁護士法1条の精神は，悪所の前で立ち止まるのであろうか。また別のところでは「低俗又は社会的に非難を受ける」テレビ番組等や「低俗な風俗雑誌」に広告を出すことも品位・信用を損なうおそれがあるとも述べている (3-3-(3)，(4)) が，同様である。低俗な番組も見るのが国民の現実であるし，そうした番組の合間に弁護士のCMが流れたところで品位や信頼が傷つくだろうか。また怪しげな非弁業者やヤミ金業者の三行広告が溢れている低俗な雑誌や新聞などにこそ，弁護士は対抗して広告を打ち，被害の拡大を防ぐべきなのではなかろうか。こうした広告で売り込む者は総じて悪徳弁護士で，高級感溢れる広告をセレブ向け雑誌に出す法律事務所が優良なのであろうか。総会屋と見まがうファッションの一流弁護士もいる一方で，問題弁護士が往々にして最高級の背広を上品に着こなしているのがこの業界である。なお解説書によると，特定の弁護士もしくは法律事務所との比較広告（規程3条4号で禁止）も品位に

欠け（日弁連ほか編 2000：47 頁），街頭で広告の入ったティッシュを配ることも有価物等供与の禁止（規程 7 条）に触れて許されないとする（同：66〜67 頁）が，こうしたところにも泥臭い営業活動は弁護士にふさわしくない，サラ金業者のするような宣伝行為は品位に欠ける，とするエリート意識がなお見え隠れしている（参照，塚原 2004：99〜120 頁）。

4　専門分野・得意分野・取扱分野

運用指針では「専門分野は，弁護士情報として国民が強くその情報提供を望んでいる事項である」と認めつつ，基準が不明であること，経験・能力を有しない者が自称しかねないことなど，客観性が担保されない現状では誤導のおそれがあるなどとして控えるべきとし，他方で「得意分野」という表示は「弁護士の主観的評価にすぎないことが明らかであり，国民もそのように受け取るものと考えられるので許される」としつつ，「豊富な経験を有しない分野については，『積極的に取り込んでいる分野』や『関心のある分野』という表示の方が，正確かつ誠実である」としている (3-2-(11))。専門分野の認定基準または認定制度がなく，実際の専門分化も進んでいない状況ではやむを得ないとはいえ，依頼者への有用な情報提供や弁護士の資質向上という点では問題を残す。弁護士増を迎える中で，さらに検討が必要な点であろうと思われる（棚瀬 1987：163〜171 頁，和田 1998：30〜31 頁，高橋＝高橋 1999：19〜20 頁）。

V　広告・広報の実状と課題——広告問題を越えて

広告解禁後 7 年を経て，当初及び腰だったようにみえた弁護士広告活動（高橋 2001：29〜30 頁，石川 2003：14〜18 頁）も，徐々に軌道に乗りつつあるように思われる。一般向け広告として従来から有用とみなされてきた電話帳広告もバラエティに富んできているし，車内広告，街頭広告などそれまでなじみの薄かった広告も，債務整理，破産手続などを担当する法律事務所を中心に大都市では目立つようになってきている。費用のかかるテレビCMですら，近年急速に普及している。他方，特に弁護士サービスの利用者の視点からみた場合（棚瀬 1987：119〜136，161〜200 頁，和田 1998），こうした一般の広告問題にとどま

らないいくつかの問題が現在なお残され，あるいは新しく生じつつあるように思われる。以下そうした論点につき，簡単に指摘していきたい。

1 事実上の広告について

規程は広告を「顧客又は依頼者となるように誘引することを主たる目的とするものをいう」（2条）と定め，誘引を「主たる目的」としない活動は，弁護士の名前や活動を他人に示す行為であっても広告とはしないとし，冠婚葬祭や時候の挨拶，選挙ポスター，新聞雑誌の法律相談記事などや自分の著作物に名前や経歴等を掲載することは，顧客誘引が主たる主たる目的ではないとしている（日弁連ほか編2000：42～44頁）。とはいえこうした活動が顧客誘引力をもたないわけではなく，場合によっては一般広告をはるかに凌駕する効能をもつものであることは留意されるべきであろう。極端な例であるが，最近増えてきた，テレビ番組（法律相談番組に限らない）などに弁護士が出演すること，ましてやレギュラーとして知られるようになることの広告効果は計りしれない（この場合広告料がかからないどころかギャラまで出る）。そうした「有名弁護士」は現在では例外かもしれないが，今後多チャンネル化・多メディア化が進み，また法律が身近なものになっていくと，合衆国の「コートＴＶ」類似の法律相談に特化したような専門チャンネルなどが出現するかもしれず，また法律事務所丸抱えの法律相談番組などが登場するかもしれない。今後タウン誌・ローカル誌などに広告効果も考えて各種記事の執筆を望む弁護士も出てくるであろう。なお選挙に立候補することは，上記のとおり広告とはされていないが，実際には立候補による広告効果はあるそうで，ひどい話だがそれを目当てとしたような立候補も，過去，例があるようである。供託金程度なら没収されても広告料として十分引き合うのであろう。

こういう事実上の広告の問題点は，それが広告規制を逃れているという形式面とともに，その多くが単純な名前の売り込みによる顧客誘引であるという点にもあるように思われる。しかしシニカルな見方をすれば，こうしたイメージの焼き付けというものは，毎日のテレビＣＭをみれば明らかなように，弁護士広告に限らず広告の本質ともいえる。また弁護士業務の形態を考えたとき，単に名前や顔，事務所名を地域の多くの人に覚えてもらうことは，それだけで極

めて大きな意味をもつ。とすると最も成功した弁護士広告とは，おそらく弁護士あるいは事務所の「顔」，「名前」，「信用できそうなイメージ」を巧妙な印象操作によって浸透させるものであり，またおそらくそうした広告は，品位や倫理に何ら抵触することなく行い得るし，また行われつつあるものであろう。他方でそれは，弁護士側からの情報提供によって依頼者が合理的に最善の選択をする機会を広く与えるという，広告解禁論の正当化根拠とも必ずしも一致しない。とはいえこうした広告の非合理的な側面のみをとりあげて，広告禁止を正当化することも不当であって，要はそうしたリアリズムを踏まえつつ，依頼者の保護を確保すべく弁護士内部で統制を図っていくほかないであろう。

2 ネガティブ情報の必要性

弁護士利用者の側からみた広告問題の別の問題点は，あたり前のことだがそこには当の弁護士にとって都合のよいことしか示されておらず，その短所や問題点などは出ていないことである。個別性があり高額で，非日常的かつ専門的な弁護士業務のようなサービスの場合，こうした問題情報のニーズは高いが，その取得もまた困難である。伝統的な人づてによる弁護士紹介の場合は，弁護士の信頼度は顔のみえる人間関係によってある程度担保されてきたが，今後はこうした形でのコントロールは弱まらざるを得ない。他方弁護士にとってみれば，こうした自己に不利な情報が野放図に流されたのでは，名誉にもかかわり営業上致命的にもなり得る。弁護士はその職務の性質上，根も葉もない情報や懲戒請求が意図的に出される危険も強く，また過去のミスがいつまでも問題にされ続けてよいのかという問題もあろう。日弁連会誌『自由と正義』の末尾には懲戒を受けた弁護士の名前が毎号記されているが，これをもっと公にすることが求められながら実現をみないのも，こうした事情ゆえであろう。結局否定的情報の開示についてはある程度抑制的にならざるを得ず，それに代替してここでもやはり弁護士倫理や懲戒制度といった弁護士内部の統制の重要性が増すことになる。

とはいえ内部統制だけで問題弁護士を抑制し得ると考えるのは楽観にすぎるし，消費者保護の視点からも正当ともいえないであろう。関連して今後は『よい弁護士の見つけ方』，『名弁護士100選』，『問題弁護士』などといった書籍・

記事などの出現と需要はいっそう高まるであろう。なお以下にみるインターネットの発展は，この問題のブレイクスルーとなる可能性を秘める。

3 ネット情報の革新性・可能性

急発展しつつあるインターネット広告は，弁護士にとっても大きな可能性をもつ（小川 2001, 2003）。それは廉価かつ安定的に大量の情報を，多くの人の目に触れるよう発信することができる動的・双方向型メディアであって，印刷媒体やテレビ・ラジオなどのスポット広告など，従来の議論が前提としてきた情報量も費用対効果も少ない広告とは大きく性質を異にするものである。またこうしたネットの特性は，弁護士サービスに最も適した広告メディアであるといえる。実際「弁護士」でヤフー（http://www.yahoo.co.jp/）の登録サイトを検索すると，2007 年 7 月現在で数百の法律事務所や弁護士がみつかる。弁護士の検索サイトも複数登場している。ホームページをもつのは大都市の事務所が中心であるが，地方にも徐々に広がっている。弁護士全体からみればまだ一部であり，その作りも良くも悪くも素人の手作り風のものがなお多いが，今後弁護士人口が増加すれば，新規参入者を中心に急激に増大し洗練度も上がっていくことと思われる。なお現在比較的よく見られる弁護士サイトの特徴は，一方で事務所のホームページをもち，こちらは取扱業務や事務所紹介など広告的色彩が強く，他方でそこから弁護士個人のブログにリンクが張られていて，こちらでは日記風に身辺雑記や仕事の経験，様々な思いなどを綴る，といったパターンである。こうしたネット上の弁護士サイトについては「その内容が業務に関することであれば，目的は顧客誘引に有ることは明らかですから，広告に該当します」と解説されている（日弁連ほか編 2000：26 頁）が，ブログなどは，先の新聞・雑誌などの法律相談記事や著作物と同様，「主たる目的が顧客誘引にある」とは必ずしもいえないようにも思われる。

ネット上の弁護士広告・弁護士情報は，弁護士にとってのみならず，利用者にとってもメリットが大きい。広告規定上許されていない複数の弁護士サービスの比較も簡単にできるし，提供されている情報量も一般に多く，双方向性のメリットも生かして弁護士の選択を行うことも可能になるからである。また自らは積極的にネット上に広告等を出していない弁護士の場合も，各地の弁護士

会のサイトが，所属弁護士についてその自己申告に基づいた情報を提供しており，それを参照することもできる。実際に見てみると，顔写真や所信，ホームページのＵＲＬやメールアドレス等比較的詳細な情報を出しているものもあれば，氏名と事務所の住所・電話番号だけ，あるいは「取扱業務は，民事家事法律問題全般。趣味はゴルフ」などというものもあり，それなりに雰囲気を伝える。さらにネットの検索機能を用いれば，弁護士本人の自己申告とは関係なく，ネット上に存在する対象弁護士についての情報を簡単に得ることができる。また各地のタウン情報を集めたサイトには，弁護士事務所など士業関係の情報登録を無料で受け付けるかわりに，顧客からの評価情報を匿名で掲載するところも出始めている。弁護士事務所が，飲食店や宿泊施設同様に厳しい利用者評価にさらされる時代がやがて来るかもしれない。ネット上の匿名情報は信頼性が必ずしも保証されない面もあるが，従来こうした情報収集自体不可能だったことからすれば，概して利用者をエンパワーするものと評価できよう。なお現在注目されるネット上での弁護士アクセス・利用サービスとして，第 12 章Ⅶで紹介されている「弁護士ドットコム」（http://www.bengo4.com/）がある。重複するので詳細な説明は除くが，弁護士費用の見積りや法律相談，弁護士検索サービスなどを有料・無料で提供するものである。利用者からのネット上の書き込みだけに基づく見積依頼や法律相談には限界があるようにも感じるが，実際に利用した者の評価を読むとそれなりに機能しているようでもある。ただし，2007 年 7 月 3 日現在で登録弁護士 355 名に対して見積依頼 2095 件，法律相談 1822 件という状況であり，この先軌道に乗るかどうか未知数だが，依頼者と弁護士との垣根を格段に下げるものであることは確かなようである。ネット利用に関しては利用者の側のデジタルディバイドの問題が残るにせよ，その革新性と可能性は極めて大きいように思われる。

Ⅵ 結 語

　以上弁護士広告問題の歴史や是非論，広告規定の現状や問題点，さらに利用者の側からみた論点やインターネット時代の弁護士アクセス問題などをみてきた。日本の場合，欧米先進国と異なり，弁護士人口増という内圧の高まりが

70，80年代にはいまだみられなかったため，80年代の広告自由化論は微温的な形でしか実現をみず，広告の原則解禁は近年の規制緩和と情報化の進展をまたざるを得なかった。弁護士集団からの内発的要求が欧米ほど熾烈でない状況下でのこのような広告自由化（高橋＝高橋1999：17頁）が，今後どのような具体的影響を弁護士業務に与えことになるかは未知数の部分も大きいが，弁護士人口増と社会の弁護士ニーズの高まりは，広告の必要性を高めることはあっても低めることはないであろう。本章で触れた各種の問題や論点も，今後さらにダイナミックに問われ，また展開していくものと思われる。

　弁護士の新規業務の開拓や顧客獲得の努力が，これまで以上に必要とされるようになるであろう中，こうした営みが利用者の利益となると同時に，単なる私益の合算を超えた社会正義という公益を増大させるものとなるかどうかは，個々の弁護士の自覚に加えて，弁護士の集団的英知や，利用者・社会の側の成熟にもかかるであろう。一見したところ弁護士の業務対策問題にすぎないようにみえる広告問題も，弁護士の社会的役割や社会における法の支配の実現といった公共問題と不可分であり，そのことは広告の原則自由化が実現しても変わらない。いやむしろ広告自由化によってはじめて，弁護士と社会は，この課題にやっと正面から向かい合うことになったというべきであろう。

【引用・参考文献】

石川寛俊（2003）「広告解禁と弁護士の課題」自由と正義54巻10号
大野正男（1986）「わが国弁護士の業務広告問題とその意義」朝日純一ほか編著『弁護士倫理の比較法的研究』日本評論社
小川義龍（2001）「弁護士広告の意義と活用」自由と正義52巻7号
小川義龍（2003）「ＩＴ時代の弁護士広告」自由と正義54巻10号
柏木秀一＝ディヴィット栗山（1985）「米国における弁護士の広告」自由と正義36巻12号
神洋明（1993）「弁護士広告の課題と展望」宮川光治ほか編『変革の中の弁護士（下）』有斐閣
小島武司（1994）『弁護士：その新たな可能性（新装補訂版）』学陽書房
三枝基行（1982）「弁護士の個人広告」東京弁護士会編『司法改革の展望』有斐閣
佐藤岩夫（2003）「ドイツの法曹制度」広渡清吾編『法曹の比較法社会学』東京大学出版会
高橋理一郎＝高橋輝美（1999）「弁護士広告の自由化」自由と正義50巻11号
高橋理一郎（2001）「広告の自由化と弁護士業務」自由と正義52巻7号
田中英夫（1980）『英米法総論 上』東京大学出版会
棚瀬孝雄（1987）『現代社会と弁護士』日本評論社

塚原英治（2004）「広告宣伝の規制」塚原英治ほか編『法曹の倫理と責任（下）』現代人文社
中安正（1985）「個人広告問題の歴史」自由と正義36巻12号
日弁連弁護士業務対策委員会中間報告書（1980）「弁護士業務の広告について」自由と正義31巻10号
日弁連「弁護士倫理」に関する委員会（1985）「弁護士業務の広告について（答申）」自由と正義36巻12号
日弁連ほか編（2000）『弁護士広告——業務広告規定の解説』商事法務研究会
丸田隆（2003）「アメリカの法曹制度」広渡清吾編『法曹の比較法社会学』東京大学出版会
和田仁孝（1998）「弁護士業務規制のゆくえと広告の解禁」自由と正義49巻6号

【馬場健一】

第12章
弁護士報酬と倫理

I 問題の提起

　依頼者から弁護士に支払われる金銭は，弁護士にとっては報酬であり，収入の源である。しかし，利用者からすると，自身の抱えている問題を解決するために支払う費用である。利用者にしてみれば，弁護士の費用はどの程度かかるのか，その金額は支払い可能な金額か，またそれは提供される仕事からみて合理的なものか，といった点が心配であろう。弁護士は苦悩する人々に法へのアクセスを保障するべき役割を担っているが，弁護士はこのような観点から，報酬のあり方についてどのように取り組むべきだろうか。

　旧来は，弁護士報酬について弁護士会が標準規程を制定し，弁護士はそれに従うものとされていたが，2004年4月1日からこの規程は廃止され，自由価格制に移行した。弁護士は，法的サービスの市場において，弁護士報酬についてどのような工夫をして競争を展開すべきであろうか。

　いままでは，弁護士報酬は弁護士が決定し，弁護士が依頼者を選択するという「殿様商売」が主流であったといっても過言ではなかろう。しかし最近では，報酬の実態調査に基づく相場が公表され，利用者側が複数の弁護士から見積りをとり，多様な弁護士の中から利用者が選択をするという，いままでにない環境が出現している。このような状況を，どのように考えるべきであろうか。

　弁護士は依頼者から報酬を得て，依頼者のために誠実に活動をする。他方，弁護士は依頼者との関係においても職務の自由と独立を保持しなければならないものとされる。依頼者への誠実義務と依頼者からの独立性は，依頼者から報酬を得る弁護士の立場とどのような関係にあるのだろうか。そもそも，報酬とは何なのだろうか。

弁護士は報酬を主たる収入にして，事務所を運営し，自分や家族の生活を賄っている。事務所経営や自分の生活にどの程度のお金をかけるべきだろうか。収入は多いに越したことはないようにも思われるが，収入の増大は仕事や生活に重圧を及ぼすかもしれない。この点を，どのように考えるべきだろうか。
　本章ではこれらの問題について，具体例を交えながら検討することにしよう。

II　弁護士報酬とその情報提供

　そこでまず，最近の弁護士報酬広告の実際例や日弁連によるゴーングレイトの公表を見てみることにしよう。

1　最近の法律事務所の報酬広告を見てみると

　インターネットの検索エンジンで「弁護士報酬」というキーワードを入れてクリックしてみると，次のような広告を表示する法律事務所（弁護士）のＷｅｂサイトを眼にするようになった。電車の車内でも，同様の広告がよくみられる。ここでは交通事故，個人破産，離婚の3つの例を挙げて，検討してみよう。弁護士を利用しようとする一般消費者には，実際に利用行動を起こす前に，このような広告をみて比較検討している人も相当あるであろう。
　①「交通事故はお任せください。相談無料。弁護士費用は獲得金額の20％。着手金不要。」
　これは一部の報酬（法律相談料）の無料化といわゆるコンティンジェント・フィー（全面成功報酬制）を組み合わせた形態である。弁護士に依頼するにはまず，相談をしなくてはならないが，その相談が無料というのは，利用者にとって魅力的であろう。弁護士に依頼するには最初に相当額の着手金を支払わなくてはならないのがこれまでの一般的な例だったと考えられるが，交通事故の被害に遭ってその被害回復のためにあらかじめ相当額の負担をしなければならないというのでは，被害者が弁護士を利用して正当な法の救済を得ようとすることに対する，大きな障害となるであろう。そこで，「着手金不要」というのは利用者の前に立ちはだかる障壁を取り除くものであり，非常に魅力的である。コンティンジェント・フィーは正義へのアクセスの保障にとって，大きな意義

を有するものといえよう。

　もっとも，この報酬表示には不明な点もある。どこまで相談に乗ってくれるのだろうか。利用者は，実費を含めて，まったく何も支払わなくていいのだろうか。保険会社との交渉だけでなく，裁判もこれでやってくれるのだろうか。裁判をやった場合でも，獲得した金額の20％ですむのだろうか。保険会社がもともと提示していた金額も，ここでいう「獲得した金額」にはいってしまうのだろうか（そうだとすると，20％というのは過大ではないか）。弁護士は，これらの疑問点についても適切な基準を考え，明確に表示し，説明しなければならないであろう。

　② 「借金でお悩みの方。自己破産（同時廃止），弁護士費用は15万円。ホームページからのご依頼はさらに10％割引。分割払いに応じます。」

　これは固定的な弁護士費用の提示である。確定額で弁護士報酬が示されることは，利用者にとっては，いくらかかるかわからないという不安から解放されることにつながり，法的救済へのアクセスを促進することになろう。しかも，この金額が低価額になれば，よりいっそうそのようにいえることになる（この場合，弁護士側はその低価額でペイするかという事務所経営上の課題を負い，事務の定型化・自動化，パラリーガルの活用などによるコストダウンを図ることになろう）。ホームページをみての依頼に対して割引を適用することは，依頼者があらかじめ事務所のホームページに示した説明を読み，ある程度理解した上で来所するのであれば，説明に要する時間の短縮などコストダウンが期待でき，その分だけ弁護士報酬も割引きをすることができるという合理的な根拠があり得るかもしれない。また，費用の分割支払の導入は，いっそうの利用の促進につながるであろう。ただ，この広告の文面だけでは実費の負担がどうなるのか，また，免責までの費用をカバーするのかなどが不明であり，弁護士はこれを明らかにすべきであろう。

　③ 「離婚事件（交渉，調停），費用は定額です。着手金20万円，報酬（離婚のみ）20万円」

　この報酬も一種の固定価額であるが，報酬については離婚だけを請求する事案での報酬が固定価額で示されているだけであり，実際には親権の帰属，子供の養育費，慰謝料，財産分与といった問題が対象となることが多いので，これ

らを含めた報酬基準が利用者にとっては重要な関心事になるであろう。

2 日弁連のアンケートに基づく「目安」の公表

　日弁連は弁護士報酬について全国の弁護士にアンケート調査を実施し，それに基づいて，「市民のための弁護士報酬の目安」(http://www.nichibenren.or.jp/ja/attorneysfee/data/meyasu.pdf) や「中小企業のための弁護士報酬の目安」(http://www.nichibenren.or.jp/ja/attorneys_fee/data/meyasu_company.pdf) を公表し（以下では「目安」という），広く一般の参考に供している（最近では，市民向けのハンディなパンフレットも頒布されている）。これは，自由価格制のもとでの競争を促進する方策の1つとして提案されていたゴーイング・レートの公表（小島 1981：106頁以下）の実践と位置づけられよう。この「目安」は，事件の種類・概要に応じて，弁護士から回答数の多かった報酬額の上位2つを掲載している。法律相談，交通事故，個人破産，離婚の具体例を見てみよう。

　① 「法律相談」については，「市民から法律相談を受け，1時間かかったが，法律相談だけで終わった」場合，相談料を1万円とする弁護士が59％，5000円が35％，ということである。

　② 「交通事故」の報酬は，「交通事故に遭い，重傷を負った被害者から損害賠償請求を依頼された。弁護士の判断として，1000万円程度が妥当であると考えたが，保険会社からの提示額は500万円であったので，訴訟を提起し，その結果，1000万円の勝訴判決を得て，任意に全額回収できた」という事案で，着手金については30万円とする弁護士が48％，20万円が17％，報酬金は50万円が37％，70万円が19％，ということである。

　③ 「倒産（個人破産）」では，「金融会社など10社から総額で400万円の負債を抱えている。自己破産を申し立て，同時廃止後に免責を得た」という事案で，着手金は30万円が52％，20万円が35％，報酬金は0円が66％，20万円が15％，ということである。

　④ 「離婚事件」では，「夫の暴力などに耐えられないので離婚したい。3歳の子供が1人いるが，自分が引き取りたい。慰謝料として200万円を請求した。離婚が成立し，慰謝料200万円の支払いを受けた。子供の親権も認められ，養育費として毎月3万円の支払いを受けることになった」という事案で，調停に

ついては，着手金20万円が43%，30万円が42%，報酬金は30万円が42%，20万円が30%（調停に引き続き訴訟になった場合，訴訟から受任した場合については省略），ということである。

これらも相当程度，利用者に参考になろう。利用者がＷｅｂ広告にみられる報酬と比較して検討することもあろう。弁護士も相談者に報酬の相場を尋ねられると，この「目安」を示して説明することも多いのではないかと思われる。

3 弁護士報酬と正義へのアクセス

報酬の問題は，利用者の弁護士へのアクセス，ひいては正義への普遍的アクセスの保障を左右する，重要な要因である。旧来から「弁護士に訴訟を含む法律事務の処理を依頼するのを民衆が躊躇する最大の原因は，報酬制度にある」（大野 1972：8頁）と指摘されてきた。特に「いくらかかるか分からない」，「あまりに高額ではないか」といった利用者の不安や不満が弁護士利用の大きな障害と考えられるが，この障害の克服のためにわれわれが取り組むべき課題は重い（この観点を含め，早くから弁護士報酬制度の改革を主導してきた代表的著作として，小島 1974 がある）。

弁護士報酬制度は後述のように，弁護士会が公定する標準報酬制が 2004 年 4 月 1 日をもって廃止され，自由価格制に移行した。その新しい制度のもとで，上記のような新しいタイプの報酬広告がなされ，また日弁連の「目安」が公表されているのである。これらは，新しい報酬制度における 1 つのチャレンジであるが，弁護士報酬制度をめぐる種々の課題の観点からどのように評価できるか，これから実践の中で試されることとなろう（広告，業務形態，情報提供といった側面については本書第 11 章参照）。

4 旧来の「標準等報酬規程」と問題点

ここで，旧来の弁護士報酬制度を振り返っておこう。まず弁護士法は弁護士会において会則の 1 つとして「弁護士の報酬に関する標準を示す規定」を定めなければならないとし，これを受けて，日弁連は「報酬等基準規程」を会則として定め，各地の弁護士会も「この規程を基準として，所在地域における経済事情その他の地域の特性を考慮して，弁護士の報酬に関する標準を示す規定を

適正妥当に定めなければならない」とされ（同規程2条），弁護士会ごとに標準規定を設けていた。「報酬等基準規程」は「会則」であり，「弁護士は，所属弁護士会及び日本弁護士連合会の会則を守らなければならない」（弁護士法22条）ので，これに違反した場合には懲戒事由になる（弁護士法56条）という縛りのあるものであった。

この「報酬等基準規程」は，「法律相談料等」（第2章），「着手金及び報酬金」（第3章），「手数料」（第4章），「時間制」（第5章），「顧問料」（第6章）を規定していた。具体的には，たとえば以下のような具合であった（1995年改正後の規程による）。

法律相談料は，「初回市民法律相談料」は「30分ごとに5000円から1万円の範囲内の一定額」，「一般法律相談料」は「30分ごとに5000円以上2万5000円以下」とされていた。最近のＷｅｂ広告をみると，法律相談を無料と表示するものがかなり見受けられるが，2000年5月制定の「弁護士及び外国特別会員の業務広告に関する運用指針」によれば，「法律相談料は無料」とする広告は標準報酬規程違反の例とされていた。また，「目安」では1時間で5000円とする弁護士が35％いることが示されているし，1時間で1万円（標準規程での最低額）とするものを含めると94％にも及んでいて，標準規程が実態に即していなかったことをうかがわせる。

民事事件の報酬は着手金と報酬金で構成され，「経済的利益の額」に応じて，300万円以下の部分につき着手金8％，報酬金16％，300万円を超え3000万円以下の部分につき着手金5％，報酬金10％（以下略）という具合に定められていた。なお，「着手金及び報酬金は，事件の内容により30％の範囲内で増減額することができる」と規定され，また「着手金は，10万円を最低額とする」としていた。前にみた「目安」の交通事故の事案を「標準報酬等規程」で算定すると（保険会社の提示額からの増額請求分を経済的利益とする），着手金34万円，報酬金68万円であるが，「目安」のほうがいずれにしても低額になっている。また，前記のＷｅｂ広告例では，交通事故損害賠償事件について，相談料を無料としているほか，一般的に着手金を0円とし，回収できた金額から成功報酬を受領する旨が表示されているが，前記の広告に関する「運用指針」によれば，「成功報酬のみで受任する」旨の広告も「標準報酬等規程」に反する例とされ

ていた（このほか「着手金一律10万円」とする広告も違反例とされていた）。

このような「標準報酬等規程」については，弁護士が高度の専門性と品格を保持すべきプロフェッショナルであるとする考え方から，一定水準の報酬を確保することは弁護士のサービスの向上を担保し，倫理の水準を維持するためには必要であり，標準規程という形で公定することで弁護士報酬の基準を利用者に周知する効用もあるとして，長い間擁護がなされていた。

しかし，これに対しては，弁護士による法的サービスの普及を通じて正義へのアクセスの保障をめざす観点から，旧来の弁護士報酬の問題性を検討し，標準規程の「基準の不当性」，「利用の限定性」，「人為的制限による弊害」などに照らして，「われわれは報酬規程の廃止による自由価格制の復活を真剣に検討しなければならないであろう」とする指摘が1970年代からなされてきたのである（小島1974：21頁以下，特に30頁以下）。

5　自由価格制と前提条件

このように旧来は，弁護士報酬について弁護士会が報酬等基準規程を制定し，弁護士はそれに従うものとされていたが，1970年代からこのような公定制度に対して批判が加えられ，2004年4月1日に至ってこの標準規程は廃止されるに至り，自由価格制に移行した。これに先立つ2001年10月には，公正取引委員会が「資格者団体の活動に関する独占禁止法の考え方」を公表し，弁護士会に標準報酬規程の廃止を求めた。弁護士報酬は，市場における「公正かつ自由な競争」（独占禁止法1条）の対象とされるべきことが求められたのである。

もっとも，自由価格制に移行すれば問題がすべて解決されるわけではない。以下のような諸点に留意することが必要である（小島1974：41頁以下）。

① 需要に対して供給が少なければ売り手市場となって，価格は高止まりする。日本の弁護士市場はこれまで，弁護士数の人為的抑制のため長い間，需給のバランスを欠いていた。「自由価格制が十分なリーガル・サーヴィスを適正な価格で提供するためには，需要と供給のバランスが取れなければならない」のであり，「弁護士資格の付与を社会的需要に即応させて，自由価格制が働く基盤を整備しなければならない」。この点は，新しい法科大学院制度と新しい司法試験制度によって，適切な対応が図られることが期待される。

② 自由価格制のもとで適正な報酬の選択が行われるためには，報酬について競争的に提示がなされ，市場における相場がどの程度のものかが利用者にわかり，弁護士の提示する報酬（および提供される法的サービスの内容や質）について，利用者が比較検討できるようにならなければならない。前にみたＷｅｂ上の広告，日弁連の「目安」，あるいは後に紹介する複数弁護士による見積りサービスなどは，この前提課題について有益な情報をもたらすであろう。

③ 「依頼者と弁護士とでは交渉力に格段の差があるので，弁護士が依頼者に対し不当に高額な報酬を請求するおそれがある」のであり，「不当な報酬請求に対しては断固たる法的サンクションが用意されていなければならない。」そこで，弁護士報酬をめぐる倫理の問題は，自由価格制においていっそう重要性を増してくるのである。この点について，項をあらためて考えたい。

Ⅲ 弁護士報酬に関する新しい倫理規定

1 自由価格制のもとにおける倫理と競争

（1） 旧来の標準報酬規程は，2004年4月1日に廃止され，自由価格制に移行した。しかし，自由というのは好き勝手でよいということを意味するのではない。自由には責任が不即不離のものとして存するのである。自由価格制移行後の弁護士報酬については，「弁護士の報酬に関する規程」と職務基本規程により，次のように定められている（自由価格制のもとで具体的に弁護士報酬をどのように考えるべきかについて検討している文献として，吉原編 2005）。

まず，「弁護士の報酬は，経済的利益，事案の難易，時間及び労力その他の事情に照らして，適正かつ妥当なものでなければならない」（2条。職務基本規程24条も同趣旨）。これが弁護士報酬の実体的な適正性・妥当性の要請を端的に示す規定となっている。弁護士報酬は弁護士と依頼者との間で自由な話し合いにより決定すべきだとしても，その具体的な内容において，経済的利益，事案の難易，時間および労力その他の事情に照らして，適正かつ妥当なものでなければならないのである。

また，「弁護士は，法律事務を受任するに際し，弁護士の報酬及びその他の費用について説明しなければならない」（5条1項）のであり，利用者から求め

があれば，法律事務の内容に応じた報酬見積書を作成して交付するように努めなければならない（4条）。これらの前提として，弁護士は，事件を受任するにあたり，依頼者から得た情報に基づき，事件の見通し，処理の方法について適切な説明をしなければならない（職務基本規程29条）。依頼者の立場に立ってみれば，そもそも弁護士がどのような仕事をしてくれるのか，それが自分の直面している問題の克服にとってそのような意味を有するのかがよくわからなければ，弁護士側から提示される報酬が適切なのかどうかを判断できない。事件の見通しや対応方法などの説明は，非常に重要である。

そして，「弁護士は，法律事務を受任したときは，弁護士の報酬に関する事項を含む委任契約書を作成しなければならない」（5条2項本文。職務基本規程30条も同趣旨）。その契約書には，「受任する法律事務の表示及び範囲，弁護士の報酬の種類，金額，算定方法及び支払時期並びに委任契約が途中で終了した場合の清算方法を記載しなければならない」（5条4項）。なお，日弁連は委任契約書のモデルを公表しているが，その内容はほとんどが報酬の処理に関することだけである。これに対して米国のコンティンジェント・フィー契約のモデルをみると，提供される業務の範囲，弁護士と依頼者間のコミュニケーションのあり方，見通しに関する最善努力と非保証，利益相反，解任，辞任などについてわかりやすく定めており，参考になる。

弁護士は依頼者への説明や見積りの前提として，自由価格制のもとで，自分自身の「報酬に関する基準を作成し，事務所に備えおかなければならない」のであり，その「基準には，報酬の種類，金額，算定方法，支払時期及びその他弁護士の報酬を算定するために必要な事項を明示しなければならない」（3条）。

また，「弁護士は，弁護士の報酬に関する自己の情報を開示及び提供するよう努める」（6条）として，情報提供の努力規定が設けられた。旧来は弁護士が一定の表示をしてはならないとする規制的アプローチがほとんどであったが，この規程では積極的に弁護士が情報提供をすべき旨が定められた。ここにも時代の転換がうかがわれる。前記の広告の「運用基準」（2000年）も2006年3月に改定され，弁護士報酬については，「割安な報酬で事件を受けます」という例が「曖昧かつ不正確な表現」として禁止される旨が記載されるにすぎなくなっている。

なお，報酬などに関連して，非弁護士との間での報酬分配の禁止（職務基本規程12条），依頼者紹介の対価授受の禁止（同13条），依頼者との金銭貸借等の禁止（同25条）が定められており，あわせて留意が必要である。

（2）　インターネットで検索すると，多くの法律事務所が報酬基準を表示している。その中には旧来の弁護士会の標準規程の内容をほぼそのまま採用している事務所もあれば，前記の広告例のように旧来の標準規程とはかなり異なる形態を示しているものも相当数あり，今後，様々な工夫による報酬基準が出現するのではないかと思われる。

日弁連は2004年3月に『弁護士報酬ガイドブック——新しい弁護士報酬の時代を迎えて』を発行し，その第2部で「新しい報酬基準をつくるために——その整理とヒント」を説明し，その末尾で「各自が採用した弁護士報酬の算定方式や金額の適否は，社会的評価にさらされる……具体的には，個々の事件の事件処理を通じての依頼者の評価，弁護士報酬の広報の浸透による他の事務所との比較，報酬見積書の発行によるセカンド・オピニオンなど，今後の弁護士報酬情報の開示の広がりによって検証されることになる……そして，依頼者が弁護士を選択すること，すなわち，弁護士間の自由競争の中で，その事件処理の良質さとその価格の妥当性・合理性の問題として，評価や判定を受ける」ことになると結んでいる。これは重要な指摘であり，このような競争が進展する中で弁護士サービスの普及と高品質化が進み，正義へのアクセスの保障が実効性のあるものに高まってゆくことが期待される。

2　報酬に関する懲戒事例

自由価格制が健全に機能するためには，前述のように，不当な請求に対するサンクションが用意されている必要がある。日弁連は自由価格制への移行に伴い，1992年から2003年までの12年間における報酬をめぐる懲戒事例（27例）を公表した。これらの事例は標準報酬規程制度のもとでのものであるが，自由価格制移行後においても「弁護士報酬は，経済的利益，事案の難易，時間及び労力その他の事情に照らして，適正かつ妥当なものでなければならない」のであり，不当請求の判断の参考になることは間違いない。そこに掲げられたいくつかの懲戒例を見てみよう。

① 会社債務整理，株式譲渡，これに関連する訴訟事件を受任し，報酬会規によれば許容される報酬は1億7000万円あまりであるのに，その許容限度を著しく超える5億420万円を，委任契約に基づき請求した事案。懲戒事例集の中ではこの種の類型，つまり旧標準規程の許容額をはるかに超える金額の報酬を請求する事案が多い。今後も少なくとも当面の間は，旧標準規程の金額から大きな乖離があるかどうかが，不当請求の1つのファクターとして（そのほかのファクターももちろん重要である）事実上参考とされることがあるであろう。

② 不動産詐欺事件で2億円の損害賠償請求を，実費を含めて150万円（実費を差し引いた着手金部分は78万円）で受任した。和解で相手方から1000万円を代理受領したが，依頼者から和解金の引渡要求を受けても拒絶し，着手金残金および報酬として1000万円の請求訴訟を提起した事案。2億円の事件の着手金が78万円であったのは，たしかに低めと考えられる。旧標準規程のもとで2億円の事件の着手金の標準額は669万円であり，回収額1000万円に対する報酬額は118万円とされていた。おそらく，弁護士はそのような感覚で着手金分も上乗せするつもりだったのかもしれない。しかし，この回収額からすると請求額2億円を基準に着手金を考えること自体に問題があった可能性もある（だからこそ実際の着手金は低額だったとも考えられうる）し，和解金全額を報酬とすることは，明らかに過剰請求であろう。着手時に適正な報酬に関する取決めをせず，一方的に高額の請求をすることは許されないことが示されているといえよう。

③ 借地権および地上建物譲渡・借地非訟事件を受任し，着手金として40万円を受領し，報酬金として，依頼者が得た譲渡代金の4割に相当する額を受領できる旨合意した。そして借地権等が5500万円で売却できたため，その4割に相当する2200万円を受領した事案。本件も着手金を低めにし，成功報酬について事前に合意をしたケースであるが，4割の成功報酬の合意が過剰とされたものである。この点に関しては，後述のコンティンジェント・フィーの項で再度触れることにしたい。

④ すでに2億9540万円を支払う旨，賃貸人が提示している建物立退料をめぐる訴訟で，賃借人である依頼者と10億円の立退料を前提に着手金を3000万円とする旨合意し，内金1000万円を受領した。2審で立退料を3億6000万

円とする和解が成立したのに，着手金・報酬の見直しをせず，代理受領した立退料から着手金3000万円の残金2000万円と，合意のない2審の着手金1100万円，1,2審を通じての報酬金1800万円の合計である4900万円を相殺する旨主張して，立退料の返還を拒絶した事案。訴訟の経済的な価額を着手金や成功報酬の算定のファクターとする場合，訴訟以前にすでに相手方が支払う旨，提示している金額は経済的価額から控除すべきであるし，過大な請求額を立ててそれを基準に着手金額を決めるのは，それ自体不当なことである。

⑤　タイ人の交通事故保険金請求事件で，自動車保険会社から3878万円の支払いを受けたのに，依頼者には1000万円（約248万バーツ）を送金しただけで，日当250万円の上に，報酬会規を大きく上回る1000万円の報酬を取得した事案。本件は許容限度を超えていることのほかに，依頼者が外国人であり，その無知に乗じた上に，現地での貨幣価値からして送金額で十分と勝手に考えた面もあるのではなかろうか。このようなことが許されないことは，明らかであろう。

IV　弁護士の役割と報酬についての考え方

　ここで，弁護士報酬について，少し異なった切り口から考えてみよう。弁護士は依頼者から報酬を得て，依頼者のために誠実に活動をする。弁護士は依頼者のために誠実に職務を遂行する義務を負う（弁護士法1条2項，職務基本規程5条・22条）。この依頼者に対する誠実義務のいわば経済的な源泉になるのが報酬と考えられるが，他方，弁護士は職務の自由と独立を重んじる（職務基本規程2条）ものであり，事件の受任および処理にあたり，自由かつ独立の立場を保持するように努める（職務基本規程20条）べきものとされ，依頼者から報酬を得ている立場と矛盾するかのように感じられる側面がある。これをどのように考えるべきだろうか。そもそも報酬とは何なのだろうか。本節では，弁護士の役割との関連の中で，報酬がどのような意味を有するのかを考えてみたい。

1　職務の独立性，依頼者への誠実義務と弁護士報酬

　イギリスでは旧来，訴訟に携わるバリスターの報酬はソリシターが案を示し，

バリスターの職員と交渉して取り決めるものであり，バリスターは報酬額の決定に口出しできないとされる。その報酬は「謝礼 (honorarium)」として依頼者から任意に贈られるものであって，依頼者がそれを支払わない場合，バリスターは訴訟で請求することはできないとされてきた。バリスターは，依頼者に対して感情的な入れ込みをしたりせず，冷静かつ公正に事実と法律に基づいて活動することが重視され，これを担保するために，最初から依頼人に直接面談することはできないとされ，ソリシターとの関係においてもバリスターは「『先生』的扱い」を受ける存在であったという（田中 1973：177 頁以下，日弁連ヨーロッパ調査団報告 1990：110 頁以下。なお，バリスターはソリシターを通じた依頼について原則として受任義務を負い，また，職務の独立を確保するため事務所（Chamber）も独立でなければならず，他のバリスターなどと事務所を共同経営（収益分配）することは禁じられる）。バリスターの報酬が謝礼とされることは，依頼者に対する職務の独立性が重視される先生的存在であることと，関連がありそうである。依頼者から金をもらう立場でありながらなお独立でいられるためには，金に縛られないことが必要であり，金に縛られないためには，依頼者がそのバリスターの仕事が気に入らなければ支払わなければよいとし，バリスターも支払いを請求しないとすればスッキリするであろう。

　日本でも，弁護士の「職務の自由と独立」（職務基本規程 2 条）には依頼者に対する自由・独立性も含まれており，依頼者から事件を受任しその処理をするにあたり，「自由かつ独立の立場」を保持するように努める（職務基本規程 20 条）とされている。一般に「先生」とも呼ばれ，「先生」的扱いがいまだになされることも多いであろう。このことを強調して考えると，バリスターの報酬のように，日本の弁護士の報酬も謝礼であると考えるべきであろうか。

　この点については，別の観点から次のような問題提起もなされている。「報酬とは着手金も含めて『弁護士が提供した法律的サービスに対する対価である』という考え方がある。……しかし，よくよく考えてみると，『法律的なサービス』の内容とは何なのか，それをだれがどのように評価するのか……『提供された法律的サービス並びにその成果』がどのくらいの値打ちがあるものなのかを『評価』決定するのは，いったいだれなのか」（高橋 1996：64 頁以下）。高橋弁護士は，「具体的に提供された法律的サービスに値打ちがあるかないか

は，弁護士を利用する依頼者が決定するのであって，弁護士が決めるものではない」とされ，原理的には報酬は「『仕事の対価』ではなく『謝礼金』」であり，「報酬額は結論として，依頼者が決定すべき性質」のものであるとされる。実際の対応としては，事件終了後に「訴額の多寡，事件の難易・複雑さの度合い，弁護士の目的達成への貢献度等」を考慮して「具体的には弁護士が適正と考える報酬額を依頼者に提案という形で請求」し，「あとは依頼者の判断と決定に従う」べきものとされる（事件開始時に一定の着手金を受領するにしても，事件終了後に着手金を含めた全体の清算を弁護士からの提案と依頼者の決定により行うということになろう）。そして，「弁護士は報酬のことで依頼者と原則として争いをすることがあってはならない」とされる。

この指摘は，イギリスのバリスターにみられる，事実と法律に立脚し依頼者からの自由・独立を強調する弁護士像とは異なり，依頼者を中心とし，依頼者の納得を最も重視する考え方を示している。高橋弁護士は「依頼者を信頼するゆえに弁護士は報酬の多寡に関係なく，常に依頼者のために自己のある限りの力を動員して働くことができる」とされ，報酬を「謝礼」とする考え方と弁護士の誠実義務とが矛盾しない（むしろ調和する）という考えが示されていると思われる。依頼者を最大限尊重する孤高の弁護士像には，大きな魅力がある。そのような弁護士の取り組み理念は大事にされるべきである（後述のように，いざというときには実際に報酬の有無や多寡を一切問わず，全力で弁護士業務を提供することもあるべきであろう）。しかし，そこにはやはり弁護士の「孤高」の姿があり，実際には十二分の経済的な力が背景として備わっていなければ（イギリスのバリスターももともとは上流階級の出身者が多かったであろう），現実に報酬額と支払いの有無について全面的に依頼者の決定に委ねることは，弁護士階層全般にわたる平時の報酬に関する取り組みとしては困難ではなかろうか。なお，古代ローマでも法律職の仕事は名誉ある崇高な責務であり，報酬はオノレァリアム（謝礼）と観念されていたが，現実においてはオノレァリアムの名の下に多額の報酬の支払いが強要されていたという事実（小島1974：72頁以下）も，知っておくべきであろう。

弁護士は依頼者から報酬を得て独立の生計を立て，外からの圧力に屈することなく，依頼者のために誠実かつ熱心に活動をしなければならないし，適切な

報酬がその現実的な支えになるのである（小島 1974：73 頁）。弁護士の対外的な職務の自由・独立性（職務基本規程 2 条）や依頼者に対する誠実義務（弁護士法 1 条 2 項，職務基本規程 5 条・22 条）の源泉はやはり弁護士報酬にあり，それは依頼者の裁量のみに委ねられる自然債務のようなものではなく，このような意味を有する報酬にふさわしい一定の確実性が認められるべきであろう。報酬契約が「弁護士の権利の擁護に役立つけれども，依頼者の利益保護に役立たない」（高橋 1996）ようなものであってはならないことに十分な留意をしなければならないが，弁護士側にも一定の予測が可能となる報酬を考えることには，大きな意義があると考えるべきであろう。

　もっとも，このような一定の確実性を要請する前提として，弁護士は人々の役に立つ仕事を提供できるように，常に一定の品質の確保・向上のため日々研鑽しなくてはならない（弁護士法 2 条，職務基本規程 7 条）ということも忘れてはならない。また依頼者の納得を得られる仕事を提供するために，受任の際には依頼者に対して，事件の見通し，処理の方法などについて十分に説明しなければならないし，途中経過の報告や随時の協議も欠かさないようにしなければならない（職務基本規程 29 条・36 条）。

　またこれらの反面，弁護士は良心に従い，依頼者の権利および正当な利益を実現するように努めるものであり（職務基本規程 21 条），依頼者との関係においても自由かつ独立の立場を保持しなくてはならない（職務基本規程 21 条）。たとえば高額の報酬のゆえに弁護士が依頼者の不当な要求に迎合して公益を害するような行為に及ぶというようなことがあってはならない（職務基本規程 2 条・14 条・20 条・31 条など）ことも，当然である。

　この点に関連して，弁護士の収入の特定依頼者への依存度という問題がある。特定の依頼者から受ける報酬が弁護士の収入全体に占める割合が高いと，弁護士が当該依頼者へ依存してしまい，職務の独立性を害する可能性があるという問題である。エンロン事件で違法行為を見逃した社外弁護士事務所では，5 ～ 6 名のパートナー弁護士が 75％以上の時間をエンロン関連の仕事に費やし，ピーク時で所属弁護士の 3 割を超えてエンロンの仕事に携わるなど，エンロンからの収入に大きく依存していた（1997 ～ 2001 年のエンロン破綻時までで合計 1 億 6220 万ドルの収入をエンロンから得ていた）ことが指摘されている（高柳 2005：

26頁以下など)。弁護士は事務所を経営する場合，特定依頼者からの収入への依存度が高くなりすぎて，万一にも職務の独立性が害されることのないように留意する必要がある。

2 弁護士の役割モデル論と報酬の捉え方

　弁護士の基本的な役割をめぐっては従前から，在野法曹モデル，プロフェッション・モデル，法サービス・モデルなどの議論が行われてきた (本書第1章参照)。これらの議論は，弁護士報酬への取り組みをどう考えるかについても，大きな影響を及ぼしてきた。在野法曹モデルでは，権力や巨大企業と闘う孤高の弁護士像のもとで，報酬も「謝礼」的なニュアンスで考えられることがあったのではなかろうか (公害訴訟の「手弁当」での遂行など)。弁護士は，いざというときは報酬の有無や多寡にかかわらず，正義のためあるいは依頼者のために闘うのである。プロフェッション・モデルのもとでは，弁護士は公共性のある専門職業であり，高い品性が求められ，報酬も適正であるべきであり，不当な報酬請求などは許されないことが示される。弁護士の報酬は長い間，弁護士会制定の標準報酬規程による規制が働くべきものとされてきたが，プロフェッション・モデルにおける弁護士の公益性や品位保持などの強調は，この規制を正当化する根拠としても作用した。しかし，専門職業団体が標準報酬規程により規制を行うことは利用者の利益を損なうものであり，独占禁止法にも違反するという指摘がなされ，標準報酬規程は廃止された。これに対して，法サービス・モデルの弁護士像のもとでは，弁護士業務も他のサービス業と同様に，契約に基づき対価を得て提供される役務であり，弁護士報酬も利用者の視点に立って，市場における自由競争の中で，契約により決定されるべきものとされる。

　これらのモデル論が指摘してきた複数の側面，すなわち，弁護士はいざというときには報酬の有無や多寡にかかわらず闘うという側面，職務の公益性，高い品位への要請に基づき報酬の適切性が求められるという側面，弁護士業務も利用者のためのサービスであり，自由競争の圧力から逃れることはできないという側面など，いずれも正しいものを含んでおり，報酬の問題を考える場合には，いずれの側面も考慮に入れるべきであろう。

第 12 章 弁護士報酬と倫理

なお,モデル論に関連して,次のような指摘があるのでみておこう。「……事件には,訴訟事件に代表されるいわばトラブルというべき事件と(これをAタイプの事件とします),契約書の作成や会社の買収,再編成,個人の場合でいえばアパートの建替えなど,事業のための事件(これをBタイプの事件とします)とがあります。……このうちAタイプの事件については弁護士のプロフェッション性が求められ,報酬を決めるにあたっても,その他の事情〔職務基本規程24条〕として依頼者側の諸事情が考慮されるべきです。江戸時代の川柳に,『馬喰町,人の喧嘩で蔵を建て』……というのがありますが,そうなってはいけないわけです。これに対して,Bタイプの事件においては弁護士報酬は依頼者にとっては事業経費の一部であり,弁護士にとってもビジネス業務といえます。したがって,報酬の計算もAタイプの事件の場合とはちがってくるはずです」(吉原編 2005:20頁)。個々の事件でどのようなファクターを考慮するかは簡単ではないが,1つのアプローチの仕方の例として,興味深い。もっとも,訴訟事件でも巨大なビジネス遂行の一環として行われるものもあるし(巨大金融機関の提携交渉をめぐる仮処分事件,本訴訟事件などはその典型である),企業の契約や買収などの事案でも社会正義の実現のために闘わなくてはならないものもある。個々の事案に含まれる複雑な諸要因を考慮し,適切な報酬の取決めがなされるように取り組んでゆく必要があろう。

V 報酬と弁護士の仕事・生活基盤

弁護士は報酬を主たる収入にして,事務所を運営し,自分や家族の生活を賄っている。事務所経営や自分の生活にどの程度のお金をかけるのかによって,収入の見込みの立て方が変わってくるだろうし,その収入を生むべき仕事の獲得の仕方や仕事の仕方自体も影響を受けるだろう。後に紹介するように,アメリカでは,大きなエリート・ローファームで長時間労働によってタイムチャージを稼がなくてはならないとする圧力が新人弁護士だけでなく,ベテランの弁護士にも襲い掛かり,大きな重圧となって,これら弁護士たちの倫理的な生活に悪影響を及ぼしていると指摘されている。これらの点を,どのように考えるべきだろうか。本節では,弁護士の収入と支出をめぐるデータを検討する中で,

弁護士の倫理的行動に影響する生活の基盤や仕事について，考えてみたい。

一般の商品やサービスの価格は，どのように決定されるのであろうか。もっとも素朴には，コスト・プラス方式であろう（サイモン＝ドーラン2002：50頁以下）。その商品やサービスを提供するのに要するコストに，マージンをプラスして決定するということである。弁護士の場合，コストは何であろうか。事務所賃料（所有事務所であれば，償却プラス借入金利），事務職員人件費，設備リース料，各種保険料，公租公課，交通費，通信費などであろう。このような純粋のコストはどの程度の金額であろうか。日弁連の『日本の法律事務所2000——弁護士業務の経済的基礎に関する実態調査報告書』（自由と正義〔臨時増刊〕2002年，以下では『2000年実態調査』という）によると，全国平均で弁護士1人当たりの年間経費が2207万円と推計されている。月平均で弁護士1人当たり184万円前後のコストがかかっているということである。

ところで，弁護士の稼働時間はどの程度であろうか。『2000年実態調査』では週56時間以上稼動している弁護士が60％以上に及び，「弁護士は過酷と評価できる労働時間環境にいる」とされる。平均でも週49時間といわれ，年52週で単純計算すると，年間2548時間になるが，休暇週などもあろうから控えめに48週として計算すると，年間2400時間程度（といっても，週5日稼働で1日あたり10時間労働である）と考えることができようか。

年間経費をこの時間で割ると，1時間あたり9200円程度のコストがかかっていることになる。

コストプラス方式で行く場合には，このようなコストにマージンを上乗せするわけであるが，弁護士の場合には，ある程度余裕のある生活費やめざしたい貯蓄額などを考慮して，アップリフトをするということになろう。『2000年実態調査』では，弁護士の年間粗収入から経費を差し引いた所得の平均は，1701万円ということである。そこで，平均の経費に所得をアップリフトし，仮に稼働時間が年間2400時間だと仮定したとして，1時間あたりの報酬を試算してみると，1万6000円程度になる。タイムチャージ方式であれば，このような計算が1つの目安になるかもしれないが，依頼者に2400時間全部を請求できるとは限らない（週5日稼働として，1日10時間をフルに請求する計算になるが，実際は特定依頼者のための仕事以外のことに使う時間も多いはずである）。仮に年間請求

時間が2000時間程度だとすると，時間あたりの報酬額は1万9000円程度となる（ちなみに前記のデータで，収入共同の大きな事務所のパートナーの年間粗収入は8312万円ということであるので，年2000時間請求するとして，4万円以上のタイムチャージになる計算である）。事務所のために前記のような経費をかけ，生活のためのアップリフトをすることを前提に，タイムチャージ方式を採用するのであれば，上記のような時間の請求ができる仕事をもたらす顧客を獲得し（そして，そのような顧客の要求する種類と水準の業務を提供するために，腕を磨き），年間2400時間程度働き（2000時間請求し），上記のような請求をして回収を行う必要があるということになる。インターネットで法律事務所のホームページなどをみていると，時間制料金を表示している事務所では，1時間2万円から5万円程度と表示しているものが多いようであり（時間当たり10万円以上という例もあると聞いている），上記のような推論もあながちおかしくはないのかもしれない（タイムチャージに成功報酬を加味するという方式などもみられる）。

　もっとも，一般の法律事務所では，業務の中心が訴訟事件であることもあり，着手金および成功報酬の方式によっているところが多いであろう。着手金および成功報酬の方式を，コストプラス方式の価格算定の観点でみると，どのように考えられるであろうか。当該事案についてどの程度の時間を要するかということと，勝訴の見込みをある程度的確に見通すことができるのであれば，着手金・成功報酬方式でもコストプラス方式を踏まえた価格算定が可能であろう。たとえば，1件の訴訟事件が1年で終了すると見込み，受任から判決までに要する打ち合わせ・文書作成などのために，1単位3時間として，仮に10単位（30時間）を要すると見込んだとすると，1時間1万9000円で算定して57万円と試算できる。これを着手金と報酬に分けるとすれば，弁護士は少なくとも経費（前記の例では1時間あたり9200円程度の経費がかかる）の回収は必ずしなくてはならないから，28万円程度は着手金として受領することとしたいということになろう。しかし，成功報酬も回収できるのであれば，これでよいかもしれないが，必ずしも勝訴するとは限らない（成功報酬を得られない）とすると，着手金ベースでももう少し高い金額が得られる事件でないと，前記のような経費を事務所にかけ，前記のような生活費を稼ぐ弁護士業務は営めないということになろう。しかも，57万円程度の収益の上がる事件を年間67件くらい獲得し

処理（着手から勝訴判決獲得まで）しないと，前記のような年間収益を得ることができない。

ただ，ここで重要な点は，以上のような試算は，あくまでも事務所の運営に年間 2207 万円の経費をかけ，所得として 1701 万円（粗収入は 3793 万円）を年間で得る，そのための仕事を獲得し平均で週 50 時間程度働く，という場合の計算であることである。事務所経費や弁護士自身の所得をもう少し低く見積もれば，稼働時間を減らして時間的な余裕を持つことや時間あたり単価を低くすることも可能になってくるであろう。

シルツ教授は，米国では法律専門職が大きな悲しみに支配されているという。その中心は，（特にエリート法律事務所で）弁護士たちが高額のタイムチャージを稼ぎ金銭的な成功を収めることばかりを追求し，その過程で，家族や友人と過ごすこと，世界のことを学びその知識を活用すること，公共の利益に奉仕すること，そして若い人の善き指導（メンタリング）をすることなどが脇に押しやられてしまっていて，幸せで健全な職業としての展望が見失われている点にあると指摘している。そして「弁護士は何が幸せな人生であるかをよく考えるべきである」とし，「弁護士はある時点で，収入がどれだけあれば満足かを自問する必要がある」と警告している（Schiltz 1998, p.787ff）。これは 1998 年時点での論考であるが，その中で年間 2250 時間分のタイムチャージを請求して 15 万ドルを稼ぐ弁護士が，請求時間を 1800 時間に減らして稼ぎが 12 万ドルになることを想定した場合，450 時間余分に働き 3 万ドル余分に稼ぐことが，本当に幸せなことだろうかと，問いかけている。前にみた日本の 2000 年の実態調査では，弁護士は年間で平均的に 2500 時間を超える過酷な労働をして，1700 万円超もの高額な平均的所得を得ていることが示されている。日本でも，このような問いかけに耳を傾けることが重要になってくるのではなかろうか（大沢 2006 は，先進国で仕事と生活のバランスのとれたワークライフバランス社会がめざされていることを指摘し，労働経済学の観点から所得と時間のバランスを図る必要性を説いている）。

Ⅵ　コンティンジェント・フィーと固定低額制

　正義へのアクセスは，実際上は弁護士へのアクセスがどのように保障されるかによって，その質が大きく左右される。弁護士報酬は，そのあり方いかんで利用者による弁護士へのアクセスの障害や促進要因になるのであり，正義へのアクセスの死命を制するといっても過言ではない重要性を有する。この点はすでに前に概観したが，本節ではもう一度視点をはじめに戻し，コンティンジェント・フィー（全面成功報酬制）と固定低額制に焦点をあてて，検討したい。

1　コンティンジェント・フィー

　コンティンジェント・フィーは，米国で人身損害の賠償事件に盛んに利用されている（小島1974。特にコンティンジェント・フィーの盛行について72頁以下，コンティンジェント・フィーの問題点と規制について174頁以下。なお，刑事事件や離婚などについては，コンティンジェント・フィーは禁じられるのが一般である）。米国でもタイムチャージ方式で報酬を支払うことができるのは企業を中心とする依頼者層で全体の10％にも満たず，残りの90％超はコンティンジェント・フィーによっているという（Toothman＝Ross 2003）。実費も弁護士が立て替えることが多いし，場合によっては生活に窮している依頼者の生活費まで弁護士が面倒をみることもある。日本でも最近，交通事故などで着手金をとらず，全面的に成功報酬によることを表明している法律事務所が出現していることは前にみたとおりである（また，日本でもＷｅｂサイト上で，依頼者に生活費の貸付けもしている旨述べている弁護士もいる）。

　米国の映画『エリン・ブロコビッチ』や『シビル・アクション』はいずれも，企業の排出した有毒物質による水質汚染により癌を患った多数の被害住民の救済に弁護士が乗り出した実話に基づく事件を描いているが，弁護士報酬はコンティンジェント・フィーによっている（映画の中では，回収額の3〜4割が報酬とされている）。

　『エリン・ブロコビッチ』では，無一文で法律事務所に押しかけて事務員になったエリンが優秀なパラリーガルとして活躍し，弁護士を動かして多数の住

民の被害救済を実現し，コンティンジェント・フィーにより弁護士に莫大な報酬をもたらす。エリンもまた，多額のボーナスを事務所から与えられるという，ハッピーエンドな物語である。

これに対して『シビル・アクション』では，主人公の弁護士は人身傷害を専門とし，懲罰的賠償制度と陪審制度のもとで，数々の事件で被害者から企業に対する莫大な損害賠償請求に成功し，コンティンジェント・フィーにより多額の報酬を受けて法律事務所（映画では弁護士3人とスタッフで運営している事務所）を経営してきた，売れっ子の弁護士である（映画のはじめのシーンでは，陪審による裁定直前のぎりぎりの和解交渉で加害者側代理人から莫大な金額が提示され，成約する場面が描かれている）。この水質汚染の事件では，主人公ははじめ乗り気でなかったが，被害の実態を知るにつれて熱心に取り組むようになり，コンティンジェント・フィーにより本格的な弁護活動を開始する。しかし，原因や因果関係の究明のため，地質学の専門家などに委託する調査費用が億単位の莫大な金額にのぼり（これらはコンティンジェント・フィーを約した弁護士の負担である），最終的には主人公の弁護士らの事務所はすべての財産をつぎ込んで破産状態に陥ってしまう。弁護士は，エリン・ブロコビッチとは180度反対の悲惨な結果に陥っており，コンティンジェント・フィーの厳しさが描かれている。この『シビル・アクション』は米国のロースクールでは，教材として利用されているということである。いずれの映画でも，コンティンジェント・フィーにより公害の被害者が弁護士による法の救済を安心して求めることができることが，描かれている。

なお，米国では近時，企業が弁護士から請求される莫大なタイムチャージを回避するために，コンティンジェント・フィーを利用する傾向もみられるという。また，被告側の弁護士報酬を当該訴訟で軽減することができた金額を基準にして算定するリバース（逆）・コンティンジェット・フィー方式が用いられることもある（Toothman = Ross 2003）。

日弁連の『弁護士報酬ガイドブック』（前掲）は，コンティンジェント・フィーについて，次のように述べている。「コンティンジェント・フィー（完全報酬主義）の採用も可能ですが，『訴訟をギャンブル化させない』という視点から従来は許容されていなかっただけに，今後も慎重な取り扱いが必要です。

著しく高額な報酬契約は『弁護士の品位を害する』と認定されることもありますので，ご注意ください」。前述のように，日本では回収額の4割の成功報酬の約束をした事案について，過剰請求として懲戒処分がなされたケースがあるが，米国では必ずしも違法とはされていないようである（米国では25％ないし33％とされることが多く，43％が認められたケースもあるが，50％となると消極的見解が多いものの，場合によっては認められることもあるという。Toothman = Ross 2003）。コンティンジェント・フィーの採用にあたっては，依頼者との間のインフォームド・コンセントが重要であり，勝訴や回収の見込み，コンティンジェント・フィーによらない場合の報酬の方式と試算，ADR等による早期解決の可能性と範囲などについて，依頼者に十分情報を提供し，納得を得ておくべきであろう。弁護士は，コンティンジェント・フィーが正義へのアクセスの促進に貢献することを踏まえつつ，依頼者や事件をめぐる個別の事情も十分に考慮して，適切な報酬契約を結ぶべきであろう。具体的には，依頼者が支払わずにすむ（弁護士が負担する）範囲，当該事案でコンティンジェント・フィーを取り決める背景・理由（依頼者の経済状態，置かれている立場，能力，弁護士側の状況，事案の類型，困難性など），また，具体的な報酬割合や金額，旧標準報酬規程の定めとの比較，ゴーイング・レート，懲戒事例，裁判例などを考慮することになろう。

2　固定低額制

弁護士のワークロードと成果がある程度予測できる種類の事案については，弁護士報酬を固定化し，またパラリーガルやコンピュータなどの自動化装置を活用することによりコスト・ダウンを図り，弁護士報酬の低額化をめざすことができるであろう。前にみた個人破産事件（同時廃止事案）での固定低額制も，その実例といえよう。離婚事件の着手金を固定金額で表示している例もこれに該当するといえるが，ただ，離婚の例は事件解決の結果に対する報酬金が成果に応じて異なり得ることを前提にしており，完全な固定低額制とはいえないであろう。

米国では，このような固定低額制とその広告が問題とされた裁判例がある。いわゆるベイツ事件（米連邦最高裁1977年6月27日判決）である（山口2004：5

頁以下）。ベイツらは弁護士登録後，2年程度の弁護士であったが，中産階級の人々に合理的な低価額で法的サービスを提供することをめざして，リーガル・クリニックを開設した。低価額のサービスで法律事務所を運営するには，大量の事案の依頼を受ける必要があるため，ベイツらは，パラリーガルや自動タイプライターなどの活用を図るとともに，争いのない個人破産事件，争いのない家事事件などについて，固定低額の報酬でサービスを提供する旨の広告を新聞に掲載した。これが，弁護士の広告を禁止するアリゾナ州の規則に違反するとして，弁護士会がベイツらに懲戒処分を行った。ベイツらはこれを争い，最終的に連邦最高裁判所はこのような広告が消費者にもたらす積極的な効用を重視して，ベイツらを支持する判決を下したのである。ベイツらが考えて実行した固定低額制は，利用者に合理的な金額での法的サービスへのアクセスを可能とするものであり，日本でも前記のような実際例が出現してきており，今後そのような例が増加するのではないかと思われる。

Ⅶ 弁護士報酬と利用者のマッチングをめぐる新たな胎動

　弁護士報酬は自由価格制に移行し，弁護士人口も増加してくる中で，弁護士間の競争が始まり，旧来の殿様商売のような対応からの脱却が求められるようになってきた。コストプラス方式で報酬額を決めることができるのではなく，競争という第三の要因を考慮しなければならなくなったのである。本章のはじめで紹介したＷｅｂ広告なども，弁護士報酬の新しい方向性を模索する試みであろう。これらに加えてさらに，次のような興味深いシステムなどが動き出していることもみておきたい。

　1つは，「弁護士ドット・コム」というインターネット・サイト（http://www.bengo4.com/index）である。このサイトは弁護士が設立運営にあたっているようである。このサイトでは，弁護士を利用したいと希望する者と利用者にサービスを提供したいと希望する弁護士が，このサイトに登録をする。このサイトをプラットフォームとして，登録弁護士による一括無料見積りサービスや有料法律相談サービスが提供される。借金問題，交通事故，離婚，顧問弁護士探しなどのカテゴリーが設定されており，見積りを希望する登録利用者がネッ

第 12 章　弁護士報酬と倫理

ト上で事案の概要を書き込むと（もちろんセキュリティエリア内），最大5名の登録弁護士から無料で処理方針と弁護士費用の見積りが提示され（顧問弁護士探しのカテゴリーでは最大10名の弁護士とされる），利用者はそれらを比較検討することができる。依頼するかどうかは当然，利用者の自由である。2007年5月27日現在の登録弁護士数は320名であり，見積り依頼件数は1964件に達しているという（対前年比で倍を超える伸びを示している）。

また，法律相談については，利用者が2000字以内で相談の内容をＷｅｂ上の相談フォームに記入して送信すると，その内容をみた登録弁護士の中から希望者がその相談に回答を寄せる（回答期間5日）。相談報酬は一律3150円とされ，クレジットカード決済などによりこのサイトが回収代行し，相談弁護士に支払われる。

この種のシステムに関しては，それ自体が非弁活動にならないか，あるいは，利用する弁護士が非弁提携・報酬分配をすることにならないかなどの問題があり得るので，慎重な対応が必要であろうが（弁護士ドット・コムはこれらの問題点について十分に検討し，そのような疑念が生じないように仕組みを考え運営しているということであり，当初，登録弁護士に課金されていたシステム利用料が現在では廃止されているのも，ひとつの対応という側面があろう。），インターネットがもたらす幅広いニーズの相互マッチング機能が法律業務の分野にも浸透することを通じ，弁護士への利用者のアクセスを促進することは間違いないであろう。弁護士はこのシステムのもとで競争を展開し，利用者は複数の弁護士の見積りや評価（登録弁護士に関する利用者の声の提供もなされている）を比較検討できるのであり，自由価格制がインターネットの力を借りて，いわば可視化されて運用されるものといえよう。今後の展開が注目される。

もう1つは，日本プロ野球選手会の公認代理人登録制度（http://jpbpa.net/jpbpa_f.htm? convention/index02.htm）である。プロ野球選手会は，「選手会公認代理人として登録した者のみ選手の契約交渉における代理人となる」ことを認めており，そのための登録制度を公開しているのである。選手会は代理人報酬ガイドを定めて弁護士報酬の目安を示しており（http://jpbpa.net/convention/guide.pdf），公認代理人になりたいと希望する弁護士は，このガイドを読んで了解した上で，登録申請をする。このシステムでは，依頼者候補側から弁護士

報酬のガイドラインが提示され，それを了承する弁護士側から依頼者候補に対して名乗りを上げ，その後の協議・検討・評価を経て，依頼者側が弁護士を選定するということになる。これも従来の，弁護士が依頼者を選定するという方式を逆転するものであり，今後，このような方式が一般の依頼者（特に企業）による弁護士選定の手法として採用される可能性もあり得るのではないかと思われる。

Ⅷ　弁護士のアキレス腱——お金

　本章を閉じるにあたり，ひとりの元弁護士の物語をみておきたい。

　「Aは弁護士になり，2年ほど勤務弁護士として就労した後，B弁護士会に登録替えをし，B市内に法律事務所を開設して，独立して弁護士業を始めた。当初はお盆や年末年始にも休みをとらず，弁護士会の事務局に顔を出し，相談に来た客から事件を受任するなど，熱心に弁護士業務を行い，そのため，客が客を呼ぶといった状態で依頼を受ける仕事も増えていき，数年後には，月の粗利益が100万円，貯蓄額も1000万円を超えた。そこでAは，金融機関から約5000万円を借り入れて高級住宅街に自宅を購入した。弁護士業務も非常に順調に推移し，そのころから，顧客からの誘いをきっかけにB市のラウンジなど歓楽街で遊ぶようになり，数年後には，お座敷遊びをするようにまでなった。しかし，その後糖尿病を発病してしまい，歓楽街での遊興をやめて，代わりに，ゴルフに入れ込むようになった。Aは，一生懸命働いて，顧問先も20件以上獲得し，弁護士になったときからの念願であった1億円の預金額を有することも達成した。そして，金融機関から約1億5000万円の資金を借り入れ，B弁護士会の弁護士で初めて自己所有の事務所ビルを建築するなど，順風満帆の生活を送っていた。もっとも，Aは，以前から，事務所経理において，着手金や弁護士報酬といった弁護士が自由にその金員を使うことのできる口座と，顧客の預り金を入金し弁護士といえども自由に使うことのできない口座とを分離することを怠っており，そのため，自分の小遣いや後記の借入金の返済等，私用のための出金も，これら預り金を入金している口座から事務員に指示をして引き下ろさせたり，事務所内の金庫に入っていた現金を持ち出して使ったりする

など，弁護士業務の経理と個人的な使途金とを区別せず使っていた。ところで，Aは，付き合いでゴルフ会員権を購入したことをきっかけに，その後も知人らから勧められるがまま複数のゴルフ会員権をローンを組んで購入した。そして，かねてからステイタスシンボルと考えていたゴルフクラブに，同クラブの入会資格である40歳になったら入会することを望んでおり，その年齢を迎えた年，Aは同クラブの株式を数千万円で購入し，さらに同クラブに入会できるための実績作りのために，同クラブ系列会社等のゴルフクラブ会員権を買い始めた。その後もAのゴルフ好きを知った顧客や取引銀行から，さらにゴルフ会員権の購入を勧められ，断りきれずに数百万円から数千万円もの複数のゴルフクラブの会員権をローンで購入していった。他方，Aは，ゴルフ熱が高じるにつれて仕事はおろそかになり，時には放置することもあった。また，事務所ビルを取得したころ常勤の事務員を4名抱えるに至っており，その人件費だけで事務所経費の5割から6割を占めるなど，事務所経営を逼迫するようになっていた。その後，長引く不況のため，Aの仕事は減り始め，事務所経費や借金の返済に悩むようになり，Aは少しでも多くの事件を受任でき，依頼者も事件を依頼しやすいようにと考えた結果，着手金は取らず，受任した事件が成功して経済的利益が出た場合に，その何割かを報酬としてもらうといった成功報酬制を導入するようになった。しかし，成功報酬制では事件が終結するまで金銭を得ることができなかったので，資金を預かるための口実として，Aは，顧客に対し，供託金名目で多額の金員を預かることができる保全処分を，その必要性や有効性を検討することなく勧めるようになるとともに，事件の詳細を検討することなく相談者から安易に依頼を受け，法律的に無理があると思われた事件等を数多く受任することにもなり，依頼者の満足する結果が得られないことをA自身認識していたため，いきおい事件を放置することも増え，ますます報酬を得ることができなくなっていった。Aは金融機関から融資を受けることも難しくなり，企業も不景気からAとの顧問契約を解除するようになったため，Aの収入は，さらに減少していった。Aは，事務所の売上げの粉飾決算までするようになった。Aはゴルフ会員権購入のための借入金返済や高額の生命保険の保険料の支払い，その他自宅および上記ビルの建築費用等のための借入金の返済を含めて毎月合計で数百万円を支払わなければならなかったが，このような多額の

支払いをするに足る収入はなくなっていた。Ａは，精神的に追いつめられ，仕事が手に付かなくなり，さらにゴルフや酒食に逃避するようになっていった。このため，土日はもちろん，平日にもゴルフをするようになり，また，高級割烹料亭や寿司屋等による外食も週に3日から5日にのぼり，それらの支払いだけでも月百数十万円にもなり，さらに経済的な苦境に立つようになっていった。」

いささか長文の物語であるが，これはフィクションではない。業務上横領・詐欺の罪で懲役6年4月の実刑判決を受けた弁護士の，実際の生活だったのである（奈良地判平成15・3・24判例集未登載）。われわれは，この物語を単に嘲笑することはできない。われわれも，自分の足元を見てみたら，大きな落とし穴の淵に立っていたというような経験をする可能性があるであろう。

お金は弁護士のアキレス腱である（Toothman ＝ Ross 2003）。お金への対処の仕方が，弁護士の善い仕事，善い生活を左右する大きな要因になるのである。このケースには，弁護士とお金をめぐる様々な問題点が含まれている。学生諸君は，このケースから学ぶべき教訓について，話し合ってみられたい。

【引用・参考文献】
大沢真知子（2006）『ワークライフバランス社会へ』岩波書店
大野正男（1972）「弁護士の職業的苦悩」判例タイムズ 269 号
小島武司（1974）『弁護士報酬制度の現代的課題』鳳舎
小島武司（1981）『弁護士——その新たな可能性』学陽書房
ヘルマン・サイモン＝ロバート・J・ドーラン〔吉川尚宏監訳〕（2002）『価格戦略論』ダイヤモンド社
高橋保治（1996）「弁護士倫理の再考（下）」時の法令 1535 号
高柳一男（2005）『エンロン事件とアメリカ企業法務——その実態と教訓』中央大学出版部
田中英夫（1973）『英米の司法』東京大学出版会
日弁連ヨーロッパ調査団報告（1990）『ＥＣ4カ国の弁護士制度と外国弁護士受け入れ制度』
J・ハー〔雨沢泰訳〕（2000）『シビル・アクション——ある水道汚染訴訟（上・下）』新潮文庫
山口繁（2004）「リーガルプロフェッションの行方（その2）」法の支配 134 号
吉原省三監修（2005）『ガイドブック弁護士報酬』商事法務

Patrick J. Schiltz (1998), Legal Ethics in Decline: The Elite Law Firm, the Elite Law School, and the Moral Formation of the Novice Attorney, Minnesota Law Review vol.82, No.3

John W.Toothman, William G. Ross (2003), Legal Fees, Law and Management, Carolina Academic Press

【大澤恒夫】

第13章
刑事弁護人の役割と倫理

I 刑事弁護における倫理
　　――民事弁護の場合とは異なる特有の倫理問題があるか

　弁護士が法令および法律実務に通じた専門家（弁護士法2条）として，「基本的人権を擁護し，社会正義を実現することを使命とする」（同法1条1項）ことは，刑事事件でも民事事件でも共通である。また，職業としての法律家にとって，「全ての倫理上困難な問題は，法律家の依頼者に対する責任，法制度に対する責任，及びよい生活ができる収入を得つつ，倫理的人間でありたいという法律家の個人的利益に対する責任の（三者）の間のコンフリクトから生ずる」（ＡＢＡ2004年模範行動規則[1] 前文9項）という一般的認識は，民事弁護のみならず刑事弁護の場合にも妥当する。本書においてこれまで論じられてきた，弁護士の職務上の倫理としての誠実義務，守秘義務，その他の依頼者との関係のあり方，真実義務，裁判所を含む公的機関との関係のあり方，相手方や他の弁護士との関係のあり方，さらには報道機関との関係のあり方なども，基本的に刑事弁護の領域でも妥当する。

　しかし，刑事手続での弁護人の職責の内容の特殊性に照らして，その職責の果たし方，被告人・被疑者（以下両者を総称していうときは「被告人等」と略する）との関係のあり方，裁判所や捜査機関に対する緊張関係などには，民事事件における「代理人」の場合にはみられない，特有の要素がある。これに応じて，刑事弁護には，民事弁護の場合には通常存在しない，あるいは少なくとも民事弁護の場合とは検討の軸が一致しない，刑事弁護特有の重要な倫理問題が存在

---

1) ABA Model Rules of Professional Conduct 2004 Edition, 翻訳は筆者，以下同。

する。

　第1に，刑事事件における被告人等は，強大な権力で迫ってくる捜査・訴追機関に対峙して防御しなければならないという，極めて困難な立場にある。弁護人はその被告人等のために弁解・弁明を尽くし，裁判所に対して適正な事実認定と法の適用を求め，かつ刑事手続のあらゆる段階において法に定めた適正な手続と被告人等の権利保障が履行されることを求め続ける職責を有する[2]。この職責をまっとうするために，弁護人は被告人等の手続上および実体法上の権利および利益を守る方向で，最善の弁護活動に努めるべきものとされている。また，その活動は被告人等の指示に従う「代理人」の立場にとどまらず，むしろ積極的な「保護者」としての最善の弁護活動でなければならないとされている。これは，主として刑事弁護における「誠実義務」の側面である。

　第2に，弁護人は，被告人等につき一般的に認められている刑事手続上の基本原則，たとえば無罪の推定の原則，有罪認定における「合理的な疑いを容れない」高度の証明の原則，黙秘権の保障の原則などを前提として，被告人等のための防御を行うのであるから，これらの諸原則を必要としない民事手続の「代理人」とは異なる行動規範ないし倫理規範が問題となる。

　第3に，弁護人は，捜査，訴追機関および裁判所に対して批判的な視点から対峙することが任務である。その活動は四面楚歌，丸腰状態にある被告人等のための唯一の防盾，先鋒として，実質的には闘争的態様をもって遂行される[3]。法曹資格を有する当事者同士の関係とはいえ，国家権力の体現者との関係でそのような闘争的態様をとるのであり，民事の代理人の場合とは異質な厳しい緊張感にさらされる場面が少なくない[4]。また，犯罪者を非難する「世論」の圧

---

2) 文明国における刑事手続は，このような弁護人の活動の機会を実質的に保障することなくしては「公平な裁判」を標榜して正当性を主張することはできない。弁護人の存在とその果たすべき職責は，ことあらためて憲法の条文その他の実定法上の根拠の有無を論ずるまでもなく，刑事手続の本質に由来する事柄というべきである。
3) 団藤1967：115頁は，弁護人は「妥協的なそれではなく，いわば闘争的な」形で刑事司法に協力する任務をもつと指摘している。ただし，「闘争的」であるということは，あくまでもその内容・実質において「闘争的」ということである。言葉づかいや振る舞いという外見において「けんか腰」あるいは「怒り」をアピールすることを当然に意味するものではない。外形的には「闘争的」でない慇懃な態度をとりながら，内容においては遠慮のない「闘争性」を貫く弁護方法も有力な弁護方法の1つである。

力は，これを「弁護」する者に対しても及ぶ。そのようなプレッシャーのもとで，臆さずに言動を展開して被告人等のための防御をまっとうするためには，弁護人の任務に対する確信と，強い倫理的自覚が必要である[5]。

　第4に，弁護人の活動については，その職務上の権限の行使の内容と限界につき，弁護人の自律的判断，すなわちプロフェッショナルとしての専門知識・技能と弁護士倫理を踏まえた自己裁量の領域にまかせられている領域が存在する。そこでは弁護士の活動に対して法令あるいは官憲による介入ないし規制が退けられている場面が存在する（たとえば秘密交通権の保障など）。刑事訴訟制度における防御権保障の実質的な実現のためには，そのような弁護士に対する「信用」を前提とする制度の維持およびその運用が円滑に行われ，さらに発展することが必要不可欠である[6]。弁護人の職務遂行にあたっての適正な自己規律（倫理）の保持は，健全な刑事手続を築いていくための生命線なのである[7]。

　第5に，被告人・被疑者に対する国選弁護制度という，刑事手続特有の制度における倫理問題がある。私選弁護の場合でも，国選弁護の場合でも，弁護人の使命および職務遂行のあり方に差はない[8]。しかし，その任免権者が裁判所であるという点から，たとえばその進退のあり方や依頼者との間の経済関係のあり方などの面で，私選の場合とは異なる（より厳しい）倫理問題が発生する

---

4) 「逆らうと報復として被告人・被疑者に不利益なこと，意地悪なことをされるのではないか」といった類の心配に悩まされることのほかに，対立の経緯次第では，弁護人個人に対する刑事事件の立件（たとえば偽証や証拠隠滅の教唆等が立件される例がある）あるいは弁護活動に対する制裁措置（たとえば懲戒請求あるいは刑訴法295条3項の措置請求や，法廷等の秩序維持に関する法律による制裁など）が加えられるリスクさえ覚悟しなければならない場合がある。

5) この点，刑事弁護人のもつべき精神構造は，その天職（calling）に対する確信をもって世俗的権力や「世間」の圧力に対峙するという点で，ある種の信仰者に類似したものを含むことになると，筆者は考える。

6) 前記ＡＢＡ規則前文11項には，「法律家がその専門家の職業上（calling）の義務に適合しているところでは，政府による規制は避けられる。自己規制は法律専門家の政府権力の支配からの独立の保持を助ける。独立した法律専門職の存在は，政府が法の支配のもとにあることを維持するうえで重要な力である。」との指摘がある。弁護士の職務のあり方に対する「信用」が裏切られたとする評価が一般化するときは，弁護士が長年の努力により獲得してきた弁護人の自律的な行動と自主的判断に委ねられてきた領域に対する政府による規制の介入をたやすくする。その場合，刑事弁護は逼塞させられ，法の支配も揺らいでいくのである。

余地がある。

　以下本書では紙数の都合もあり，上記第1および第2の問題を中心に，刑事弁護における倫理問題を論じることとする。

Ⅱ　刑事弁護における誠実義務について

1　刑事事件における弁護人の職責の特質と誠実義務の関係

　一般に弁護士の業務に関して説かれる「誠実義務」の内容としては，民法上の受任者として一般に要求される善良なる管理者の注意義務（善管注意義務）を当然の前提としつつ，依頼者の利益を図るためにこれを「誠実」（弁護士法1条2項）に遂行するという要件が加重された，高度の注意義務であると理解するのが一般的である。依頼者の利益を擁護するための，依頼者に対する関係での「誠実義務」であり，これを「忠実義務」と読み替えれば，その本質が理解しやすい。しかし，それだけでは刑事弁護における誠実義務の説明としては十分ではない。

　刑事事件で「依頼者」[9]である被告人等は，自らが捜査・訴追の目的（「まな板の上の鯉」）とされ，自らの身体の自由や生命を剥奪される危険の淵に立ち，自らが直接糾問され，勾留等で身柄を拘束され，社会的生命まで脅かされた上に外部の情報から遮断され，焦燥と不安の募る状態に陥っている。実質的には

---

7) たとえば，拘禁されている被告人あるいは被疑者と弁護人の間で交換される信書に対して行われる検閲制度の廃止などは制度上の課題であるし，接見指定や証拠開示の運用の改善なども重要課題であるが，当局者の弁護士に対する不信用の感覚が，それらの解決を阻害する要素となっていることに注意すべきである。平成18年改正後の刑事収容施設及び被収容者等の処遇に関する法律においても，勾留中の被告人等と弁護人の間で交わされる信書に対する検査は廃止されず，制度として残された。平成16年改正により検察官開示証拠につき弁護人による「目的外使用」を禁止する規定（刑訴法281条の4・281条の5第2項）が新たに設けられたが，これも本来は弁護人の良心と自主的規律に任せるべき，まさに弁護士倫理の領域で対処されるべき事柄であると思われる。そのような新たな防御権の制約要素となるような立法を正当化させるような，一部の心ない弁護人あるいは軽率な弁護人の実例が過去に存在したのである。

8) 万一にも，国選弁護として担当した被疑者や被告人の人間性に対する嫌悪感や国選弁護の報酬の低廉性を理由に「手抜き」弁護あるいは「報酬相応のサービスにとどめる」ことを自らに許してはならない。

訴訟能力が著しく欠けており，孤立した状況の中で防御に疲れて絶望し，身に憶えのないことであっても「有罪」を認めることにより早期の事件終了を望むことさえある。刑事弁護人が，依頼者の単なる「代理人」あるいは利益の代弁者に止まらず，「保護者」としてより積極的に，場合によっては依頼者から求められている事項でなくとも，被告人等の防御の利益およびその権利を擁護するために進んで，最善と考えられる活動をしなければならないことの実質的理由がある[10]。

2 「最善の弁護活動」

刑事手続においては，被告人等は有罪の裁判が確定するまでは無罪と推定され，防御のために事実を争い，自己により有利な訴追上の決定（起訴よりは不起訴）あるいは自己に有利な判決（有罪よりは無罪，実刑よりは執行猶予，重い刑よりは軽い刑）を受けることを求めて，それに必要な訴訟上の行為をなす権利を有する。また，刑事手続が法の定めた適正な手続のもとで行われること，および不当な身柄拘束から解放されることを求める権利を有する。

これを踏まえて弁護人は，被告人等にとって何が最善の防御方針であり，そのために具体的な訴訟行為として何を選択するべきかにつき検討し，被告人等と誠実に協議し，助言する。被告人等の立場にとって不利な主張・立証の効果を極小とすべく，捜査・訴追側がよりどころとする証拠に対して弾劾と反証その他必要な訴訟行為を行い，反論を行う。他方，被告人等に有利な方向で，無

---

9) 刑事弁護における依頼者は，被疑者あるいは被告人であって，その選任者あるいは弁護料負担者ではない。弁護人が考慮すべきは被告人等の防御上の権利・利益の擁護であって，選任者や費用負担者の要求（たとえば社員の刑事事件の弁護を会社に依頼された弁護士が，その上司が関与した事実を隠蔽してその被疑者等が１人で被ることを暗に求められるようなこと）を優先し，被告人等の利益を害する弁護活動をすることは許されない。また国選弁護の場合は，「選任命令」により就任し，費用負担者も国であるが，いったん選任された以上は，ただひたすらに被告人のための防御の観点から身を処すべきであり，裁判所その他の国の機関の意向あるいは「社会感情」にいささかでも遠慮して，なすべき弁護活動を怠ることがあるとすれば，これも恥ずべき義務違反である。
10) これに応じて刑訴法は弁護人に被告人等のなし得る訴訟行為のすべてにつき包括的代理権を与える。上訴申立権や忌避申立権など，被告人等の黙示の意思に反していても行使し得るものを定めるほか，勾留取消請求，保釈請求，証拠調請求など，被告人の明示の意思に反していてもなお，被告人等の利益のために行使する権限さえ認めている。

実の主張あるいは有利な情状主張のための資料を調査収集（被告人等側の証人の確保や情状を有利にするための示談行為を含む）して必要な事実の主張・立証を行うとともに，最大限有利な法の適用（場合によっては憲法違反の主張を含む）を主張する。

　被告人等が特に争う意思を明示しておらず，あるいは被告人等の立場からは主張しにくい問題についても（むしろそういう場合こそ），弁護人は問題となる被告人等の利益，関係証拠の実態などから判断して必要と判断するときは，その利益を擁護する方向で活動するべきである[11]。また，被疑者・被告人の利益のために法的に認められている手続上の申立て等を行うとともに，不当な身柄拘束から被告人等を解放し，あるいは弁護権侵害の排除や違法な捜査の中止・抑制を求めるための活動にも奮闘する[12]。

　このように弁護人は，依頼者である被告人等の意思（依頼の趣旨）を尊重しつつ，客観的に被告人等の利益および権利を擁護するための保護者として，最高の弁護活動を提供するよう努める[13]。

　この意味での誠実義務は，弁護人の最も本質的な義務である。
日本弁護士連合会の弁護士職務基本規程は「刑事弁護における規律」の章の冒頭において，「弁護士は，被疑者及び被告人の防御権が保障されていることにかんがみ，その権利及び利益を擁護するため，最善の弁護活動に努める」（46

---

[11]　司法研修所編 2006 は，「弁護人が被疑者・被告人にとって有利な事情を主張したり，証拠を収集し，立証を行ったり，被疑者・被告人の利益のために法律に定められた申し立てを行うことは，基本的に被疑者・被告人の意思にかかわらず許される」（65頁）とする。

[12]　弁護士職務基本規程47条は特に，「弁護士は，身体の拘束を受けている被疑者及び被告人について，必要な接見の機会の確保及び身体拘束からの解放に努める」と定めている。不当あるいは長期の身柄拘束は，被告人等の防御権行使と弁護活動の実質化を困難ならしめ，またいわゆる「人質司法」の弊害を生む，最大の要因である。身体拘束中の被告人等との接見の確保のための努力および適正な保釈実務の実現は，適正で公平な刑事手続の構築のためにも不可欠であり，すべての弁護士が受任事件を通じて意識的に取り組むべき課題である。

[13]　たとえば死刑判決を受けたようなときには，弁護人は被告人が上訴の意思を明示していないときでも，念のため上訴期間内に上訴の手続をとっておくように心がけるのが相当な場合があろう。そのような場合でなくとも，重要な事実誤認や不正義があるとき，あるいは被告人の人権侵害が著しいようなときには，被告人等にこれを争うべき自覚がないときであっても，弁護人が積極的にこれを争って活動するべき場合がある。

条)と規定しているが，これも刑事弁護人に要求されている誠実義務が，被告人等の権利の保護者として要求される高度の注意義務を前提とするものであることを明らかにしたものと解される[14]。

ここでいう「最善の弁護活動」とは，当該弁護人の主観的評価としての最善ではなく，通常の弁護士間の評価として客観的に最善と認められるもののことを指すことはいうまでもない[15) 16)]。また「努める」とは，要するに「手を抜かないで」一所懸命に考え，かつ骨身を惜しまずに必要と信ずる行動をとるということである。

3 誠実協議義務と守秘義務

誠実義務を尽くすことと，誠実協議義務，守秘義務は切り離せない問題である。

(1) 誠実協議義務

弁護人が誠実義務を果たした弁護活動を行うためには，前提として被告人等

---

[14] 後述の最3小決平成17・11・29における上田豊三裁判官の補足意見も，「刑事訴訟法が規定する弁護人の個々の訴訟行為の内容や，そこから導かれる訴訟上の役割，立場等からすれば，弁護人は，被告人の利益のために訴訟活動を行う誠実義務を負うと解される」と指摘している。
　弁護人が被告人等の利益を擁護するために誠実に活動し，そのために検察官に対して（および時には裁判所に対しても）臆することなく，時には闘争的に論争を展開することは，司法の権威をおとしめることではない。むしろ逆に司法制度の機能を維持し，制度に対する国民の信頼をつなぎ止めるために重要な役割を果たすことなのである。

[15] 日弁連・解説2005：77頁。もっとも，何が「最善」であるかは，絶対的評価になじまない場合があるし，第三者にはうかがい知れない被告人等の秘密の問題もあり得る。弁護士が専門家として誠実に考え，判断した結論である限りは，原則としてその専門裁量性が広く認められるべきであろう。ただし，そのような専門裁量に対する尊敬を享受する者は，それと裏腹に他からの批判に対して謙虚に耳を傾ける「自己に対する厳しさ」が備わっていなければならない。

[16] 集団殺人事件を引き起こした某宗教団体の指導者が1審で死刑判決を受けた後，控訴審の弁護人が，被告人が心神喪失状態のため意思疎通ができないとして，被告人の訴訟能力はあると判断する裁判所の見解と対立し，控訴趣意書を差出期限までに提出しなかった例がある。そのため控訴棄却となり，被告人の死刑が確定した（最3小決平成18・9・15）。この弁護活動の是非については，種々論議があり得るが，誠実義務の観点からどう考えるべきかについても，問題となろう。

と弁護人との間で，防御方針と弁護方針をどうするか，何が被告人にとって利益であり不利なことなのか，また具体的な訴訟行為としてどのような内容を選択するかなどの点についてすり合せをし，必要があれば相手方を説得することを含め，率直で突っ込んだ協議の機会を十分にもつことが必須の要件である。誠実に協議する中で，信頼関係が培われ，それが誠実な弁護活動を促進するパワーを生み出す。誠実義務の大きな部分は，実はこの誠実協議義務が占めているのである。

(2) 守秘義務

被告人等と弁護人の誠実協議を可能にするための必須の要件が，弁護人の守秘義務の厳格な履行である。最も適切な防御方針と訴訟行為の内容を判断するためには，弁護人が被告人等から，不利な事実あるいは他人に秘していたい事実を含めた関係情報すべてを，被告人等の主観に基づく取捨選択を経ない状態でそのまま洗いざらい聞き出すことができなければならない。そのような対話が成立するためには，弁護人の秘密交通権の保障が必須であること（刑訴法 39 条 1 項参照）はいうまでもないが，それに加えて，本人が明かした秘密の一切が，その本人の承諾なく第三者に対して洩れることがないという，絶対の信頼が成立する必要がある。守秘義務は一般的にも弁護士業務の根幹である（第 4 章参照）が，刑事弁護においては，よりいっそう重要な中枢的義務である。被告人等の承諾なくその秘密を弁護人が他に開示することは，被告人の防御権を害し，弁護人の誠実な職務遂行を著しく困難ならしめることである。極めて例外的な場合を除き，原則として職務上の義務違反となると心得るべきである[17]。

---

17) 弁護士法 23 条の「職務上知り得た秘密」の保持義務について，「法律に別段の定めがある場合」のほか，「正当な理由」がある場合には秘密を漏らしても同法違反ではないと解釈されており，弁護士職務基本規程 23 条も「正当な理由」がある場合には例外的に依頼者について職務上知り得た秘密を漏示できる旨規定している。しかしたとえば，仮に弁護人が裁判手続における証人として供述する場合，被告人等の秘密につき本来適法に行使し得る証言拒絶権を行使しないときは，「正当な理由」は認められず，弁護士法 23 条に違反するという見解がある（日弁連・条解 2007：158 頁参照）。当然，弁護士倫理上も義務違反ということになろう。守秘義務が解除される「正当な理由」の例として，依頼者につき殺人等の人身被害に関する重大犯罪の企図が明確で，その実行行為が差し迫っている旨の秘密を弁護士が知ったときに，これを防止するために秘密開示を行うような極限的な場合が論じられることがある（日弁連・注釈 1995：90 頁）。

4 身柄解放努力義務

　制度上は身柄拘束中の被告人等と弁護人の間の接見交通権保障があるといっても、被告人等が身柄拘束されて常時官憲の監視と生活支配の下にあり、「捜査の必要」により接見の機会が制限され、接見時間もわずかしかとれない条件の下では、被告人等と弁護人との間の信頼関係に基づいた誠実な協議を行い、被告人の防御のために最善の方針と、そのためにとるべき訴訟行為の検討を満足に行うことはできない。また、不当な勾留、長期で終期の保障のない身柄勾留が、被告人等の防御能力を著しく奪う力となることに留意しなければならない。捜査段階での逮捕・勾留の抑制的運用、起訴後の早期保釈を求める弁護活動に努めることは（人権擁護の見地や無罪推定の理念からも当然のことではあるが）、誠実な弁護活動をまっとうする観点からも欠かすことのできない努力目標である（弁護士職務基本規程47条）。

5 具体的な設問を通じた考察

　以下、この誠実義務の考え方を、具体的な設問や事例を用いて検討しよう。
【設問1】　被告人が無理な無罪主張をしていると思われるときの弁護活動
　被告人が無実の主張や、あるいはより軽い罪が成立するにとどまる旨主張して事実を争う意思を示して、これに沿った弁護活動を求めているが、弁護人が記録その他の情報を検討した結果、被告人の主張が裁判所に受け入れられる可能性は皆無か、極めて無理であるとの「心証」をもったとき、弁護人はいかなる弁護活動をするべきか。
　このような場合に被告人のために無罪主張の弁護活動をなすべきことの根拠を、委任の趣旨に関する依頼者の意思を尊重して職務をなすべき立場（弁護士職務基本規程22条）のみに求め、「依頼者がそれを求めるから（弁護人自身は気が進まなくても）やる」という意味での義務履行の面のみに求めるのは適切ではない。
　刑事手続における被告人等の防御権は、客観的に無実の者や裁判の結果無罪判決を得るべき可能性が高いことが明らかな者に対してのみ保障されているわけではない。誰であっても、たとえ後日裁判により真犯人であると確定されるべき運命にある者であっても、事実を争い、自身に有利な判決を求めて各段階

において適切な方法で防御する権利および利益が等しく保障されなければならない。弁護人はこの権利および利益を擁護する職責を有する。

　無罪を主張する被告人が求める無罪判決を受ける利益の実現に矛盾したり，それに向けた被告人の弁解・弁明を否定する内容の弁護活動を行うことはできないと考えるべきである。

　そもそも，検察官の提示する証拠を根拠に被告人の主張を否定する弁護人の判断が常に正しいとは限らないし，弁護人が裁判所に先んじて被告人の弁解を頭から否定してしまったのでは，弁護に必要な被告人の信頼は得られない。弁護人の予断や個人的見解にとらわれず，被告人の主張する弁解や主張に謙虚に耳を傾ける。弁護人からも証拠状況と裁判の予想される展開を冷静に説明し，無実・無罪を主張することが防御として賢明ではないと信ずるときはその旨率直に助言し，誠実に協議するべきである[18]。

　その過程を経た上で，被告人がなおも無罪を主張する方向での弁護を求める場合には，弁護人はその言い分を訴訟上意味のある主張に翻訳して構成し，一部なりともそれを支持する証拠を提出・援用するなどして，可能な限り被告人に有利な事情を主張し，検察官立証の欠けている部分や弱点を指摘するように努めることが基本である。弁護人は，個人的な良心・倫理・信念・法律上の見解を優先させるのではなく，被告人等の防御上の権利・利益の擁護のために最善の努力を傾注しなければならない[19]。

　このことは，当該犯罪にかかる事件報道などからして，その被告人等が犯人であることが自明と思われるような場合であっても，同様である。間違っても，たとえば「被告人は否認しているが証拠上犯行の成立は明らかである」とか，被告人が争っている目的が引延し等にあるといった類の陳述や弁論をなすべきではない[20]。弁護人が被告人を裁いてはならないのである[21]。

　以上のことは全面無罪を主張して争う場合に限らず，たとえば，より罪の軽

---

[18] そのような誠実協議の過程を経ないで依頼者の求めるまま安易な選択を行い結果的に被告人等に不利な結果を招来することは，逆に誠実義務に違反する活動であると評価される場合がある。
[19] 司法研修所編 2006：65頁。
[20] 上告趣意書の中で，被告人上告の目的は前刑の執行猶予期間を経過させることにある旨述べて，懲戒された弁護人の例がある。

い犯罪の成立にとどまることとか，一部無罪を主張するような場合にも応用して考えることができよう。

> 【参考事例1】 最3小決平成17・11・29（刑集59巻9号1847頁） 殺人，死体遺棄の公訴事実について被告人が第1審公判の終盤において従前の供述（現場での犯行に加わった）を翻し全面的に否認する供述（自分は現場にいたが犯行に加わっていない）をするようになったが，弁護人は被告人の従前の供述を前提とした有罪を基調とする最終弁論をし，第1審判決はこれに有罪の判決を下した。この第1審の訴訟手続に，被告人の防御権ないし弁護人選任権侵害の違法があったか否かが最高裁で争われた。法廷意見は，弁護人の弁論の内容が従前の証拠関係と審理関係を踏まえて被告人に最大限有利な事実認定を求める主張である上に，供述を翻した後の供述も信用性が高い部分があるので十分検討するべきであると指摘していること等を指摘して，第1審の訴訟手続に法令違反はないとした。ただし，上田豊三裁判官の補足意見は，次のように述べる。「弁護人が，最終弁論において，被告人が無罪を主張するのに対して有罪の主張をしたり，被告人の主張に比してその刑事責任を重くする方向の主張をした場合には，前記（誠実）義務に違反し，被告人の防御権ないし実質的な意味での弁護人選任権を侵害するものとして，それ自体が違法とされ，あるいは，それ自体は違法とされなくともそのような主張を放置して結審した裁判所の訴訟手続きが違法とされることがあり得る。」（カッコの中は筆者が補った。）
>
> 【参考事例2】 東京地判昭和38・11・28（下民集14巻11号2336頁）
> 第1審で死刑判決を受けて控訴した被告人の弁護人が，被告人に面会して控訴理由についての言い分を聴取することもしないまま，記録を検討しただけで，控訴趣意書に「控訴の理由なし」「本件罪状を鑑みるとき死刑は止むを得ない」「その行為は実に戦慄を覚ゆる」「事実の誤認はない」などと記載するだけで，その他に必要な弁護活動をしなかった弁護人に対する損害賠償請求（原告は被告人）を認めた。問題の控訴趣意書は，刑集15巻3号の706頁（最1小判昭和36・3・30の末尾添付資料）に収録されている。

この問題に関連して実務上注意しなければならない事柄として，検察官請求書証に対する同意不同意の意見提出にあたっての被告人等の意思の確認の問題がある。

検察官立証の冒頭段階でなされる，検察官請求の供述調書その他の書証に対する被告人側の同意不同意の意見は，その後の審理の展開を決定的に左右する重要な訴訟行為である。本来被告人側に検察官提出書証に同意する義務はなく，

どの証拠を同意するかは，事実関係を争う方針との関係で合理的な判断をすればよいことである[22]。しかし実際には種々の事情から妥協して[23]，事実を争う方針とは必ずしも整合しない同意意見（被告人自白調書の任意性を争わないことを含む）を，次善の策として弁護人が検討せざるを得ない場合もある。そのような場合，その同意方針について被告人と協議しその理解を得るよう努めることが必須である。その了解を得ないまま弁護人が同意してしまうことは，被告人に不利益な訴訟行為を行うことであり，弁護人につき職務上の義務違反が成立する[24]し，結果として訴訟手続の違法を招く可能性もある[25]。

---

21) 経験の浅い若い弁護士に限らず，長く裁判官や検察官を務めた後登録した弁護士にも，国選弁護事件などで被告人を客観的に裁いてしまう心情が訴訟行為の中に表現される例がみられる。注意が必要である。
22) たとえば検察官の請求する被害者の供述調書に同意しないでその証人尋問をさせるかどうかといった微妙な問題も，その調書に同意して反対尋問を経ないことによる防御上の不利益の程度・内容はどうか，他方尋問を実施することが被告人等の求める有利な判決を獲得する上で有効か，あるいはかえって不利な結果にならないかという，被告人の防御上の利益の観点から，その不同意の対象，範囲等を合目的的に判断するべきことである。それ以外の事柄（たとえば世間や被害者支援グループから寄せられる非難，裁判所や検察官から受けるかも知れない迷惑顔あるいは冷笑，自らの骨惜しみ等）に気兼ねして，被告人の防御上の利益を犠牲にするべきではない。
23) たとえば早期終結を求める被告人側の事情の考慮，保釈請求に対する影響を考慮した妥協，その他の訴訟戦略の観点から，同意することにより証拠状況が被告人の不利益に傾くリスクを承知で，検察官請求証拠の大部分あるいは全部につき同意をせざるを得ない立場に追い込まれる例がある。また「争点と証人を絞る」ことや「無駄な争いはしないで裁判の迅速を図る」ために書証に対する同意を事実上促す訴訟指揮を裁判所から受けることもある。今後裁判員による裁判や，公判前整理手続が一般化すればするほど，そのような方向からの圧力が強まることが予想される。裁判手続における被害者保護の考え方の強まりも，そのような方向を助長する可能性がある。そのような状況下でも，いかにして被告人の防御権を擁護するか，刑事弁護の正念場である。
24) 実際，弁護方針についての協議不十分の上に，被告人の具体的な承諾を得ないままで検察官請求証拠をすべて同意した弁護士が懲戒を受けた事例がある。
25) 第1審において検察官の請求する証拠のすべてに対して同意した弁護人の意見が，公訴事実を争う被告人の防御の趣旨を無意味にすることが明らかな場合には，その同意は無効であり，訴訟手続に法令違反があるとする高裁判例が少なからず存在する。たとえば大阪高判平成8・11・27（判時1603号151頁），広島高判平成15・9・2（判時1851号155頁）など。

第 13 章　刑事弁護人の役割と倫理

【設問 2】　被告人等が自らの犯行を認めて事実関係を争わない意思を示している場合の弁護人の誠実義務

　実務においては，被告人等が犯罪事実を否認する例よりも，自らの犯行を認め，事実関係を基本的には争わないこととして，主として検察官の不起訴処分や判決における有利な量刑を獲得目標とする場合のほうが多い。

　問題は，被告人等が犯罪事実を争わない理由，動機である。たしかに自分はその犯罪事実を犯したとする被告人の説明が真意に出たものであり，弁護人が当該事件の証拠関係や被告人等から聴取した結果を客観的に検討しても，その被告人の説明に虚偽や作為がないと判断できる場合には[26]，被告人等がこれを争わないことは不合理とはいえない。実質において防御上の利益を放棄したことにはならないので，弁護人がその被告人等の意思を尊重した訴訟活動をすることは許容され，誠実義務に反することはないと考えられる。

　ただし，そのような「(基本的に) 争わない」事件であっても，犯罪事実の成否自体は左右しないが量刑に重要な影響を生ずる事実関係 (たとえば共犯者間の役割地位の有り様，あるいは犯行の偶発性や被害者側の犯行誘致事情の有無など) につき被告人等の側と捜査・訴追側との間で認識が相違する場合はよくある。あるいは，具体的な犯行態様やその他の情状事実 (余罪の有無や態様の問題まで含む) につき捜査・訴追側からなされる一方的な決めつけに対して被告人等の側が不満をもっている場合がある。このような争点については，弁護人として可能な限り被告人のために有利な事実認定を主張して，検察官立証に対する弾劾と反証その他必要な訴訟行為を行うべきこととなろう[27]。

---

[26]　ただし，被告人が犯罪事実を認めており証拠上も疑いないように思われた事件であっても，実はまったくの冤罪であったことが，後日「真犯人」の出現により判明したという例が今日になっても後を絶たない。「被疑者・被告人が認めている」場合であっても，弁護人は予断をもたない白紙の状態で再度本人の心を開いて真相を聞き，事件の証拠を検討し，被告人等が真に犯人であるとの前提に立っても大丈夫か，真摯に検討しなければならない。

[27]　この場合，犯罪事実の成否は争わないとする方針をとったこととの兼ね合いで，どこまで深刻に争うのか，検察官請求証拠に対する同意不同意の意見をどうするのか，悩ましい判断を求められることになる。

Ⅲ 真実義務について

　いわゆる「真実義務」の問題は，弁護人の被告人等に対する義務の問題ではなく，「裁判所の真実発見に協力する義務があるか」という問題として議論されている[28]。弁護人が，公の資格をもつ専門職として刑事司法手続を公正に機能させるという公的役割を果たしていることから，刑事訴訟手続において「事案の真相を明らかにする」（刑訴法1条）ことに協力する義務があるとして問題にされてきた。

　この弁護人の真実義務については，いわゆる「積極的真実義務」（裁判所に対し，「真実」発見に関する証拠や情報を自ら提出開示する義務）および「消極的真実義務」（虚偽証拠の提供等により裁判所の真実発見を妨害しない義務）の2種類が観念されている。

　ただし，実務上弁護人の「真実義務」が問題になるのは，被告人等の不利益に働く方向での「真実義務」の問題である[29]。

1　「積極的真実義務」

　真実義務の名の下に，弁護人に対して被告人に不利な方向での「真実」発見に関する証拠や情報を自ら積極的に提出開示する義務を課すこと（「積極的真実義務」）は，実質的には弁護人の基本的職責とは矛盾する義務を要求するものである。弁護人は依頼者である被疑者・被告人に対して誠実義務と秘密保持義務を負っており，これに背いて被疑者・被告人に不利な方向で「実体的真実」を明らかにするために被告人以外の者に協力することは許されないとして，こ

---

28)　宮原1975：178頁。
29)　刑訴法1条は「事案の真相を明らかにする」ことを同法の目的のひとつに掲げているが，事案の真相を明らかにすることには，捜査官や検察官の提示する嫌疑の誤りを正し，無辜が処罰されることを防いだり，被告人の有利な方向での事案の真相を明らかにすることも含む。その意味で弁護人にも真実義務があるということができるし，そのような方向で真実を解明することに協力しなければならないという意味での検察官の真実義務もある。被告人等の不利な事実を提出する義務という片面的な方向で「真実」という言葉が使われる例が圧倒的に多い現在の議論のあり方には疑問がある。

の意味での「積極的真実義務」の存在を否定するのが，確立した解釈である[30]。

平成17年4月から施行されている日弁連の弁護士職務基本規程の5条も，「弁護士は，真実を尊重し，真偽に従い，誠実かつ公正に職務を行う」と規定しつつ，その解釈適用指針である同規程82条1項では「5条の解釈適用に当たって，刑事弁護においては，被疑者及び被告人の防御権並びに弁護人の弁護権を侵害することのないよう留意しなければならない。」と明記している。弁護人に被告人等の防御の利益に反する方向での「（実体的）真実」を積極的に明らかにする義務がないことを明らかにしている。

2 「消極的真実義務」

他方，弁護人は被告人の利益を擁護する目的に出た行為であっても，裁判所による真実発見を妨害するために，不利な証拠を隠蔽したり，虚偽の証拠を提出するなどして積極的に事実を歪める行為をしてはならないという義務，すなわち「消極的真実義務」を有すると解釈することが一般的である[31]。したがって，現在は，弁護人の「真実義務」は前記「積極的真実義務」としてではなく，この「消極的真実義務」の限度で認めることが多数説である。

ただし，裁判所の訴訟指揮や検察官の証拠調べ請求等に対して刑事訴訟法上の権利として意見を述べたり反対すること，証人に対して反対尋問をすることなどは弁護人として本来の正当な任務の遂行にすぎず，ここでいう「真実発見を妨害する行為」などにはあたらない。また，検察官の主張する事実や，裁判所が判決によって認定する事実とは異なる事実の主張と立証（そのための証拠収集活動や調査活動を含む）を展開することも弁護人の本来的職務の遂行であるから，それが「事実を歪める行為」となるわけではない。「消極的真実義務」の実際の中身は，不当，不正な手段で被告人に不利な証拠の提出を妨げたり，証拠を偽造，隠匿することをしない，あるいは偽証をさせたり虚偽証拠を提出することをしない義務（関係者がそのような行為をすることを制止する義務を含める考え方もある）という問題のことである。

---

[30] 日弁連・注釈1995：39頁，宮原1975：179頁，石井2002：29頁など。
[31] 司法研修所編2006：67頁，田宮1996：36頁，浦1994：17頁，石井2002：30頁など。

近時，弁護人の義務は誠実義務に尽きるとして，真実義務を弁護人の義務として認めることに反対し，従来弁護人の真実義務の問題として議論されてきた諸問題の多く（たとえば，真犯人のための無罪主張の可否問題など）はいずれも誠実義務の土俵で議論することができるとする考え方が提唱されている[32]。もっとも，この誠実義務一元説とでもいうべき新説においても，従来の消極的真実義務として論じられてきたものについては，たとえば当事者主義に内在する制約として位置づけられるものとするなどして，その存在を認めている。新旧どちらの説をとっても，偽証等の違法行為を含む，積極的に事実を歪める行為が許容されないとする点では結果的には同様のこととなると考えられるので，ここでは「消極的真実義務」の意味での「真実義務」という形で論じることとする[33]。

　以下，設問の形で問題を考察しよう。

3 「真実義務」に関する設問

【設問1】 虚偽の証拠と知りながらそれを提出する行為は許されるか

　刑法は，偽証，犯人隠避，証拠隠滅，証拠偽造・同使用，およびそれらの教唆などを処罰の対象としており，このルールは弁護人にも適用される。これらの違法行為が弁護士の職業上の倫理としても正当化が困難なものであることはいうまでもない。

　問題は，厳密には「違法行為」に該当しない場合でも，倫理として消極的真実義務に反すると評価される場合があり得るか，あるとすればどういう場合かということである。

　その典型的な問題が，弁護人が（自ら偽証教唆や虚偽証拠作成にかかわったわけではないが）虚偽と判断している供述証拠や証拠物を積極的に証拠として提出することの適否という問題である。

---

[32] 佐藤 1994：4 頁以下，藤田 2003：23 頁以下，およびそこに引用された文献参照。
[33] 従来，①真犯人であることを告白する被告人から無罪の弁護活動を求められた場合，および②身代わり犯人が積極的に有罪を求めている場合に弁護人がどう対応すべきかという倫理上の難問については，誠実義務と真実義務の衝突という形で論じるのが一般的であった。

この点につき弁護士職務基本規程75条は「偽証若しくは虚偽の陳述をそそのかす」行為の外に,「虚偽と知りながらその証拠を提出」すること[34]を,職務上の禁止事項としている。一般論としては,同規程に抵触するような形態による積極的な虚偽証拠提出の態様は,積極的に事実を歪める行為に該当するといえようが,具体的な事例においては,弁護人が作成に関与しなかった証拠が客観的に「虚偽」であるかどうかの判断は微妙で相対的な問題である場合もあるし,被告人の防御権と弁護権の保障の趣旨からすると,この一般論を形式的に押し通すことが適切ではない場合もあると考えられる[35]。

【設問2】 真犯人であると告白する被告人から無罪の弁護活動を求められた場合どうするか。

もとよりそのような「告白」内容を客観的な真実であると断定すること自体,慎重を期すべきことである[36]。また,無罪主張をすることが果たして本人にとって防御上有効で有利な結果をもたらすかどうかという点を含めて,被告人との率直な協議をしなければならず,被告人にその意思を再考するよう説得につとめなければならない場合もある。

弁護人が被告人のことを「真犯人」であると確信しながらそのことを積極的に否定する弁護活動を行うことは,その真実義務に違反する行為になるのでは

---

[34] 提出時点で虚偽と知っていること,およびその虚偽であることが客観的事実に合致していた場合のことを指す。日弁連・解説2005：125頁。したがって,虚偽と知らずに当該証拠を提出することは,弁護人の過失（職務怠慢）という非難はあるが,職務基本規程違反となるわけではない。前記ABA規則も弁護士が虚偽と知っている証拠を故意に提出することを禁止している（3.3条の(a)(3) 冒頭）。

[35] 被告人が,事実に反する虚偽を供述する予定で被告人質問を受けることを希望し,そのための発問を弁護人に求めていることを認識したとき,弁護人は被告人の求めに応じてよいか,という問題がある。この場合は,被告人の防御権および弁護人の誠実義務の観点からの検討も加える必要があり,単純に職務基本規程75条で割り切ることには疑問が残る。参考に指摘すれば,前記ＡＢＡ規則3.3条の(a)(3) は,後段において,「弁護士は自らが虚偽であると信ずる合理的な理由がある証拠の提出を拒絶することができる」とする一般ルールを定めているが,「刑事事件における被告人がなす証言については除く」（すなわち,被告人が自ら証言台に立って供述することを求める場合には,その請求を拒めない）としている。

[36] なお被告人等がなした真犯人であることの告白を,本人の同意なくして他に情報提供することは被告人等の利益になる行為ではないし,守秘義務に反する行為である。

ないかとの疑問があり得る。

　しかし刑事事件の被告人等には、前述のように、裁判が確定するまでは無罪と推定され、防御のために事実を争うための訴訟行為をなす権利が認められている。被告人等の承諾が無いのに、弁護人の正義感その他の個人的価値観を優先させて、有罪を前提とした弁護活動や、犯罪の成立を認める方向での弁護活動を行うことは、やはり許されないのではなかろうか。弁護人が被告人等の展開する弁解弁明に沿って検察官立証の矛盾や不備を指摘したり、法律上有利な主張が可能であればそれを用いて無罪の弁護をすることは、当然の職務であり、許容されるとする考え方が一般的である[37]。その為の検察官証拠の弾劾あるいはそのための（虚偽とはいえない）反証を提出することも、公訴事実に対する被告人側からの「テスト」（出射1973：224頁）の趣旨にとどまる限りは、真実義務にも反しない弁護活動になるとすることに問題はないであろう。これら弾劾と反証に耐えて「合理的な疑いを容れない」高度の証明力ある証拠を訴追側が提出できないのであれば、そもそも有罪判決をなすことは許されない事件であったともいえよう[38]。

　問題は、被告人が真犯人であると「知りつつ」、積極的に被告人の犯行を否定する証拠（たとえばアリバイ証拠や、犯行を正面から否定する内容の被告人供述や証人の供述など）を提出する訴訟活動が、どこまで許容されるかである。これに対しては、弁護人がそのような積極的な訴訟活動に関与することは、積極的に事実を歪める行為として消極的真実義務に反することになるのではないかという疑問が生じる。これは、定まった答えを出すことが難しい設問であるとされている[39]。少なくとも、その証拠が偽造されたものや捏造されたものであるとはいえない場合に、その弁護人の訴訟活動が事実を歪める行為として許さ

---

[37] 司法研修所編2006：67頁、浦1994：18頁。なお平野1958：79頁は、弁護人を辞任する代わりに「無罪の弁論をしてさしつかえない」としているが、弁護人を辞任しない限りは無罪弁論をする以外に選択肢はないはずである。辞任が困難な国選弁護人の場合は、特にそうである。

[38] そもそも被告人等による「真犯人」の告白を、絶対的真実であるとの前提をとって弁護人の誠実義務やその他の倫理上の義務のあり方を論じてきた従来の議論の仕方にも反省が必要であるように思われる。

[39] 司法研修所編2006：68頁、石井2002：30頁など。

れないものであると評価されてよいか，問題であろう。

【設問3】 身代わり犯人が積極的に有罪判決を求めている場合の弁護活動

被告人等が身代わり犯人として積極的に服罪を求めているような場合に弁護人はどうすべきか。そのような被告人等の意思は自らの防御の利益および権利を放棄するのみならず，意図的に自らの冤罪という最大の不利益かつ不正義をもたらすものである。弁護人はそのような被告人等の意思の形成自体が誤りであり，翻意するよう説得に努めるべきであるし，被告人等が翻意しないときでも，その意思に従って有罪の弁護活動をするべきではなく[40]，むしろその本人の意思に反しても，被告人等を有罪とする証拠（被告人等の「自白」を含む）を弾劾し，無罪を主張するよう努めるべきである[41]。それは弁護人の「真実義務」というよりは，誠実義務の帰結するところである。

ただし，弁護人には被告人が身代わり犯であることにつき守秘義務がある（被告人は犯人隠避の罪を犯していることになる）。したがって，被告人が身代わり犯であることを裁判所その他第三者に対して開示することはできない。

【設問4】 被告人が真意に反して，やむなく有罪を認めると告白した場合の弁護活動

実務上弁護士が遭遇する深刻な問題は，被告人等が真実には無実（あるいは無罪）であると信じながら，無罪の主張を掲げて争うことを諦めて妥協し，心

---

40) 真犯人を隠すための活動や訴訟行為に手を貸したり，証拠偽造するような積極的な形で弁護人が関与することは許されず，そのような行為については弁護人自身につき刑事犯罪が成立する場合さえあるとされている（大判昭和5・2・7大審院刑集9巻2号51頁）。
41) その被告人等の無実を証明する上で必要であれば，「真犯人」であることを自白する被告人等の供述は信用しがたい旨指摘し，真犯人の存在を示唆することができる。
42) たとえば元高等裁判所の裁判官として高名であった藤野豊氏は，平成6年の登録以後平成15年までの間に経験した2件の冤罪事件（外国人の窃盗未遂事件およびキリスト教関係出版社の社員の痴漢事件）の例が，いずれも勾留された被告人が虚偽の自白に追い込まれた例であることを指摘して，「この種事件では，公判裁判官が自白の虚偽を見抜くことはできない。裁判官にお願いしたいのは，保釈制度，接見禁止制度の昨今のいびつな運用が，結果として公判における『任意の虚偽の自白』を誘発していることに思いを致してもらいたい」と指摘している（自由と正義54巻5号〔2003年〕5頁）。筆者の経験に照らしても，被告人等が心ならずも無罪主張を断念するほとんどの例は，（暗示的な，また時にはあからさまな表現により加えられる）長期かつ釈放時期未定の身柄拘束の威嚇が原因の場合であるといってよいと思われる。

ならずも犯罪の成立を認める場合がある（前記の「身代わり犯人」の場合を除く）ということである。否認して争うことにより長期勾留あるいは保釈困難の結果を招くのではないかという恐怖ないし危惧が，そのような妥協をする大きな動機を占めることが多い[42]。このような場合は，主要な検察官請求証拠に対する不本意な同意を伴うことが普通である。そのような妥協へと動く被告人等の意思を尊重して「真実」を裁判所にあらわす努力を放棄し，無辜の者が処罰を受けることを甘受する弁護活動を行うことが許されるか，弁護人は悩まされる。現在の刑事実務が安易に勾留（およびその延長）を認め，権利保釈の除外事由（いわゆる「罪証隠滅の虞[43]」）を拡大適用する傾向であることに根本的な問題があるとすれば，むしろそれと正面から闘うことが弁護人の本来の職務であろう（弁護士職務基本規程47条）。

とはいえ，闘うことにより身柄解放が確実に実現するなどと弁護人が請け合えることでもないから，わらをもつかむ思いで捜査・訴追側との「取引」により身柄拘束からの早期解放を得たいと願う被告人等の希望に反する弁護方針を貫き通してよいか，悩むところである。

4 弁護活動と「罪証隠滅」活動

弁護人の訴訟活動が，証拠偽造罪や偽証（教唆）罪等の構成要件に該当するとして，捜査・訴追の対象とされる場合がある。たとえ最終的には嫌疑不十分や無罪の結論となったとしても，その捜査・訴追を受け関係者が取り調べられたり捜索を受けたことにより被告人等が受ける防御上の不利益は極めて大きい。また，犯罪として立件されなくとも，職務基本規程に反するとして懲戒請求を受けることもあり得る。

刑法の条文や弁護士職務基本規程の文言には直ちに触れない態様の行為であっても，検察官などから弁護人の活動に対して「罪証隠滅」活動であると非

---

[43] 現行刑訴法60条1項2号・89条4号は，「罪証を隠滅すると疑うに足る相当な理由」と定めているが，これについては旧刑訴法時代の「罪証湮滅の虞（恐）」という用語では抽象的で不当に広く適用される可能性があることを考慮して，従来の用語の使用を避けて現在の条文の表現を採用したという立法経過がある。それにもかかわらず，実務家および学者の多数が現在も「証拠隠滅の虞」という（条文にはない）用語を多用していることは，実務の問題点の所在を象徴している事柄であると筆者は考えている。

難を受ける場合がある。この場合も，たとえば保釈につき検察官が反対する理由にされるなど，実務的に不利な効果に結びつく場合がある。

刑事手続における「真実」といっても，立場の違いによって内容の認識が異なるものである。検察官からみれば自己が主張している公訴事実あるいは嫌疑の内容に沿うものが「真実」であり，それと相違したり矛盾する事実は「虚偽」ということになりかねない。また，弁護人の職責の内容（特に誠実義務と守秘義務）や，その防御活動として許容される行為の内容についての理解が不十分なところでは，弁護人の活動内容は多かれ少なかれ「真実を歪める」行為と評価されがちである[44]。

実際には違法行為や不当な手段を用いていないにもかかわらず，捜査官や検察官の側から偽証等の犯罪行為であるとか罪証隠滅行為であると主張されることをおそれて，本来防御に必要な活動としての立証や証拠収集・調査活動などを萎縮させてはならない（弁護活動を萎縮させる目的でそのような主張が出される場合もある）。しかし他方，そのような弁護活動に対する誤解を招くことのないよう，また誤解を受けた場合には堂々と反論できるよう，厳しく自己規律していることが必要である。それと同時に，そのような誤解を招くリスクをできるだけ小さくするよう，具体的な行動にあたっては細心の注意を払うべきである。弁護士倫理に基盤をおいたゆるがぬ弁護活動は，そのような賢明さの裏づけがあってはじめて成立するのである。以下，例を挙げて考察しよう。

(a) 黙秘を勧めること　たとえば，被疑者との接見で，取調べに対して黙秘するよう，あるいは否認するよう勧めることに対して，捜査官の側から捜査の妨害であるとの主張がなされた場合，これをどう考えるべきか。黙秘権は憲法で保障された，被告人等の防御上の権利の中核である。本人から事件に係る真相と取調べの状況を聴取し，本人と協議した結果，その時点で本人の利益な

---

44) 関係者の供述内容が攻防の対象となる事件では，捜査官が被疑者から弁護人との接見での会話内容を聞き出す目的で取調べを行い，供述調書を作成することが珍しくない。その供述調書が弁護人を排除したり威嚇するための材料として使われることもある。秘密交通権保障の建前を実質的に侵害する不当な捜査手法と批判されるべきであるが，同時にこのような捜査手法がとられる現実を自覚した上での，油断なき弁護活動を展開するよう心がける必要がある。

45) 宮原1970：169頁，藤田2003：27頁以下など。

いし権利を守る上でそれが最善の防御方法であると判断された場合に，その黙秘権行使を勧めることは，むしろ弁護人の誠実義務の帰結であり，倫理上も非難されるべきことではない[45]。この点は，接見で無実を訴える被疑者に取調べに際して否認供述をするよう勧める場合でも，それが本人の防御上適切であると判断できるのであれば，同じである。

ただし，その黙秘ないし否認の勧奨が結果として防御上適切であるかどうかは，ケース・バイ・ケースのことであり，結果として良い結果を生まず，かえって被告人等に事実上の不利益が生ずるような場合もあり得る。しかしそれは弁護人と被告人等の間で誠実に協議して最善の防御活動を展開するために慎重に検討する内容の問題，すなわち誠実義務遂行上の課題であり，真実義務の問題ではない。

(b) 証人予定者との接触など　また，検察側証人と証言前に事前面接することも，それが防御の準備上必要であると判断される限り，弁護人が当然なし得る行為である（刑訴規則178条の6第2項1号・191条の3参照）。ただし，その面接の要否は後から偽証教唆の疑いをかけられるリスクも考慮して慎重に検討するべきであるし，面接の際には実務上の用心として，場所，同行者（立会人）の用意等に十分留意することが必要である。

その他，共犯者あるいは参考人から事件に関する情報を得ることも，受任している被疑者あるいは被告人のために適切な防御を判断するうえで必要である限りは，当然なし得る弁護活動であり，それ自体が真実義務違反等と非難される筋合いのものではない。ただし，実務上は，その弁護活動が関係者間での「罪証隠滅」行為であるとの誤解あるいは主張を受けやすい事柄であることに留意して，その接触の方法（たとえば共犯者とは互いに弁護人を通じて連絡をするなど），時期（起訴前と起訴後とでは違い得る），場所に十分な配慮をするとともに，その話の内容や仕方についても特段の注意が必要である[46]。

---

46) これに関して，平成16年の刑訴法改正によりあらたに同法281条の3ないし5の，検察官開示記録の弁護人による厳格管理義務や「目的外使用禁止」（他人への提示，提供の制限）規定が立法されている。弁護人が検察官開示記録を他人に提示あるいは交付することが許容される範囲について慎重に判断しなければならなくなっている。この点でガードの甘い弁護活動は，訴訟活動の決定的な場面で足をすくわれる原因となる場合があることに十分留意する必要がある。

【引用・参考文献】

石井吉一（2002）「弁護人の責務」『刑事訴訟法の争点〔第3版〕』有斐閣
出射善夫（1973）『検察・裁判・弁護』有斐閣
浦功（1994）「弁護人に真実義務はあるか」竹澤＝渡部＝村井編『刑事弁護の技術（上）』第一法規出版
佐藤博史（1994）「弁護人の任務とは何か」竹澤＝渡部＝村井編『刑事弁護の技術（上）』第一法規出版
司法研修所編（2006）『平成18年版刑事弁護実務』日本弁護士連合会
田宮裕（1996）『刑事訴訟法〔新版〕』有斐閣
団藤重光（1967）『新刑事訴訟法綱要〔7訂版〕』創文社
日本弁護士連合会（2005）「解説『弁護士職務基本規程』」自由と正義56巻6号〔臨時増刊号〕
日本弁護士連合会調査室編著（2007）『条解弁護士法〔第4版〕』弘文堂
日本弁護士連合会・弁護士論理に関する委員会編（1995）『注釈弁護士倫理』有斐閣
平野龍一（1958）『刑事訴訟法』有斐閣
藤田充宏（2003）「弁護人の任務と権限」庭山＝山口編『刑事弁護の手続と技法』青林書院
宮原守男（1970）「弁護士の使命と職業倫理の基本問題」石井成一編『講座現代の弁護士Ⅰ』日本評論社
宮原守男（1975）「弁護人の権利及び義務」熊谷弘ほか編『公判法大系Ⅱ』日本評論社

【倉科直文】

第14章
検察官の役割と倫理

I　検察官の職務

1　検察庁と検察官

　フランスで生まれた検察官制度がドイツに承継され，これを明治時代に日本に導入したが，第2次大戦後は，アメリカ法による刑事訴訟法の改正を経て，日本独自の検察制度として成長したとされている。

　検察庁法1条は，「検察庁は，検察官の行う事務を統括するところとする。」と定めており，検察官ひとりひとりが，国家の意思を決定して，これを行使する権限を有する独立の官庁であり，それらの個々の検察官が所管する事務を統括するのが検察庁という組織であることを示している。これは，他の国家行政組織と比べても，極めて特異なものである。

　そして，検察庁法4条は，検察官の職務について，3種類に分類している。

　その1は，刑事事件についてであり，①公訴の提起，②裁判所に対して法の正当な適用を請求する，③裁判の執行を監督すると定めている。

　①公訴の提起は，刑事訴訟法が定める起訴であり，②裁判所に対する法の正当な適用の請求とは，裁判において論告求刑を行ったり，誤った判決に対しては上訴して上級審の適正な是正を求めるなどであり，③裁判の執行の監督とは，死刑や懲役刑の執行指揮などがあたる。

　その2は，裁判所に通知を求め，または意見を述べることとされている。

　その3は，公益の代表者として法令により権限に属せられた事務とされている。

　その2と3の明確な区別は困難であり，その両方にかかる具体的な例として，民法が様々に定めている検察官の請求権や，人事訴訟に立ち会って意見を述べ

る権限などがこれにあたる。

　第4条の「公益の代表者」としての文言は，文理上は上記の3の職務にのみかかわっており，刑事事件等にはかかわっていないが，解釈論としては，その1の刑事事件だけでなくその2の職務についても，公益の代表者としての職務であるとされている（伊藤 1986：34頁）。

2　公訴権と起訴便宜主義

　検察官の権限の中で最たるものは，刑事裁判における公訴の提起であるところ，刑事訴訟法247条は，「公訴は，検察官がこれを行う。」と定めて，検察官が公訴権を独占していることを規定している。

　また，刑事訴訟法248条は，「犯人の性格，年齢及び境遇，犯罪の軽重及び情状並びに犯罪後の情況により訴追を必要としないときは，公訴を提起しないことができる」と定めて，検察官が裁量によって不起訴にすることができる起訴便宜主義を定めている。

　起訴が行われなければ，裁判所は有罪判決を言い渡すことができない（不告不理の原則）のであり，犯罪の被害者や被疑者などの関係者等にとって，さらには世間の耳目を集めた重大事件では国民全体にとっても，起訴の有無は重大な関心事であり，それは刑事裁判制度の要といっても過言ではない。

　国会やマスコミ等で疑惑がとりあげられ，平行して刑事事件として捜査されることは昨今少なくない事象であるが，仮に検察官が当該事件を不起訴にした場合には，その事件の内容は世間に原則として公表されることはなく，国民にとって懐疑心だけが残る結果となる可能性もある。

　これに対して，疑惑とされた内容の一部でも刑事事件として起訴された場合には，その後における公判において事件内容が公にされることと対比すると，検察官の起訴がいかに重みを有するかは明らかであり，過去における大型贈収賄事件などにおける政府高官に対する起訴事例や不起訴の事例をみれば，起訴不起訴が，その後のあらゆる方面に多大な影響を及ぼしていることはいうまでもない。

　また，仮に不起訴処分にするのが不相当であるとしても，刑事訴訟法461条以下が定める略式手続による罰金を科すことを検察官が選択した場合には，被

疑者は捜査時における逮捕および勾留だけの身柄拘束で釈放され，罰金で事件を終了させることができるのであり，被疑者側にとって検察官の判断は重大な関心事となっている．

3 検察官と司法警察職員との関係

旧刑事訴訟法時代は，検察官が捜査の主体となっていたが，これがあらためられて刑事訴訟法 192 条が定めるとおり，検察官と司法警察職員とは互いに協力する関係に位置づけられている．

しかしながら，刑事訴訟法は 191 条において，検察官が自ら捜査する権限を認め，さらに 193 条 3 項により，検察官が具体的事件において，司法警察職員を指揮して捜査の補助をさせることを認めている．

実務においては，第 1 次捜査権を有する司法警察職員が事件を検察官に送致した場合には，在宅事件であれ身柄事件であれ，捜査が不十分であれば，検察官が司法警察職員に対して補充捜査を指揮し，その捜査結果を検察官に送付させ，さらに検察官自身の捜査結果も加えて起訴不起訴を決するなどしている．

起訴後の公判においても，被告人の新たな弁解がなされて補充捜査が必要となった場合には，公判立会の検察官が事件を送致した司法警察職員を指揮して補充捜査を行うこともある．

さらに，凶悪犯罪事件，複雑な知能犯事件や関係者多数の大型詐欺事件など特殊な事件については，司法警察職員が事件を内偵捜査している段階で，すでに担当検察官と綿密な打ち合わせを行い，事件着手後に円滑な捜査が図られるよう互いに協力し合っているだけでなく，被疑者の逮捕勾留後には検察官が司法警察職員と捜査会議を開いて捜査方針を確認して両者が合同で捜査にあたるなど密接な協力関係を有している．

検察官には，捜査が適法適正に行われているよう監督すべき職責も有しており，その意味では司法警察職員の捜査を客観的にみて，不適切な点は厳正に是正させるべきであるが，そのことを強調するがあまり，刑罰権の適正な行使がおろそかにされるのでは，国民は納得し得ないと思われる．

結局は，検察官は，刑事訴訟法 1 条が定めるとおり，被疑者や関係者の人権を保障しつつ，事案の真相を明らかにして刑罰権の適正な適用を実現させ，

もって社会秩序の安定に資することが，その職責であろう。

これに対して，検察官は捜査を離れて公判のみにあたるべきであるとする検察官公判専従論や，司法警察職員が行う捜査が不十分である場合には，検察官が補充捜査を行わずに不起訴にすべきという，突き放し論が主張されたこともあるが，実際にはそのような動きには至っていない。

4　検察官の独自捜査

検察官は，検察庁法6条および刑事訴訟法191条1項により，自ら犯罪を捜査することができると規定されている。

検察官が司法警察職員の協力を得ずに自ら行う捜査は，東京地検と大阪地検等に設けられている特別捜査部のほか，中規模の地検に置かれた特別刑事部が行っているだけでなく，規模の小さな地検でも検察庁全体の応援によって独自捜査を行った例もある。

検察官が自ら捜査を行う以上は，起訴すべきと思料される事案を手がける気風があり，着手した以上は起訴に至ることが多い。

この検察官による独自捜査の中でも，特別捜査部による捜査は，政界経済界に大きな影響がある事案を手がけており，検察官のあるべき姿として国民から支持を得ているといってよいであろう。

また，検察官の独自捜査の協力機関は，従前は国税局調査査察部等に限られていたが，最近は，これに加えて証券取引等監視委員会や公正取引委員会と連携した捜査が行われるなど，時代の趨勢に応じて新たな捜査形態が生まれている。

5　検察官調書の証拠能力

検察官の捜査における役割を述べる上で，その重要性の根源となっている一要素として，いわゆる検察官調書の証拠能力と現在の活用実態が挙げられる。

すなわち，刑事訴訟法321条1項2号に定めるとおり，検察官が作成した供述調書は，その供述を行った者が公判廷で実質的に異なる証言を行った場合には，一定の要件のもとに検察官調書が証拠能力を与えられて裁判所に提出される。

そして，多くの事件において，その者が公判廷で述べた証言よりも，検察官調書に記載された内容のほうが信用性が高いとして，その記載に基づいて有罪の認定がされていることが多い。

　法廷での虚偽の証言がなされれば偽証罪で厳正に処罰することとし，そのような背景があるからこそ法廷での真実の証言が重視されるのが直接主義と思われるが，実際の運用は，偽証罪による厳正な処罰が問題になるのではなく，捜査段階に作成された検察官調書を重く評価することで終結している。

　このような運用により，物的証拠がなくて供述のみが重要な証拠となる贈収賄事件，経済事犯などのほか，一般事件でも共犯事件や関係者多数の大型事件などでは，捜査段階において多数の検察官調書を作成しないと公判が維持できないおそれが大きいので，なおさら検察官が捜査にかかわらざるを得ないという結果となっている。

　前述の検察官の独自捜査においても，単に検察官が簿記会計や証券取引に精通しているというだけではなく，将来の公判においては，証拠能力が認められるだけでなく，その内容も被告人ら関係者の内心の動きまでも捉えた生き生きとしたものであり，難解な専門知識についてもわかりやすく記載してある検察官調書が作成できるからこそ，裁判所が有罪判決の証拠とするのであり，そこに特別捜査部等の活躍の理由がある。

Ⅱ　検察官同一体の原則

　検察官は，そのひとりひとりが独立した官庁として国家を代表する。

　それゆえにこそ，起訴状における起訴の主体は，検察官ひとりが署名押印してこれを表示するのであり，上司の決裁は内部の問題であって，仮に決裁がなくとも起訴自体は有効である。

　その一方，全国の検察官が，何らの統一性なくしてそれぞれの判断で事務を行えば，極端な場合には，同一の事件でも，ある地方では起訴され，ある地方では不起訴となるなど不平等が生じて，社会的な混乱が生じる。

　そこで，全国の検察官について，検察官同一体の原則があるといわれており，この同一体の原則によって検察官の権限行使に統一性が保たれている。

具体的には，最高検察庁に属する検事総長，高等検察庁に属する検事長，地方検察庁に属する検事正の間における指揮監督権だけでなく，地方検察庁内においては検事正，次席検事，部長，副部長がピラミッド型で検事，副検事に対する指揮監督を行い，個々の検察官の権限行使が均一化したものになるよう配慮されている。

つまりは，検察官ひとりひとりがその責任において起訴不起訴を決めるべきであるが，その最終判断を行うときに，上司の指揮監督を受けてその決裁を得るようにされている。

検察官同一体の原則を明記した条文はないが，検察庁法7条ないし11条に定めた指揮監督権と同法12条が定めた事務引取移転権が，その根拠とされている。

検察官の独任官庁制と検察官同一体の原則の衝突事例として，捜査に携わった検察官は不起訴にすべきであると判断したのに対して，上司が起訴すべきであるとの意見をもった場合にどう解決すべきかと論じられることが多い。

その回答としては，検察官は上司に対して事務引取移転権の行使を求めるべきであるとされるが，実際には，正式に事務引取移転権まで発動をする例はないのであり，上司と担当検察官が個別の事件の情状や他の類似事例を検討して意見を一致させている。このような事例を想定すると，さも上司が外部からの圧力やその他の事情から，いわゆる横槍を入れたかのような印象を受けかねないが，検察庁は政治的圧力や不当なプレッシャーを受けない機関として，個々の検察官の職務が適正に行使されるよう保たれているのであり，それらの印象はまったくの誤解である。

Ⅲ 検察官の倫理

1 職務の公正中立

検察官として，権限を行使するにあたり公正中立であることは当然とされており，その根拠は検察庁法によって認められた身分保障の趣旨や，刑事訴訟法によって検察官に与えられた公訴権等の本来の趣旨からも導き出される。

それらの公正中立であるべきとの論理と，前述の検察庁法4条において定め

られている公益の代表者としての論理とが，どのような関係になるのか，必ずしも明らかでないが，少なくとも両者が矛盾しないことは明らかであろう。

したがって，検察官は，重要な権限を行使するに際しては，その職務の執行にいささかも疑念をもたれることがないように努めるべきである。

たとえば，被疑者が検察官個人の知人等である場合も，地方の小都市では稀にあり得ることであるが，そのような場合には，事前に事件の担当を他の検察官に替わってもらうなどして，当該事件の捜査および公判が公正中立に行われるよう配慮することが必要である。

検察官の親戚が刑事事件の関係者となる場合もあり得るが，そのような場合であっても，当該検察官は刑事事件の捜査等が公正に行われるよう見守るべきであり，検察官であることをもって親戚に有利なように何らかの形で利用することは当然ながら許されない。

検察官は，公正中立であり，公益の代表者として，適正な法の適用がなされるよう見守る立場にあることから，被疑者や被告人に有利な事実がある場合には，その事実をも適正に評価した判断を行うべきであるし，裁判所に対してもそれらの事実を明らかにして相当な刑罰が科されるよう努めるべきである。

その意味では，刑事訴訟法が当事者主義を導入しているが，検察官は一当事者の立場だけではなく，それ以上の役割を負っている。

なお，これらに関連して，検察官の客観的義務，準司法官論が主張されたことがあるが，それらの議論は，証拠開示義務や公訴権濫用論を導き出すために論じられた傾向があり，検察の実務には影響を与えていない（亀山 1999：26 頁）。

2 廉潔性

検察官は，国家公務員として，国家公務員法および国家公務員倫理法ならびに国家公務員倫理規程の適用を受ける。

これらにより，検察官は，信用失墜行為の禁止（国家公務員法 99 条）や秘密を守る義務（国家公務員法 100 条）を負うほか，「公私の別を明らかにし，いやしくもその職務や地位を自ら（中略）のための私的利益のために用いてはならない」（国家公務員倫理規程 1 条 2 号）などと定められている。

たとえば，株取引等について，検察官の一定の階級以上の者は，国家公務員

倫理法7条によって届出義務を負っているが，これに該当しない検察官であっても，昨今の証券取引法違反事件の捜査で明らかなとおり，その捜査に携わる検察官は株価に大きな影響を与える事柄を事前に知り得る立場にあり，仮にそのような情報を得ずに純粋に個人として株取引を行ったとしても，国民からすれば，疑念を抱くのが当然であるから，それらの捜査を所管する部署に属している限り，株取引等の投資を自粛するほうが妥当と思われる。

また，裁判官に対する懲戒申立事件において裁判官の行為が問題とされた事案であるが，最大決平成13・3・30（判時1760号68頁）によれば，高等裁判所に属する裁判官の妻が犯罪の嫌疑を受けていた事案において，その捜査を指揮する地方検察庁の次席検事が裁判官に対して，妻が告訴されていること，警察の捜査の結果いつでも逮捕することができる状態にあること，事実関係を確認して妻が事実を認めた場合には早急に示談等の措置を執ることを求めたとされている。

そして，最高裁は，裁判官について「裁判官は，職務を遂行するに際してはもとより，職務を離れた私人としての生活においても，その職責と相いれないような行為をしてはならず，また，裁判所や裁判官に対する国民の信頼を傷つけることのないように，慎重に行動すべき義務を負っているものというべきである。」と判示し，次席検事から開示された捜査情報を妻の弁護人に伝えた行為について「これにより捜査活動に具体的影響が出ることも十分に予想されたところである。」と指摘して，裁判官については裁判官の公正，中立に対する国民の信頼を傷つけ，ひいては裁判所に対する国民の信頼を傷つけたと判断している。

この理は，検察官についても当然あてはまるものであり，当該次席検事は，本件が発覚後自ら退職しているが，次席検事による捜査情報の開示自体も倫理に反する行為であることは明白である。

3　具体的な倫理の内容

検察官が有すべき抽象的な倫理については，上記のとおりまとめることができるが，その具体的指針となるとケースバイケースの問題であるから，それらを一概に定義するのは困難である。

「法曹倫理に関する報告書」において，検察官の具体的倫理を論じる場合に，アメリカ法曹協会が懲戒対象の「非職業的行為」として列挙した，①違法な手段を用いて証拠を収集すること，②被告人側の証拠収集を妨害すること，③立証できないことを知りながら起訴すること，④証言することに対し報酬を支払うこと，⑤被告人の無罪を立証する証拠の存在について開示しないこと，⑥虚偽の証拠をそれと知って提出することを引用しながらも，それは日本の検察官にとってあまりにも当然であるとしているのも，同様の趣旨だと思われる。

これらは先に述べたような職務の公正中立から当然導き出されるものであろう。

検察官にとって実際に困難な場面に直面するのは，たとえば警察官の捜査に違法な点があることを発見したときや，刑事部の検察官が起訴した事件について公判担当の目で見直すと必ずしも被告人の弁解が虚偽ではない部分があると思われたときなどであろう。その場合でも，有罪獲得を目的とするのではなく，自らの良心に従い，適正な証拠評価および証拠の開示等を行うことによって，正義の実現を図るのが検察官としての当然の倫理と思われる。

Ⅳ　将来的課題

最近の司法改革により，検察官の役割についても変容が生じており，以下の点を指摘することができる。

（１）　被害者の立場

被害者は，以前は犯罪事実を立証する供述証拠としての面が強く強調されて扱われており，被害者が行う告訴も捜査の端緒として扱うにすぎなかった。

しかし，昨今になって業務上過失致死傷事件において検察官が行った不起訴処分に対して世論から強い批判を浴び，再捜査を行って起訴した事例があるほか，被害者に対する検察官の態度も問題にされるなど，被害者の立場やその思いを重視するように変化している。

そして，証拠資料としての被害者の立場が見直され，刑事訴訟法292条の2において定めるとおり被害者に意見を陳述する権利が与えられ，被害者が準当事者的性格を有するに至っている。

第 14 章　検察官の役割と倫理

　酒酔いの運転手が高速道路上で起こした業務上過失致死罪の事件について，同罪の最高刑が低いことを被害者が世論に訴えたことで，刑法208条の2の危険運転致死傷罪が創設されたことも，被害者の声を重視することとなった象徴的な事柄であろう。

（2）　起訴独占の変容

　平成16年における検察審査会法の一部改正により，現時点ではいまだ施行されていないが，同法41条の6以下において，検察審査会が起訴議決を一定の要件のもとで行えることとされ，その議決によって指定弁護士が検察官の職を遂行して公訴を提起することとなった。

　従前は，刑事訴訟法262条以下が定めるとおり，一定の限られた犯罪についてのみ付審判請求および準起訴手続が裁判所の判断によって行われるだけであったが，上記の起訴議決は一般人による公訴の提起を可能にしたものであり，これまでの検察官による起訴独占を崩すものである。

　これは，裁判員制度と並ぶ刑事司法への市民参加の一貫であるが，政府高官等による贈収賄事件などで検察官が不起訴処分を行った場合に，この制度が作動する可能性があり，ひいては検察官の処分決定にも微妙に影響を与えると思われる。

（3）　公判前整理手続の創設

　刑事訴訟法316条の2以下において，争いがある重大事件について，裁判所が検察官および弁護人を含めて，事前に争点を整理し，証拠も一定の範囲で事前に開示させ，それによって集中審理を行う制度が設けられ，すでに実施されている。

　これによって，やむを得ない事由がない限り，公判前整理手続で請求しなかった証拠を後から取調請求できない（316条の32）こととしており，裁判の長期化を防止するように設計されている。

　この制度は，運用され始めたばかりであり，その問題点等はこれから指摘されることとなるが，犯罪の立証に対する消極証拠についても弁護人に証拠開示する必要があることから，捜査段階において消極証拠についても十分な検討を加えるなど，より濃厚な捜査を行うこととなろう。

　以上の変化によって，検察官は，これまで以上にバランス感覚をもち，被害

者や世論の期待に答えながら，十分な捜査と迅速な公判審理を担わざるを得ないであろう。

その意味で，検察官が負うべき倫理に変わりはなく，さらに厳格な倫理の遵守を求められるであろう。

かつて，検察官は，あっさりした起訴をすれば足りるのであり，その後は裁判所が濃密な公判審理を行えばよいという提唱がされたこともあるが，そのような状態には過去も将来もなり得ない。

マスコミは，事件が発覚すると，被害者の惨状を情緒的に連続して報道し，被疑者を逮捕勾留して起訴すべしという論調をとり，世論もこれに同調しやすい反面，数年後に無罪判決がなされると，一転して，そもそも起訴自体が不当であり，それを見過ごした検察官と司法警察職員が怠慢であったという報道が極めて多い。

しかしながら，今後は，検察官が密室で判断して不起訴処分にするよりも，起訴して公開の裁判で国民に情報を開示した上，公正な裁判所の判断を経たことを評価することが望まれるのであり，世論もそのような検察官の動きを後押しすることが必要であろう。

【引用・参考文献】
伊藤栄樹（1986）『新版検察庁法逐条解説』良書普及会
亀山継夫（1999）「刑事訴訟法50年と検察の課題」ジュリスト1148号
日本法律家協会法曹倫理研究委員会（1977）「法曹倫理に関する報告書」法の支配32号

【德江義典】

第15章
裁判官の役割と倫理

I　裁判官の役割

1　裁判官という職
（1）　裁判官の職責
　裁判官の職責は裁判をすることである[1]。すなわち，裁判官は，裁判所に持ち込まれた民事事件，刑事事件等の個々の事件につき，裁判手続を主宰し，証拠に基づいて認定した事実に，解釈した法令を適用して，裁判という形で判断を示すことである。

（2）　他の職との対比
　裁判官という職は，高度の学識と専門的技能，さらには高い職業倫理を必要とするプロフェッションであるが，行政官，学者，弁護士，検察官と対比して，以下の点で特質がある。すなわち，裁判官は，国や地方公共団体の政策決定やその実現にあたる行政官とは異なり，司法に携わる司法官である。裁判官は，学問として法を研究する学者とは異なり，法律実務家である。裁判官は，自由業を営む弁護士とは異なり，国家組織に属する官である。裁判官は，捜査や公判維持を行う官である検察官と異なり，裁判手続の主宰者であり，最終的な判断権者である[2]。

---

[1]　裁判官の仕事には，裁判以外に司法行政事務がある。司法行政の中核的位置を占めているのは，最高裁事務総局である。司法行政については，市川ほか 2005：68頁，102頁を参照。

[2]　加藤 2003：129頁は，裁判官の仕事の特質として，①知的事務職（対民間企業人），②法律専門職（対行政官），③法律実務家（対研究者），④官であること（対弁護士），⑤判断者であること（対検察官）を挙げている。

（3） 裁判官に求められる能力・資質

(a) 裁判官に求められる能力　　司法制度改革審議会意見書[3]の指摘事項を踏まえながら作成された「裁判官の人事評価の在り方に関する研究会報告書」[4]は，裁判官に求められる執務能力として，①事件処理能力，②組織運営能力を挙げ，①については，法的判断能力（裁判手続における判断者としての資質・能力）と，手続運営能力（裁判手続の主宰者としての手続運営能力）が求められているとする。そして，①のうちの「法的判断能力」の要素は，「法的知識の正確性・十分性，法的問題についての理解力・分析力・整理力・応用力，事実整理（争点整理）能力，証拠を適切に評価する能力，法的判断を適切に表現する能力，合理的な期間内に調査等を遂げて判断を形成する能力等」とし，①のうちの「手続運営能力」の要素は，「法廷等における弁論等の指揮能力，当事者との意思疎通能力，和解等における説得能力，合理的な期間内に手続を進行させる能力，担当事件全般を円滑に進行させる能力等」とし，②の「組織運営能力」の要素は，「評価対象者の職務内容等に応じて，部の運営等司法行政面での創意・工夫，職員に対する指導能力，職員・裁判官等への対応の適否等」としている。

(b) 裁判官に求められる資質　　裁判官の人事評価の在り方に関する研究会報告書は，裁判官に求められる人格的資質として，①識見につき，幅広い教養に支えられた視野の広さ，人間性に対する洞察力，社会事象に対する理解力等を挙げ，②人物・性格面につき，廉直さ，公平さ，寛容さ，勤勉さ，忍耐力，

---

3) 司法制度改革審議会については，市川ほか 2005：274 頁以下を参照。司法制度改革審議会意見書は，http://www.kantei.go.jp/jp/sihouseido/report/ikensyo/index.html で読むことができる。

4) 1999（平成11）年 7 月 27 日に設置された司法制度改革審議会は，2001（平成13）年 6 月 12 日，「司法制度改革審議会意見書──21 世紀の日本を支える司法制度──」を内閣に答申し，「裁判官の人事制度の見直し（透明性・客観性の確保）」という項目（Ⅲ第 5 の 3）において，「裁判官の人事評価について，評価権者及び評価基準を明確化・透明化し，評価のための判断資料を充実・明確化し，評価内容の本人開示と本人に不服がある場合の適切な手続を設けるなど，可能な限り透明性・客観性を確保するための仕組みを整備すべきである。」という意見を示した。これを受けて，2001（平成13）年 7 月 16 日，最高裁事務総局に「裁判官の人事評価の在り方に関する研究会」が設置され，この研究会は 1 年後の 2002（平成14）年 7 月 16 日に報告書を取りまとめた。

自制心，決断力，慎重さ，注意深さ，思考の柔軟性，独立の気概，精神的勇気，責任感，協調性，積極性等を挙げている[5]。

これらの資質は，法曹全体に共通するものも少なくないが，裁判官に特有のものとしては，廉直さ（廉潔性）[6]と公平さ（公平中立性）であろう。

2 裁判官制度

（1） キャリア・システム（職業裁判官制度）と法曹一元制度

(a) キャリア・システム　キャリア・システムとは，裁判官となる者が，その法律実務家としての経歴の当初から裁判官に採用され，原則的に裁判所内部において訓練され，養成されつつ，昇進していく制度をいう（兼子＝竹下1999：233頁，加藤編2004：7頁）。

裁判所法は，判事の任命資格について，判事補に限らず，弁護士，検察官，大学の教員等の中から判事を任命することを規定している（42条）。しかし，実際上，判事は，ほぼ独占的に判事補から任命されてきた。すなわち，圧倒的多数の判事は，司法試験に合格して，司法修習を終了した後，直ちに判事補に任命され，10年間判事補を勤めた者である。判事補に任官して5年間は，「未特例判事補」と呼ばれ，1人で裁判することができず（裁判所法27条1項。ただし，民事訴訟および刑事訴訟における判決以外の裁判〔民事訴訟法123条，刑事訴訟法45条〕，たとえば，民事の保全事件，刑事の令状事件等は1人で裁判することができる），3人の裁判官で構成する合議体の一員として裁判に関与し，事件を通じて裁判長らの指導を受けながら，裁判官に必要な実務的な知識，技能，判断力等を身に付けていく。任官して5年以上を経過し最高裁の指名を受けた判事補は「特

---

5) 加藤2003：129頁は，基本的資質として，正義感，誠実，勤勉，使命感，責任感を，裁判の本質から求められるものとして，廉潔性，中立性，公平性，無私，愚直を，よい裁判を実現するために求められるものとして，広い視野，健全な常識，豊かな人間性，幅広い教養，事物の本質に対する洞察などをそれぞれ挙げている。
6) 日本の裁判官の廉潔性については，世界に誇ることができる。1947（昭和22）年10月，闇米を食べることを拒否して亡くなった山口良忠判事の例が挙げられるし，また，民法学者川島武宜教授が，アメリカの学者から「日本では裁判官の何割ぐらいが事件の当事者から賄賂を取っているか。」と聞かれ，「そういう事例はまずないと思う，ゼロに近い。」などと説明したが，なかなか納得してもらえなかったというエピソードがある（川島1978：268頁，小島ほか編2006：324頁，加藤編2004：45頁）。

例判事補」と呼ばれ，1人で裁判を担当できる（判事補の職権の特例等に関する法律1条）。このように，日本では，裁判所法42条の存在にかかわらず，運用の実際からすると，キャリア・システムをとっているということができる。

　職業裁判官は，弁護士のように当事者と直接接する経験がなく，紛争の実態や当事者の苦悩を知ることがないので，世間知らずであるという批判がある[7]。また，職業裁判官は，任地やポスト等の人事に対する関心が強く，上司の意向を気にしているという批判もある[8]。

　(b) 法曹一元制度　　職業裁判官制に対比されるのは，法曹一元制度である。法曹一元制度という言葉は多義的であるが，1962（昭和37）年9月1日に内閣に設置された臨時司法制度調査会の設置根拠となった臨時司法制度調査会設置法（昭和37年法律第122号，昭和39年8月31日失効）2条1号は，「法曹一元の制度」とは「裁判官は弁護士となる資格を有する者で裁判官としての職務以外の法律に関する職務に従事したもののうちから任命することを原則とする制度をいう。」と定義した。

　臨時司法制度調査会は，法曹一元制度の審議を中心的な課題の1つとしていたが，1964（昭和39）年8月28日，「法曹一元の制度は，これが円滑に実現されるならば，わが国においても一つの望ましい制度である。しかし，この制度

---

[7]　裁判官のイメージとして，作家の夏木静子は，「電車通勤をなさる裁判官がいらっしゃると聞きまして，ショックを覚えました。……多くの裁判官が，皆さん気さくで，『裁判官だって赤ちょうちんもカラオケも行きますよ』とおっしゃってくださって，私たちと同じ普通の方だったんだという，当たり前のことに目を開かせられたような思いがいたします。」と発言し，落語家の桂文珍は，「いや，あっそうですか，裁判官さんは赤ちょうちんに行ったりするんですか。……私どもは裁判官さんというのは，できるだけ生涯会いたくない人というイメージです。裁判というものに入り込まないで平穏に毎日を過ごそう，というふうに普通は考えるんですよ。……どういう毎日を送ってらっしゃるんだろう，きっとお友達も少ないだろうと，裁判官どうしで毎日を過ごして，官舎と裁判所の往復をしているんだったら，刑務所に入っているのも同じじゃないかというイメージを失礼ながら持っておりました。」と発言している（パネルディスカッション2005：61頁）。これらは，一般の人々が抱いている裁判官のイメージの1つの典型であるが，このようなイメージと実像との間には大きな隔たりがある。

[8]　2004（平成16）年10月18日，新任判事補に対する辞令交付式において，最高裁長官が「上級審の動向や裁判長の顔色ばかりうかがう『ヒラメ裁判官』がいると言われる。私はそんな人はいないと思うが，少なくとも全く歓迎していない。」と語りかけたことが新聞等で報道された。

が実現されるための基盤となる諸条件は，いまだ整備されていない。したがって，現段階においては，法曹一元の制度の長所を念頭に置きながら現行制度の改善を図るとともに，右の基盤の培養についても十分の考慮を払うべきである。」という意見書を決議し，基本的にはキャリア・システムを維持することとした[9]。

近時の司法制度改革審議会でも，法曹一元制度について議論がなされたが，司法制度改革審議会意見書では，法曹一元制度への転換については触れず，高い質の裁判官を安定的に確保し，これに独立性をもって職権を行使させるための方策として，裁判官の給源の多様化・多元化，裁判官の任命手続の見直し，裁判官の人事制度の見直し（透明化・客観化）等を提言した[10]。

（2） 弁護士任官制度

弁護士任官制度とは，一定の期間弁護士であった者が裁判官に任官する制度をいう。

最高裁は，1988（昭和63）年3月，裁判官に多様な経験を有する者がいることが望ましいとして，経験年数15年以上，年齢55歳未満の弁護士から毎年20名程度の判事を採用するという方針を打ち出した。日弁連も，1991（平成3）年5月29日，「弁護士任官推進に関する日弁連総会決議」により，日弁連を通じて弁護士の裁判官・検察官への任官を推進するという方針を決定した。そして，日弁連との協議を経た後，最高裁は，同年9月，選考基準をあらためて，5年以上弁護士の職にあり，裁判官として少なくとも5年程度は勤務し得る者であって，年齢55歳位までのものを選考対象とし，日弁連を通じて任官希望者を募ることとした。

1988（昭和63）年3月から2004（平成16）年4月1日までに弁護士から裁判官に任官した者は67名であり（加藤編2004：9頁），期待された人数の弁護士任官者を確保できていないのが現状である（弁護士任官者が少ない理由については，小島編2002：127頁を参照）。

---

9) 臨時司法制度調査会意見書の抜粋については，小島ほか編2006：311頁を参照。
10) 司法制度改革審議会意見書の抜粋については，小島ほか編2006：314頁を参照。

（3） 司法制度改革により創設された制度

司法制度改革審議会の提言に基づき，①下級裁判所裁判官指名諮問委員会が設置されたほか，②裁判官の新しい人事評価制度，③非常勤裁判官制度（パートタイム裁判官制度），④判事補の弁護士職務経験制度が創設された。

(a) 下級裁判所裁判官指名諮問委員会　司法制度改革審議会意見書は，「裁判官の任命手続の見直し」という項目（Ⅲ第5の2）において，「最高裁判所が下級裁判所の裁判官として任命されるべき者を指名する過程に国民の意思を反映させるため，最高裁判所に，その諮問を受け，指名されるべき適任者を選考し，その結果を意見として述べる機関を設置すべきである。」という意見を示した。最高裁は，その趣旨を踏まえ，2003（平成15）年5月1日，国民的視野に立って多角的見地から意見を述べる機関として，下級裁判所裁判官指名諮問委員会を設置した（「下級裁判所裁判官指名諮問委員会規則」平成15年最高裁規則第6号）。

下級裁判所裁判官指名諮問委員会は，法曹三者および学識経験者によって構成され，最高裁の諮問に応じ，下級裁判所の裁判官の指名の適否について審議し，その結果を答申するものである。下級裁判所裁判官指名諮問委員会は，中央の委員会であり，委員は11名（法曹三者5名，学識経験者6名）で構成される。地域委員会は，全国8か所に設置され，委員は原則5名（法曹三者3名，学識経験者2名）で構成される。これらの委員会は，新任を希望する裁判官候補者や再任を希望する現職裁判官の評価に関する情報を収集し，最高裁に答申をし，最高裁は答申に沿った指名を行っている。

下級裁判所裁判官指名諮問委員会は，初年度である2003年度には，司法修習生からの任官8名，弁護士任官2名（他に2名取り下げ），判事任命を含む再任につき6名を不適格とする答申をし，2004年度には，司法修習生からの任官7名，弁護士任官2名，判事任命を含む再任につき4名を不適格とした（馬場2005：51頁）。

(b) 新しい人事評価制度　裁判官の新しい人事評価制度とは，どのようなものか。

最高裁は，前記「裁判官の人事評価の在り方に関する研究会報告書」を踏まえて裁判官の人事評価のあり方に関する検討を行い，その結果，2004（平成

16)年1月7日,「裁判官の人事評価に関する規則」(平成16年最高裁規則第1号)が制定され,同年4月1日に施行された。

裁判官の人事評価に関する規則は,評価権者を所属裁判所の長(地家裁所長,高裁長官)(2条1項)として,地家裁所長の行った人事評価について,高裁長官が調整および補充するとし(2条2項),評価項目を①事件処理能力,②部等を適切に運営する能力,③裁判官として職務を行う上で必要な一般的資質および能力(3条1項)とし,さらに,評価書の開示(4条),不服がある場合の手続(同規則5条)など人事評価の手続について規定している。

(c) 非常勤裁判官制度(パートタイム裁判官制度)　前記のとおりの弁護士任官制度の状況の中で,司法制度改革審議会意見書は,「給源の多様化,多元化」という項目(Ⅲ第5の1)において,「弁護士任官等を推進するため,最高裁判所と日本弁護士連合会が,一致協力し,恒常的な体制を整備して協議・連携を進めることにより,継続的に実効性のある措置を講じていくべきである」という意見を示した。これを受けて,最高裁と日弁連は,2001(平成13)年春から協議を重ね,同年12月7日,「弁護士任官等に関する協議の取りまとめ」を発表した。その中で,日弁連から非常勤裁判官の制度化を検討すべきである旨の考えが示され,最高裁から民事調停および家事調停の分野について,いわゆる非常勤裁判官制度を導入する方向で具体的に検討を開始したい旨の説明がされ,日弁連がこれを了承した。そして,非常勤形態の民事調停官・家事調停官への任官制度は,2002(平成14)年8月23日に最高裁と日弁連との間で交わされた「いわゆる非常勤裁判官制度の創設について(弁護士任官等に関する協議会の協議の取りまとめ)」により合意され,「司法制度改革のための裁判所法等の一部を改正する法律」(平成15年法律第128号)による民事調停法の改正(23条の2～4)および家事審判法の改正(26条の2～4)によって創設された。

2005(平成17)年6月時点で,56名の弁護士が非常勤裁判官を勤めている(日弁連第21回司法シンポジウム報告 http://www.nichibenren.or.jp/ja/jfba_info/organization/gyouji_sympo_shihou21.html)。

(d) 判事補の弁護士職務経験制度　司法制度改革審議会意見書は,「給源の多様化,多元化」という項目(Ⅲ第5の1)において,「多様で豊かな知識,経験等を備えた判事を確保するため,原則としてすべての判事補に裁判官の職

務以外の多様な法律専門家としての経験を積ませることを制度的に担保する仕組みを整備すべきである」という意見を示した。前記2001（平成13）年12月7日の「弁護士任官等に関する協議の取りまとめ」の中で，最高裁と日弁連は，判事補が裁判官の身分を離れて弁護士の職務経験を積む制度について，その実現方向で努力することを明らかにし，また，司法制度改革推進本部の法曹制度検討会の2003（平成15）年3月18日の第17回会合において，原則としてすべての判事補に裁判官の職務以外の多様な法律専門家としての経験を積ませることを制度的に担保する仕組みを整備することなどを議題として，意見交換がなされた。その結果，2004（平成16）年6月18日，「判事補及び検事の弁護士職務経験に関する法律」（平成16年法律第121号）が公布され，2005（平成17）年4月1日に施行された。

同法に基づく弁護士職務経験制度により弁護士の職務を行うことに同意した判事補は，裁判所事務官に転官した上（2条3項），その身分を伴ったまま弁護士登録をし（2条1項・3項・7項・5条），受入事務所との間で雇用契約を結ぶ（4条）。給与は国から支払われない（5条2項）。弁護士職務経験制度により2005年4月時点で10名の判事補が弁護士の職務を行っている（中本2005：86頁）。

II 裁判官の倫理

1 裁判官の倫理規範
（1） 成文化された倫理規範の不存在

弁護士については，成文化された倫理規範として弁護士職務基本規程が存在するが，裁判官については，裁判所法に規定された裁判官の服務規律以外に，成文化された倫理規範は，これまで存在しなかったし，現在も存在していない。

なお，裁判所法は，裁判官の服務規律として，信用失墜行為の禁止（49条等），積極的な政治運動の禁止（52条1号），職務専念義務（52条2号・3号等），評議の秘密保持（75条2項）を規定している。

（2） 国家公務員法，国家公務員倫理法等の不適用

国家公務員には，国家公務員法96条以下の服務に関する規定により，品位保持義務（99条），秘密保持義務（100条1項），職務専念義務（101条1項），政

治的行為の禁止（102条1項），兼職の禁止（104条）等の義務や制限がある。また，2000（平成12）年4月1日に国家公務員倫理法（平成11年法律第129号）および同法5条に基づく政令である国家公務員倫理規程（平成12年政令第101号）が施行され，国家公務員はこれらの適用を受ける。

　裁判官は，国家公務員ではあるが，一般職ではなく特別職の国家公務員であり（国家公務員法2条3項13号），特別職については，国家公務員法，国家公務員倫理法，国家公務員倫理規程のいずれも適用されない（国家公務員法2条5項，国家公務員倫理法2条1項，国家公務員倫理規程1条）。また，裁判所職員に適用される裁判所職員倫理規則（平成12年最高裁規則第7号）も，裁判官には適用されない（同規則1条）。しかし，下級裁判所の裁判官の倫理の保持に関する申合せ（平成12年6月15日高裁長官申合せ）により，裁判官は，事件当事者等との関係において，国家公務員倫理法，国家公務員倫理規程および裁判所職員倫理規則の定める倫理規範を尊重することとされている（小島ほか編 2006：329頁，塚原ほか編著 2004：351頁）。

　日本の裁判官について成文化された倫理規範が存在しない理由については，日本法律家協会法曹倫理研究委員会 1977：52頁，森際編 2005：327頁，加藤編 2004：43頁を参照。

2　裁判官の独立

　裁判官は，憲法上，その職権行使の独立性が認められている（憲法76条3項）。

　裁判官の独立が問題になった事件として，司法の外部からのそれに関して，大津事件，浦和充子事件があり，司法の内部におけるそれに関して，吹田黙祷事件，平賀書簡事件がある。それぞれの事件については，森際編 2005：316頁，加藤編 2004：31頁，小島ほか編 2006：287頁，塚原ほか編著 2004：332頁を参照。

3　裁判官の罷免，懲戒処分

　裁判官には，その職権行使の独立性を担保するために，憲法，裁判所法等によって手厚い身分保障が認められているが（憲法78条・79条6項・80条2項，裁判所法48条），一定の事由があれば，罷免され，または懲戒処分を受ける。

（1） 罷　免

　裁判官の罷免事由は，①職務上の義務に著しく違反し，または職務を甚だしく怠ったとき，②その他職務の内外を問わず，裁判官としての威信を著しく失うべき非行があったときである（裁判官弾劾法2条）。

　裁判官の罷免手続としては，裁判官訴追委員会（衆議院および参議院の議員から10名ずつ選出される訴追員により組織される。国会法126条，裁判官弾劾法5条1号）の訴追を経て，弾劾裁判所（衆議院および参議院の議員から7名ずつ選出される裁判員により組織される。国会法125条，裁判官弾劾法16条1号）が公開の法廷で審理し，裁判を宣告する（裁判官弾劾法26条）。

　これまで裁判官が罷免された事例は5件ある。その内容は，加藤編2004：71頁，弾劾裁判所ホームページ http://www.dangai.go.jp/lib/lib1.html に掲載されている。

（2） 懲戒処分

　裁判官の懲戒事由は，①職務上の義務に違反し，②職務を怠り，または③品位を辱める行状があったときである（裁判所法49条）。

　裁判官の懲戒手続としては，その裁判官に対して監督権を行う裁判所（裁判所法80条）の申立てによって開始され（裁判官分限法6条），地裁，家裁または簡裁に所属する裁判官については，高裁が第1審を担当し（同法3条1項），最高裁または高裁に所属する裁判官については，最高裁が第1審を担当する（同法3条2項）。

　懲戒の内容は，戒告または1万円以下の過料である（同法2条）。

　裁判官の懲戒に関する最近の著名な判例として，最大決平成10・12・1民集52巻9号1761頁，最大判平成13・3・30判時1760号68頁・判タ1071号99頁がある（これらの判例については，小島ほか編2006：334頁，357頁，塚原ほか編著2004：359頁，355頁，森際編2005：323頁，325頁，加藤編2004：57頁，68頁を参照）。

【引用・参考文献】
市川正人ほか（2005）『現代の裁判〔第4版〕』有斐閣
加藤新太郎編（2004）『ゼミナール裁判官論』第一法規
加藤新太郎（2003）「実務基礎科目としての『法曹倫理』」ジュリスト1245号
兼子一＝竹下守夫（1999）『裁判法〔第4版〕』有斐閣

川島武宜（1978）『ある法学者の軌跡』有斐閣
小島武司編（2002）『ブリッジブック裁判法』信山社
小島武司ほか編（2006）『法曹倫理〔第2版〕』有斐閣
塚原英治ほか編著（2004）『プロブレムブック　法曹の倫理と責任　下』現代人文社
中本和洋（2005）「弁護士任官と判事補の弁護士経験」自由と正義56巻10号
日本法律家協会法曹倫理研究委員会（1977）「法曹倫理に関する報告書」法の支配32号
馬場健一（2005）「裁判官制度改革の到達点と展望」法律時報77巻8号
パネルディスカッション（2005）「みんなの裁判所」自由と正義56巻10号
森際康友編（2005）『法曹の倫理』名古屋大学出版会

【山室　惠】

| 2007年9月20日　初版第1刷発行
2009年2月20日　初版第2刷発行

テキストブック現代の法曹倫理

|編　者|小島　武司
柏木　俊彦
小山　　稔|

発行者　秋山　泰

発行所　株式会社　法律文化社
〒603-8053　京都市北区上賀茂岩ヶ垣内町71
電話 075(791)7131　FAX 075(721)8400
URL:http://www.hou-bun.co.jp/

© 2007　T. Kojima, T. Kashiwagi, M. Koyama Printed in Japan
印刷：㈱太洋社／製本：㈱藤沢製本
装幀　前田俊平
ISBN 978-4-589-03036-8

中村芳彦・和田仁孝著 **リーガル・カウンセリングの技法** A5判・198頁・2310円	クライアントが納得しエンパワーされるような弁護士面談過程を基礎理論とスキルをコンパクトにまとめた基本書。多数の事例や練習問題、ロールプレイから学ぶ。ロースクールでの教育や弁護士研修の教材として最適。
田村智幸・札幌弁護士会法科大学院支援委員会編著 **実践 ローヤリング＝クリニック** ―臨床系教育への指針― A5判・206頁・2520円	「紛争解決の手法の学習」を目的に、実際に北海道大学で行われている「ローヤリング」授業を再現。各項目に解説をつけ、初めての読者にもわかるように工夫。クリニックやエクスターンシップにも必読の書。
半田吉信著 **弁護士報酬敗訴者負担制度の比較研究** ―ドイツの敗訴者負担原則と日本の裁判実務― A5判・240頁・6825円	04年「弁護士報酬敗訴者負担法案」は裁判を受ける権利との関係で多くの批判を受け廃案となった。負担原則を採用しているドイツの詳細な研究をふまえ、日本の現状を検討。司法制度改革が進む日本の裁判実務研究の一助となる。
木谷 明著 **刑事裁判の心〔新版〕** ―事実認定適正化の方策― A5判・296頁・3780円	「事実認定の適正化」を説き、実体的真実発見主義に基づく公正な裁判の課題を追究してきた著者が実務的な観点から刑事裁判への姿勢や考え方を描写。「富士高校放火事件」に関する記述を大幅に書き改めた新版。
木谷 明著 **事実認定の適正化** ―続・刑事裁判の心― A5判・310頁・3675円	「疑わしきは罰せず」の原則はいかに生かされるべきか。永年にわたる裁判官の実務を通して事実認定の適正化を説く著者が心血を注いで論述。司法研修所での講座も盛り込む。好評を博した『刑事裁判の心』の続編。

―― 法律文化社 ――

表示価格は定価（税込価格）です